标准化绩效管理

理念与实践

（上 册）

标准化绩效管理改革课题组

人民出版社

责任编辑： 陈寒节

装帧设计： 朱晓东

图书在版编目（CIP）数据

标准化绩效管理/标准化绩效管理改革课题组．—北京：人民出版社，2017.3

ISBN 978－7－01－017084－8

Ⅰ．①标…　Ⅱ．①标…　Ⅲ．①行政管理－标准化管理－研究－中国　Ⅳ．①D63

中国版本图书馆 CIP 数据核字（2016）第 314071 号

标准化绩效管理

BIAOZHUNHUA JIXIAO GUANLI

标准化绩效管理改革课题组

人民出版社 出版发行

（100706　北京市东城区隆福寺街 99 号）

北京中兴印刷有限公司印刷　新华书店经销

2017 年 3 月第 1 版　2017 年 3 月北京第 1 次印刷

开本：787 毫米×1092 毫米 1/16

印张：56.25　字数：1067 千字

ISBN 978－7－01－017084－8

定价：128.00 元（上中下全三册）

邮购地址：100706　北京市东城区隆福寺街 99 号

人民东方图书销售中心　电话：（010）65250042　65289539

标准化绩效管理：
让激情在每一个岗位上持续迸发
——省财政厅推行标准化绩效管理改革的调研
（代　序）

省委书记赵克志多次强调：河北正处于充满机遇与挑战、可以大有作为的黄金时期，全省党员干部要把“夙兴夜寐、激情工作”作为常态，在建设经济强省、美丽河北征程中创造更加辉煌的业绩。在机关作风整顿动员大会上，他再次强调：要下决心整治为官不为，更广泛更有效地调动干部干事创业的积极性……然而，如何从根本上解决“不能为”“不想为”“不敢为”的难题，用长效机制激发内生动力，使干部群众永葆干事创业的激情，也引起了人们深深的思索。

两年多来，省财政厅大刀阔斧地推行标准化绩效管理改革，取得扎实成效，为破解这一难题打开了一扇希望之门。

一

河北正处于爬坡过坎时期，随着经济发展进入新常态，财政工作也面临做大蛋糕难、预算平衡难、支出管理难、改革举措基层落实难、运行风险防控难等诸多难题。然而，走进省财政厅，感受不到丝毫的消沉之气，到处是迎难而上、激情干事的生动景象，干部队伍展现出勇于担当、事争一流的精神风貌，多重困境下财政工作依然交出了亮丽的成绩单。

——省委省政府决策部署在这里落实有板有眼，保障大局工作有声有色。在省财政厅有一组数据引起我们的关注：2015 年全年一般公共预算收入完成 2648. 5 亿元，增长 8. 3%，超额完成全年任务；获得中央均衡性转移支付 358. 9 亿元，增长 28. 5%，增幅全国第一；争取国家改革试点 21 项，资金 109. 8 亿元；争取地方政府债券额度 1420 亿元，其中置换债券 1185 亿元，全部覆盖了我省当年到期债务，年节约政府融资成本 78 亿元，新增债券 235 亿元，同比增长 58. 8%；争取亚行和世行等国际金融组织优惠贷款 33. 4 亿元，增长

1.6倍;全省民生支出完成4597.7亿元,增长25%,占到全部支出的81%。在破解资金困局,同时,加大政策创新力度,先后制定财政助推金融创新支持经济发展15条、财政支持科技型中小企业创新发展10条、推行政府采购合同融资等系列政策,为全省经济稳定增长提供了有力支持。

——重点改革在这里向纵深推进,一批创新性工作取得重大突破。在省财政厅调研时,恰逢央视《新闻联播》对我省推行绩效预算管理改革的做法进行报道。这只是省财政厅锐意改革、勇于创新的一个侧影。我们了解到,近两年他们主动推进的多项改革取得明显突破,其中绩效预算管理改革、绩效监督改革、政府购买服务改革在全国处于领先位置,国库集中支付电子化改革在全国率先推行到乡级,政府债务管控改革、基本公共卫生服务资金支付方式改革的经验得到财政部肯定,自主研发的财政业务一体化平台走在全国财政系统前列。改革释放出巨大红利,财政工作日趋活跃、亮点频现:地下水超采综合治理试点工作得到汪洋副总理批示肯定,盘活财政资金工作得到国务院督查室通报表扬,预决算公开在财政部检查中排名全国第一,专项转移支付由281项清理整合为118项,我省入选财政部第二批PPP示范项目13个,申报成功率全国第一位。赵克志书记对我省PPP推广工作给予充分肯定:"非常好! 就是要这样做,才能把中央政策用足用活,用到最大限度,为河北人民谋发展、谋利益。"2015年,省财政厅共完成创新性和突破性工作41项,得到上级领导肯定性批示34次,6项工作在全国财政专题工作会议上做了经验介绍。

——优质高效在这里成为工作追求,服务管理水平明显提升。领导交办事项多、来文办文多、服务对象多,是省财政厅的工作特点。然而,在这里每一项工作都有严格的规范和流程,每一项任务都明确了时间节点和质量要求,每一名干部职工都定有工作计划和目标,一切都在周密、高效、有序地推进。2015年省财政厅共承办省委省政府交办重点任务68项,均纳入标准化绩效管理系统,做到马上就办、办就办好,多次得到省领导表扬。全年接文办文达到13000多件,从登记到办结都纳入办公自动化流程,什么时间在哪个环节、谁在办理、办理进度怎样即时可查,随时提醒督办,公文流转效率明显加快。全年资金支付100多万笔无差错,省级支出进度达到95.7%,创近年新高。

——凭实绩用干部的导向在这里鲜明树立,干事创业蔚然成风。2015年初省财政厅选拔任用了20名处级干部。2016年春节前后,省财政厅又进行了一次干部调整和岗位交流,其中3名单位主要负责人主动提出让贤,15名干部被提拔重用,46名干部交流了工作岗位。这些被提拔干部中有的是挑大梁的业务骨干,有的是长期默默奉献的"老黄牛",但共同特点就是实绩突出、群众公认。在正确用人导向的激励下,大家自觉把心思全部用在工作上,相互之间谈得最多的是工作怎么创新、怎么突破、怎么争先创优,人与人之间、单位与单位之间比的是工作劲头、贡献大小,最看重的是人品、能力和工作业绩,真正实现了由"要我干"到"我要干"的转变。预算处李明雨,承担大量预算改革和绩效管理攻坚任务,经常加班加点干、通宵达旦干,被誉为"拼命三郎";农业处刘丁雷,全身心扑在地下水超采治理和财政扶贫工作上,常常工作到凌晨,人称"夜归人";国库处郜玉乔,天天与枯燥繁杂的数字打交道,坚持每笔支付反复核对,全年万笔业务无差错……他们展现了新时期财政人爱岗敬业、拼搏进取的优秀品质。

二

省财政厅取得如此突出成绩、机关面貌和干部作风发生如此大的变化的原因是什么?随着调研的深入,答案也渐渐清晰。最根本的是,他们自2013年底开始积极探索推行了标准化绩效管理。其核心工作可概括为"一基础""四环节""一主线"。"一基础"即夯实标准化管理基础;"四环节"即制定绩效计划、实施绩效监控、开展绩效考评、实现绩效改进;"一主线"即将绩效沟通贯穿绩效管理全过程,使绩效管理成为机关管理的大平台、总抓手。

夯实标准化管理基础。他们按照党的十八届三中全会精神和省委省政府推行标准化管理的要求,大力推进机构整合和业务流程再造,初步构建起"岗责清晰、人岗适配"管理体系。主要做到"三个优化":一是机构优化。在省编办的大力支持下,对厅机关9个内设机构进行了调整撤并。通过理顺调整,有效解决了部门内部职责交叉、机构重叠、衔接断档等问题,明晰了职责任务。二是流程优化。制定预算管理业务流程和职责划分规范,按照预算编制、执行、调整、决算、监督、公开的基本流程进行框架设计,涵盖每项流程的具体业务;建立了深化改革、依法行政等17项重大事项协调机制,使各单位的职责更加清晰,协调配合更加顺畅;制定了以内部控制基本制度为核心、10个专项风险防控管理办法为主要内容的一整套内控制度,有效防范了在政策制定、资金管理、财务运转等过程中的风险点。三是标准优化。厅内各单位依据各自职责,按照国际通行的质量管理标准,梳理工作任务清单和编制作业指导书(业务流程),为制定绩效计划和目标指标找到"坐标"。通过以上工作,实现了岗位不叠加、职责不缺失、业务不漏项、环节有链接,为推行标准化绩效管理铺就了"高速路",为绩效管理改革顺利实施提供了坚强保障。

制定绩效计划。所有工作从年初部署开始,就逐项确定目标指标,细化分解到单位和人头。在指标内容上,涵盖省委省政府和财政部重点工作部署、厅内年度创新性突破性工作、岗位基本职责等各个方面，实现工作全覆盖。在指标标准上，按照“跳一跳，摘得到”的原则，依据上级要求、历史水平、同行业先进水平三个标准，从时间、质量、数量三个维度进行确定，做到可衡量、可评价。在指标落实上，经过几上几下的反复沟通，达成目标共识，将个人目标与组织的目标统一起来。通过制定绩效计划，让每个人从一开始就清楚自己全年该干什么、要干到什么程度，形成对目标的认同和共识，愿意去自觉完成这个目标。2015 年，省财政厅将 56 项目标任务细化为 1605 个单位指标、分解为 2195 个岗位指标，落实到每名干部职工的头上，真正实现了千斤重担众人挑、人人头上有指标。

实施绩效监控。对目标指标执行过程进行指导、管理和监督，及时纠正工作与目标任务之间出现的偏差。传统的目标管理强调的是结果导向，而绩效管理强调的是过程控制。主要是做到“三个纠偏”：一是自查纠偏。通过强化节点控制，做到过程留痕，推动单位（处室）和岗位（个人）及时发现目标指标执行过程中的问题，实现自查自纠。二是提醒纠偏。厅领导和单位负责人，针对单位（处室）和岗位（个人）绩效指标执行情况和存在的问题，及时进行指导、提醒和督促。三是辅导纠偏。绩效办通过交流、面谈、电话、邮件等方式，对单位（处室）和岗位（个人）目标执行情况及时进行解疑释惑，帮助他们改进工作。加强过程管理，可随时掌握单位（处室）和岗位（个人）日常工作表现，通过加强沟通交流，“良医治未病”，确保工作健康推进。2015 年，省财政厅通过加强日常管理，及时纠正了支出进度偏慢、市县绩效预算管理改革进展不平衡等问题，确保了目标任务顺利推进。

开展绩效考评。按照“周记、月结、季考、年评”的制度设计，每季度和年终对照预先设定的标尺，客观公正地评价单位（处室）和岗位（个人）的工作完成情况。主要追求“三个公平”：一是起点公平。不管是核心业务单位，还是非业务单位，都实行工作指标和党风廉政建设指标“双千分”考核；不管是处级干部还是一般同志，对个人都采取业务工作指标和个人德勤廉指标“双百分”考核。二是办法公平。单位与单位之间、不同岗位之间、硬任务与软指标之间，通过科学换算办法，就好比不同货币都换算成美元再进行兑换一样，实现不同工作公平竞争，重点考核努力程度，并实行创新性和突破性工作特别加分、重大失误特别扣分的制度。三是结果公平。考评数据来源于日常监控留痕，依靠现代信息手段，在绩效管理系统平台上提取。单位（处室）和岗位（个人）对考评结果有异议的，可提出申辩申诉。同时，将单位绩效结果作为评先评优、年度考核以及实施惩戒的主要依据；将个人绩效结果作为选拔任用、轮岗交流、评先评优、学习培训和其他奖励的重要依据。

实现绩效改进。根据考评结果反映出的问题，查找工作层面和绩效管理本身存在的不足，不断进行整改提升。主要做到“三个持续改进”：一是单位工作持续改进。考评结束后,厅党组通过研究分析财政工作中存在的突出问题,制定下年度改进措施;各单位对本年度绩效目标运行和完成情况进行全面总结,认真查找不足,有针对性地制定改进提升计划。二是岗位工作持续改进。每一名干部职工针对自身在完成目标任务时发现的问题,在责任心、能力、作风等方面剖析根源、自我反省、自我改进。三是绩效管理制度持续改进。2015 年绩效考评结束后,省财政厅在广泛征求意见的基础上,针对部分绩效指标设置不够科学、绩效沟通不够充分、责任系数设置不够完善、负荷系数设置不够客观等问题,研究制定了改进措施,使标准化绩效管理制度更趋完善。

"这是'一把手'工程,没有'一把手'坚定的决心、创新的勇气、不懈的韧劲和一身正气,改革是很难推行的。高志立厅长为推进这项改革付出了巨大的心血,他坚持亲自设计、亲自部署、亲自辅导、亲自推动,遇到误解不气馁,遇到困难不回避,坚定信心、勇往直前,没有这股劲头,就没有今天这个局面。"省财政厅绩效办的同志动情地说。

三

省财政厅推行的标准化绩效管理改革,生命力如何,理论支撑点在哪里?能否解决当今政府部门存在的共性问题?是否具备可借鉴的价值?带着这些疑问我们做了深入探寻。

方向正确性——符合中央创新政府部门管理体制的要求。党的十八届三中全会提出:要优化政府机构设置和工作流程,严格绩效管理,突出责任落实,确保权责一致。省委书记赵克志明确要求:实施目标绩效管理,建立科学严格的岗位目标责任制,从领导班子和各级干部,都要逐岗逐人,明确岗位职责,确定年度工作任务,明确完成时限,使每个环节、每个节点都可考核可检查。省财政厅探索形成的标准化绩效管理模式,所体现出的绩效导向、岗责匹配、权责统一、制度规范、客观公正的现代理念,是推进治理体系和治理能力现代化的生动实践,与省委的工作要求以及当前开展的作风整顿活动,在目标上、途径上都是契合的。正因为他们抓得早、抓得实、抓得对路,才把握住了工作主动权,较好完成了省委省政府交给的任务,也充分印证了省委这一决策部署抓住了当前制约河北发展的要害,非常符合我省实际。

现实针对性——能够较好解决公共部门诸多管理难题。标准化绩效管理作为一个现代化管理工具,为解决干部队伍中存在的突出问题提供了"一揽子"解决方案。一是能够解决目标任务不明确、不到底的问题。通过将省委省政府和上级部门重点工作部署,层层分解为可量化、可执行、可衡量的具体目标指标,最终实现部门对上级工作任务、单位对部门、个人对单位的全部精准承接。二是能够解决工作标准不明确、质效不够高的问题。通过明确工作标准和评价方法，使每一项工作都清晰可考，促使干部自觉向高标准看齐，努力做到细致、精致、极致。三是能够解决不同单位、不同岗位不可比的问题。通过运用数理统计等现代管理工具和方法，建立核算模型，为各项工作设定一个客观的“参照物”，将不同工作的考评得分与“参照物”对照，换算成可比较可排队的考评结果，实现不同单位、不同岗位在一个坐标系上比较，从而使考评结果更加合理、公平，让干部真正服气。四是能够解决创新动力不足的问题。通过公开评定“突破性工作”和“创新性工作”等调控手段，将评定结果列为对单位(处室)和岗位(个人)年终考评的重要加分事项，从而达到激励创新突破的目的。五是能够解决干好干坏差不多的问题。通过把“好干部”标准落实到体系中，全过程考察识别干部，并有效应用考评结果，把忠诚、干净、担当、实干的干部选出来、用起来，切实调动起干部干事创业的积极性。

理念先进性——融合传统优秀文化与现代管理理念。绩效管理不只是一种管理工具，更是一种管理文化、价值理念。绩效管理吸纳了我国传统优秀文化中“仁、义、忠、恕”的思想因素。“善治”才能使团队和个人向上向善。绩效管理注重运用制度设计，激发人们向上向善的本性，引导团队和个人做正确的事、正确地做事、把事做正确，与“仁”的思想契合；坚持公平标准，注重公正合理，与“义”的思想相联通；倡导尽心尽力、忠诚于事业、追求细致精致极致，与“忠”的思想相一致；出现问题及时进行提醒纠偏，持续改进，与“恕”的思想相暗合。其主要目的不是为了管制人、约束人，而是为了培养干部自我管理、自我提升的行为习惯和工作习惯，能够有效促进个人能力和素质的全面提升，是一种“善治”。绩效管理借鉴了现代管理讲规则、重效能、守契约的理念。绩效管理以标准化的制度体系为基础，通过把制度建设融入管理的各个环节，形成科学完善的内部运行机制，为用制度管权管事管人创造了条件；通过优化管理流程，实行节点控制，能够有效促进提质提效；通过平等沟通协商，找到组织和个人的最大公约数，形成价值认同，达成“契约”，促使每名干部都主动而为、自觉而为，最终实现自我管理、自我提升、自我完善。绩效管理落实了关于好干部的具体要求。绩效管理通过设置“双千分”“双百分”考核，引导干部高标准设置绩效目标指标，对创新性和突破性工作给予加分，公开公正进行考核，真正让干好干坏不一样，体现了对理想追求的激励，对干事创业的激励，对勇于担当的激励，对廉洁奉公的激励。

可资借鉴性——形成了一套规范有效的管理模式。省财政厅通过两年多实践，不断完善提高，标准化绩效管理模式日臻成熟。一是制度体系较为完备。经过持续改进，形成了以绩效计划、绩效监控、绩效考评、绩效改进和绩效沟通为核心的一整套环环相扣、系统严密的制度体系,包括了公务员考核的全部内容。二是管理系统已基本成型。本着精细化设计、便捷式操作原则,组织科研攻关,充分运用现代管理科学和技术手段,研发了标准化绩效管理平台,所有操作都在计算机上完成,每项工作自动留痕,工作过程实时监控,考核结果自动生成,既客观准确,又便捷高效。三是操作规程简便易行。组织人员编制了全过程操作手册,制定程序文件 40 多个,作业指导书 470 多个,工作流程图近 500 个,只要"按图索骥",短时间内即可掌握运用。当问及推行绩效管理是否过于繁琐、成本过高时,省财政厅的一些处长说:厅党组推行这项改革,是按照精细化设计、简便式操作的理念进行的,大的制度框架和软件操作平台建立后,实际运用起来非常简单易行,不仅没有给工作带来额外负担,反而大大降低了管理成本、提高了工作效率。

四

赵克志书记强调指出:要大力推进改革创新,改革行政管理体制,完善考核评价体系,树立正确用人导向,坚持激励与约束两手抓,更广泛、更有效地调动干部队伍干事创业的积极性。在为期一年的机关作风整顿中,如何落实好省委这些要求,省财政厅的做法给了我们有益的启示。

省财政厅的实践证明,整治干部为官不为,靠的是长效机制。剖析省财政厅标准化绩效管理体系架构,我们可以清楚地看到,其核心理念是追求创造客观公正的制度环境和自强不息的人文环境,靠绩效导向提升牵引力,靠目标认同激发内生动力,靠考核奖惩增强外部推力,靠过程控制强化自我约束力,并经过科学的设计,用制度和规则加以固化,形成了"四力合一"的长效激励机制,不仅为干部干事创业提供源源不竭的动力,也为产生"好干部"提供了制度支撑。习总书记强调,对"为官不为"问题,要高度重视,认真研究,把情况搞清楚,把症结分析透,把对策想明白,有针对性地加以解决。这就要求我们,在用改革发展宏伟目标凝聚全省上下力量的同时,必须善于通过探索改革行政管理体制,加强制度和机制建设,形成适应新形势新任务要求的行政管理新模式,充分调动干部积极性,把宏伟目标变成个人的具体行动。

省财政厅的实践证明,推进工作落实,靠的是有力抓手。省委八届十二次全会确定了我省十三五时期经济社会发展的奋斗目标和战略任务,当前最关键的是抓好落实。我们认为,省财政厅推行的标准化绩效管理,也是抓工作落实的有力工具。他们坚持全员参与,从厅长到副厅长,从处长到一般干部,都明确了自己的工作定位,都在按照职责任务紧张而有序地投入工作,这就解决了当前在一些地方和部门,抓落实只是在领导层之间兜圈圈、广大干部职工主动性不够的问题。他们不仅给干部队伍压任务、压指标，而且在推进工作过程中加强节点监控，及时给干部职工做指导、教办法、支好招，协调解决工作中的难题，让干部职工在完成任务中得到素质和能力的提高，这就与一些地方和部门领导只交任务、要结果，不问过程、动辄处罚的做法形成了鲜明对比。他们在考评中，通过采用科学办法，准确掌握、评判工作的落实情况，这就解决了在一些地方和部门职责不清、工作不落实、不了了之的问题。省财政厅的干部职工说得好，研究指标就是研究工作，加强监控就是推动工作，绩效改进就是提升工作。

省财政厅的实践证明，完善考核评价体系，靠的是办法创新。当前，在干部考核和选用上，存在着指标体系过于繁琐，重点不突出；考评边界不清晰，"一项政绩多人用，多项政绩一人用"；考核结果反映不出客观条件的差异，不能完全反映班子和干部的努力程度；考核结果和干部使用脱节，激励作用有限；对干部的日常表现掌握不够，缺乏可操作性强的办法等问题。赵克志书记强调：要完善选任机制，对干部的认识不能停留在感觉和印象上，必须健全考察机制和办法，多渠道、多层次、多侧面深入了解。省财政厅的做法，为解决这些问题提供了思路。他们把每一项任务目标按急难险重分成等级，加大重点任务的权重；每一项指标，按照明晰的边界落实到每个人头上，做到工作任务不混淆、责任人员不交叉；从工作基础、客观条件、重要程度、工作难度和工作量等多个方面，经过换算、加权转化测算出绩效得分，综合评定出每名干部职工的工作努力程度；按照省委"五个重用、五个不用、五个调整"的要求，完善了"以德为先、绩效导向、综合评价"选人用人机制，把绩效考评结果作为干部选拔入围的必要条件和综合评价的重要考量，考评结果落后的不得参与干部选拔，从而使考评结果和干部选拔任用得到有机结合；建立了周记、月结、季考、年评的量化管理和考核模式，随时掌握干部日常表现，形成了对干部品德、能力综合研判机制。这些做法，对解决目前干部考核评价中存在的问题具有较强的针对性和可操作性。

省财政厅的实践证明，激发干部内生动力，靠的是善治有为。当前，受社会环境、价值追求、生活方式等方面因素影响，干部管理也面临很多新的挑战。省财政厅创造性落实中央和省委干部管理政策，把管理寓于教育引导、正面激励、服务帮扶之中，使上级决策部署变为基层具体行动，将个人的崇高理想追求落脚在具体的岗责中，有效激发出干部队伍中蕴藏的正能量。他们每安排一项工作任务，不仅考虑到组织的目标，也考虑到个人的需求，着眼于实现组织与个人的双赢；他们推动每一项工作，不是靠领导权威和处罚措施，而是注重通过制度设计，把人向上向善的本性激发出来；他们通过环境熏陶，引导每一名同志自我改进、自我提高、自我完善，追求更美、更高的人生境界。这种带队伍的方式，在省直部门中形成了特色,其效果正在逐步显现。

结束调研的时候,省财政厅作风整顿正在全面铺开,工作中又传来新的喜讯:水资源费改税、扶持村级经济发展、国库现金管理等多项新增试点得到国家批准;争取置换债券2018亿元、新增债券538亿元,分别较去年增长75%、129%;全省入库PPP项目450个、投资额达到8500亿元,4月8日在北京举办PPP项目推介会……

我们对财政厅的各项工作充满了新的期待!

河北省委办公厅调研组

牵头:王有河

撰稿:付新中、赵博、张彦磊

2016年4月

专家评语

2016年5月13日，全国绩效管理研究会在石家庄组织召开了河北省财政厅标准化绩效管理考察调研和专题讨论会。这次会议以“政府执行力和标准化绩效管理”为主题，目的是通过调研河北省财政厅标准化绩效管理的经验和做法，探讨在新形势下创新政府绩效管理与提高政府执行力。全国政府绩效管理研究会会长高小平、全国政府绩效管理研究会副会长周志忍、国家行政学院绩效管理研究中心主任薄贵利、国家公务员局考核奖励司副司长杨文财等17名专家学者参加了研讨，对河北省财政厅推行标准化绩效管理给予了充分肯定和积极评价。

将标准化与绩效管理结合起来是全国首创

管理工具是管理水平高低的决定因素,会不会用好的管理工具,有没有创造性地运用管理工具决定了管理的水平。政府管理得有工具,即常说的“抓手”。我觉得标准化绩效管理这个工具实现了三个创新。第一,政策上的创新。习总书记提到治理为官不为的时候,讲过要运用好绩效管理工具。目前各地都在研究探索,但调研发现传统的绩效管理不怎么管用。所以,必须创新。河北省财政厅将绩效管理与标准化管理结合起来就是创新,这个模式不但管用,还能治理为官不为,具有政治意义。第二,行政管理工具创新。绩效管理是诸多行政管理工具中的核心工具,标准化管理是辅助工具,两种工具分别在企业管理中被广泛应用,但在公共部门中应用较少。河北省财政厅将二者有机结合起来之后,从“体”和“用”的角度进行了大幅度的改造,这应该说是全国首创,完全符合当前改革潮流。第三,绩效管理自身创新。绩效管理要创新是比较难的,特别是本身内核的制度创新更难。河北省财政厅探索的标准化绩效管理在绩效沟通、信息支撑、闭环管理、奖惩应用等方面,都有创新,很有特色,这种集成创新的路子确实行得通,而且对优化行政管理很有意义。

高小平

(中国行政管理学会执行副会长兼秘书长、
全国政府绩效管理研究会会长)

“螺旋式持续改进”的定位很准

河北省财政厅标准化绩效管理实践给我的印象很深,体现在四个方面。第一,持续改进。绩效管理不是什么突破性工具,它是个持续改进的工具,绩效目标确立在相对稳定的基础上并持之以恒地改进,这种“螺旋式持续改进”的定位抓得很到位。第二,流程优化。先围绕职责进行合理的机构设置和分工,解决交叉缺位问题,继而在这个基础上搞流程优化,最后落实到信息平台,这就使得整个管理顺畅高效。第三,全员参与。在目标设定、绩效监测和评估结果应用各个环节,大家互相沟通、互相讨论、全员参与,成为一个自我反省、自我管理的过程,每个人都清楚目标任务,落实起来自觉性高的多。第四,结果导向。从市县和部门反映的情况看,这套管理模式一方面实现了工作的规范化、标准化,另一方面确实提高了服务对象的满意度。

周志忍

(北京大学政府管理学院党委书记、
全国政府绩效管理研究会副会长)

标准化绩效管理应该发挥更大作用

我国近十几年来很多地方都在推行政府绩效管理,但出发点不一样,有的是为了当政绩,但我觉得河北省财政厅的改革主要是为了推进工作,为了提高效率,这是很可贵的。绩效管理是个工具,也是管理的一个基础。河北省财政厅把绩效管理看作落实战略目标、完成战略任务的工具,这个判断是对的。在我国特殊的历史条件下,标准化绩效管理应该发挥更大的作用,不仅要促进本部门工作效能的提高,还要促进政府职能的转变。另外,绩效管理确实是一个世界性的难题,有好多问题到现在都没有解决。河北省财政厅经过两年多的探索取得这样的成效,我认为非常的不容易。

薄贵利

(国家行政学院公共管理教研部主任、
绩效管理研究中心主任)

这套体系具有可复制、可推广的价值

通过调研发现,实施标准化绩效管理对财政厅的工作产生了非常好的作用。总结起来有三个特点:第一,把部门、处室和个人等不同层次的评价集中成一个体系,用信息化巧妙地解决了不能衡量的难题;第二,把上级部署工作目标和日常管理结合起来,处理好了总体要求和日常工作的关系;第三,整个体系的设计强调标准化和结果导向。整体来看,河北省财政厅实施的标准化绩效管理,把复杂问题简单化,通过信息系统把这个模式固化下来,管理从开始实验逐渐走向成熟,整个体系具有可复制、可推广的价值。

马国贤

(上海财经大学教授、
中国公共财政研究院高级研究员、
中国教育支出绩效评价中心主任)

标准化绩效管理是一次具有中国特色的整合创新

河北省财政厅推行的标准化绩效管理的特色体现在四个方面:第一,它是一个整合性和全面性的创新。绩效管理是一项基础性工作,又是一个全面性的工具,意义非常重要。第二,它是全面深化改革过程中的一项创新。我国的政府职能转变没有很到位,新的任务不断出现,因此,我国的绩效管理和一些发达国家的绩效管理不能一样,河北省财政厅很清醒地认识到这一点,是在改革中探索前进,路子很正确。第三,它是标准化管理和绩效管理有机结合的创新。把标准化管理和绩效管理结合起来,角度选得非常好。过程的管控和结果的追求结合得非常紧密,使过程、质量、程序有了保证。第四,它是注重结果而且有效使用结果的创新。财政厅推行的位子、票子、板子、面子与考评结果挂钩的做法很有新意,效果非常好。

杨开峰

(中国人民大学公共管理学院院长、
美国国家行政科学院院士、
美国绩效管理协会会长)

有机融入了中央提升政府执行力的治国方略

一个好的绩效管理系统应该能够融入到政府绩效管理的日常实践，提高政府的执行力和公信力。河北省财政厅推行的标准化绩效管理是一个很好的绩效管理系统。一是有先进的理念，有机融入了中央治理不作为和提升政府执行力的最新治国方略。二是有科学的理论，诸如目标管理、质量管理、评分计分卡、指标数据分析等科学方法，我们都可以从标准化绩效管理体系中看到它们的影子，将这些方法整合起来在实践中应用，也是非常好的。三是有顶层的设计，保证整个管理体系的一致性和整体性，使先进的管理理念和方法能够真正落实在各级操作实践中。四是有务实的举措，从基础做起，选择正确合理的实现路径。五是有制度的保证，设计了科学完备的制度体系，对绩效计划、绩效监控、绩效考评、绩效改进及考评结果运用等都给出了详细规定，让我们看到它确实能够推行。六是有文化的提炼，精心培育自强不息的文化价值理念，内化于心，外化于形。

张定安

（中国行政管理学会副秘书长、

全国政府绩效管理研究会秘书长）

紧扣了全面深化改革的主题

绩效管理是财政改革里非常难啃的“硬骨头”，从理论上、学术上探讨比较容易，但落实到实践上非常难。河北省财政厅的标准化绩效管理意义重大，难能可贵。第一，它是一项紧扣全面深化改革主题，推进地方财政管理现代化，提升地方财政部门政务能力和政务水平的大胆实践和探索，意义非比寻常。第二，指标体系的建构和评价管理办法紧扣了标准化和绩效管理这两个关键，切中了当前财政管理工作和政府管理能力的要害，改革的成绩具有很好的实践价值和理论价值。第三，为创建勤政、高效、规范、廉洁的政府提供了一个实践经验和现实的抓手。第四，为干部的选拔和公务员队伍的建设提供了一个有价值的工具性经验。第五，标准化绩效管理改革为财政支出的绩效管理改革打下了非常好的基础。

高进水

(《经济研究参考》杂志社社长兼总编)

破解公务员考核难题的一次成功探索

大家公认,公务员考核是世界性难题。公务员考核和标准化绩效管理有点殊途同归的意思,难就难在指标设计难、组织实施难、结果使用难,长期坚持更难,但河北省财政厅的做法,在指标设计上分级分类、结果使用上有了一些探索,在公务员考核方面实现了与绩效管理的有机结合,特别是加强了对公务员的平时跟踪和考核,包括周记录、月小结、季度考评等,抓住了工作难点和重点,有所突破和创新。对河北省财政厅的改革有四点感受很深。一是行动坚决有力。二是多措并举有创新。三是抓住重点有突破。四是长期坚持有成效。

杨文财

(国家公务员局考核奖励司副司长)

遏制住了“慵、懒、散”不作为的难题

当前,干部队伍的建设中,“慵、懒、散”是大病,从河北省财政厅情况看,通过绩效管理把这个“病情”遏制住了,尤其是“一基础四环节”的保障和有效的沟通带来了作风的转变。如果所有的机构都能有这样的沟通,民主就不会是空谈,转变作风就不会只是口号,而是实实在在的了。绩效管理从流程设置、工作任务、时间节点把握、完成质量等方面都是完全公开透明的,让每个人清楚自己的责任,了解自己的工作目标和任务,这在客观上推动了机关廉政建设。跳出绩效管理本身来看,其意义远远大于一般效率的提高,直接责任的“千斤重担”变成“人人共担”,在潜移默化中,从思想、作风、理念、纪律上,打造了能够战斗、廉洁高效的干部队伍,这个意义很大。现在看来,不干活、粗作为、懒作为、虚作为、慢作为都叫不作为,绩效管理理念有助于广大干部养成从“要我干”到“我要干”的好习惯。河北省财政厅的这种绩效管理的方式方法值得推广。

梁玉萍

(中国人事科学研究院
公务员管理研究室主任)

有效解决了公务员正面激励问题

河北省财政厅推行的标准化绩效管理之所以能够取得现在的成效，我认为得益于以下三个方面。第一，厚基础。前期对岗责体系进行了标准化的梳理，规范了业务流程，同时以信息技术为支撑，基础工作很扎实。第二，强激励。在目前公务员处于弱激励的情况下，如果没有一些正面激励，工作推进可能会很难，“位子”、“票子”、“板子”和“面子”的运用有效解决了这个问题。第三，体系化。目前绩效管理主要是结果导向的，过程导向的比较少，河北省财政厅推行“能力建设 + 过程监控 + 结果测评 + 结果应用”的模式，形成一个完整的体系。

张璋

（中国人民大学公共管理学院副教授）

这是我看到的一个最全面最系统的政府绩效管理体系

这是我看到的一个最全面和最系统的政府绩效管理及评价的体系,是一个彻彻底底的系统性的创新,具有两大特色。第一个特色是把标准化与绩效管理有机结合起来,用的是标准化的体系,套的是绩效管理的环节,形成了一个标准化的绩效管理体系。第二个特色是实行绩效申诉申辩制度,这是一种具有中国特色的行政民主探索,被评价的人也有机会表达自己的看法,用管理工具来解决一些民主方面的问题。我感觉,河北省财政厅的标准化绩效管理通用性非常强,可以向其他部门推广,这一点问题都没有。

尚虎平

(苏州大学政治与公共管理学院教授、
全国政府绩效管理研究会常务理事)

实现了个人与公共利益的共赢

将标准化改革和绩效管理有机地结合在一起,河北省财政厅在改革上又迈出了重要的一步。应该说财政的业务管理是非常复杂的,标准化绩效管理在制度设计上注重制度引导,使个体在追求个人利益的过程中不知不觉地实现公众利益,这比单纯的强调公共行政伦理重要的多。这项改革具有在全国财政系统和其他部门推广的价值。

马蔡琛

(南开大学经济学院财政学系副主任、
南开大学中国财税发展研究中心主任)

解决了绩效管理的三大顽疾

标准化绩效管理解决了绩效管理中存在的三大顽疾。第一,各个岗位之间因工作内容、工作性质不同导致的差异,怎么把各不同的内容进行横向比较,这是绩效管理的难题。河北省财政厅用了一套算法把平均值和标准差放在里面进行岗位的换算调整,解决了不同岗位的差异比较问题。第二,工作量的差异,谁工作多,谁工作少,在河北财政这套方案中用了责任系数和工作负荷系数这个指标解决了个人工作量差异导致的问题,避免了多做多错。第三,解决了平时考核的问题或者叫过程管理的问题。现在到处提的公务员平时考核,是因为我们常做的是年度考核,一锤子买卖,但是到了平时如何进行考核,河北省财政厅在这当中创新地用标准化和绩效管理结合,实现了平时的监控和管理。

徐远芳

(复旦大学公共绩效与信息化研究中心
垂管单位和公务员研究室主任)

目 录

前　言

党的十八大将推进国家治理体系与治理能力现代化作为全面深化改革的总目标，对政府职能转变、深化行政管理改革提出了新的要求。近年来，一些地方和部门在这方面进行了不少有益探索，尝试将绩效管理、标准化管理等的现代管理理论和技术方法引入行政管理领域，这些探索“借鉴西方绩效管理的经验，又不单纯停留在制度移植与照搬层面”[①]，已经成为令人瞩目的创新实践。

但从我国管理实践和理论的发展路径来看，行政部门治理体系和治理能力现代化之路尚处于起始阶段。比如在推进绩效管理方面，“由于政府绩效内涵的复杂性、参与主体的多元性以及利益诉求的差异性，政府绩效管理理论和技术方法的相对缺乏使得我国政府绩效管理在摸索中前行”[②]。怎样将西方现代管理理论、方法植入中国行政管理实际，怎样实现现代管理与传统管理的有机融合，是我国行政部门管理理论和实践发展需要破解的重要瓶颈之一。

2013年年底，河北省财政厅积极应对各种压力和挑战，以时任厅党组书记、厅长高志立同志为组长的厅标准化绩效管理改革领导小组，深入分析外部形势及内部情况，深刻把握行政管理的客观规律及发展趋势，以建立持续激发干部内生动力的长效机制为目标，借鉴国内外先进经验，凝聚广大干部职工的集体智慧，创造性地把标准化管理、绩效管理等现代管理理念和方法引入行政管理，努力构建客观公正的制度环境和自强不息的人文环境。历经数年的改进完善，初步构建起一种植根我国行政部门管理实际，融合现代管理理论、方法及技术和中国传统管理优秀思想的标准化绩效管理体系，走出了一条独具特色的改革创新之路。初步实现了规范行政管理、提高行政效能、激发队伍活力、转变工作作风的效果，不仅解决了行政部门管理中的一系列问题，更打破了传统管

① 高小平、盛明科、刘杰：《中国绩效管理的实践与理论》，《中国社会科学》2011年第6期，第4—14页。

② 方振邦、葛蕾蕾等：《政府绩效管理》，中国人民大学出版社2012年版，第Ⅰ—Ⅱ页。

理理念和思维模式,为推动事业科学发展提供了强大动力。

河北省财政厅的成功实践,是治理体系和治理能力现代化的具体探索和生动实践,为我国行政管理改革与创新提供了新的模板,为标准化管理、绩效管理等现代管理理论的"中国化"注入了新的活力。为全景展示这一现代行政管理模式的管理理念、实践经验,以及较为成熟的操作流程、技术和方法,我们编写了这套《标准化绩效管理》,包括"理念与实践、规程与案例、软件操作手册"上、中、下三册。

本册是"理念与实践"篇,详细阐释了标准化绩效管理的理论基础、管理理念、框架体系、运行机制及实践经验。全书分为正文和附录两部分。其中,正文部分包含十个章节,用通俗易懂的语言分别介绍了探索实施标准化绩效管理的缘由、整体框架体系如何构建、各个核心环节的设计理念以及在实施的过程中容易出现的一些误区;附录部分包含两篇外部机构的研究报告,用第三方的视角从理论上和技术上对该体系进行了客观评价。

希望通过理念和实践的介绍,帮助读者深入了解标准化绩效管理体系构建的来龙去脉以及核心设计理念,能对各级各部门深化行政管理体制机制改革,加快推进国家治理体系和治理能力现代化提供一些经验和启示。

标准化绩效管理改革课题组

2016 年 7 月

第一章 标准化绩效管理是行政管理的一次深刻变革

党的十八大将推进国家治理体系与治理能力现代化作为全面深化改革的总目标，对政府职能转变、深化行政管理改革提出了新的要求，近年来各级各部门在这方面也进行了不少有益探索。标准化绩效管理正是在这种大背景下应运而生，它是近几年在行政管理实践中不断摸索完善形成的一套行之有效的管理模式，是推进治理体系和治理能力现代化的有益探索和生动实践。这一管理模式植根我国行政部门管理实际，融合现代管理理论、方法及技术和传统管理优秀思想，不仅解决了行政部门管理中的一系列问题，更打破了传统管理理念和思维模式，改变了干部职工的工作方式和行为习惯，实现了价值理念的一次跃升。

第一节 为什么实施标准化绩效管理

改革开放以来，我国经济社会快速发展，取得了举世瞩目的成就。在这一进程中，政府部门发挥着极其重要的作用，各级行政管理水平也不断提升。但随着外部环境的深刻变化，特别是十八大以来，经济迈入"三期叠加"新常态，深化改革进入攻坚期，干部队伍作风深刻转变，这些不仅对各级行政部门提出了更高的要求，也使得传统行政管理难以解决的一些矛盾和问题更加凸显，亟待引入新的管理理念和方法从根本上加以解决。

一、外部环境发生了深刻变化

经济环境发生了深刻变化。随着我国经济进入新常态，经济增长速度正从10%左右的高速转向7%左右的中高速，经济发展方式正从规模速度型粗放增长转向质量效率型集约增长，经济结构正从增量扩能为主转向调整存量、做优增量并举，经济发展动力从传统增长点转向新的增长点。在这一转变过程中，"三期叠加"矛盾突出，深度调整"阵痛"明显，深化改革任务繁重，其艰巨性、复杂性和挑战性前所未有。应对增长放缓，引导结构变化，促进动力转换，防范潜在风险，迫切需要各级政府部门发挥更大作用。这种宏观大势下，传统行政管理流程不畅、效率低下、成本过高的缺陷日益明显，干部队伍应对复杂形势、加快推进改革、更好服务经济发展的素质和能力也亟待提升。比如，近年来中央推进了一系列重大改革举措，但各级各部门特别是基层落实改革的力度不够、干部队伍掌握新机制新政策的能力不足，制约着改革"红利"的更好发挥。如何创新行政管理运行机制和运行模式，全面提升行政管理效率和水平，有效激发干部队伍干事创业的积极性、改革创新的创造力，已经成为各级各部门当前亟待破解的一道难题。

社会环境发生了深刻变化。随着经济社会进入转型的特殊时期，人们的价值观日益多元化，思想、行为活动的独立性、选择性、差异性明显增强，各种利益诉求更加多样，加上教育、就业、住房、医疗、食品安全、贫富差距等各种社会问题又错综复杂、累积叠加，这些都使各级行政管理面临前所未有的复杂情况，管理的风险和难度越来越高，压力也越来越大。但目前来看，各级行政管理水平还难以完全适应。比如，行政部门内部职能不清、交叉重叠现象还或多或少存在，导致政府职能错配和弱化、行政效率不高。必须借鉴成熟先进的现代管理理念和方法，重塑职能科学、结构优化、廉洁高效、人民满意的服务型、效率型、责任型政府机关，进一步提高行政效能和服务水平。

法制环境发生了深刻变化。随着我国民主法治进程的不断加快，法治、公平等现代理念日益深入人心，公民的民主意识、法治意识和维权意识不断增强，人们对政府部门依法行政的期望和要求越来越高。然而，由于行政管理自身改革的滞后，加上中国特有的传统文化、行为方式等因素的影响，造成传统行政管理制度化、规范化、科学化程度不高，相互监督、相互制约的职责分工、管理流程尚未完全形成，按制度办事、依规则行政的习惯还没有根深蒂固，这些不仅制约着政府部门依法行政改革进程的推进，也相应增加了管理风险、廉政风险和道德风险。必须深入推进行政管理体制机制改革，完善管理制度，理顺管理职责，健全管理链条，并使行政权力得到有效监督，将各级行政管理进一步纳入制度化、规范化的轨道。

行政环境发生了深刻变化。十八大以来，各级行政管理正发生着深刻变革，除了反腐败，与之相应的还有一场治理"庸官懒政"的风暴，各级也都在积极探索整治"为官不为"、激发干部队伍干事创业积极性的方式方法。从长期看，这是中国在推动的一场转变工作作风、提高工作效率的行政管理改革，反腐败、讲规矩、履责任、重法治的新格局成为当代中国的可持续发展的新生动力。这一改革已经成为一种不可阻挡的潮流和趋势,“山清水秀的政治生态”呼之欲出。

审视外部环境,不难得出结论,当前各级行政管理面临前所未有的新形势、新挑战,到了一个不得不转变的关键节点,行政管理发展战略和发展路径的重新选择、管理模式的重大转型迫在眉睫。

二、长期累积的问题亟待解决

现实工作中,不少行政部门都面临一系列难题:工作落实需要一遍一遍调度督导,年初拟定的重点工作有的年终不了了之,办事效率和工作标准不高、考核尺度难以把握,干部职工干事创业的积极性不好调动,有人抱怨干好干坏、干多干少一个样……

再深一步看,目前在一些行政部门中存在一种管理的“怪圈”,表现为“放”与“管”的“悖论”:在治理宽松的情况下,一些诸如“主观主义”、“形式主义”、“官僚主义”便会趁机冒头,导致职责不清、权责脱节、相互推诿和服务意识淡薄、弄虚作假、行动懈怠、人浮于事,甚至出现失职渎职、贪污腐败现象。但治理严格的情况下,一些人以“要求严了”为借口,宣称“干事就难免犯错,不干事才不会违规”,抱着“只要不出事、宁愿不做事”,“不求过得硬、只求过得去”,“不贪不占、啥也不干”,“做一天和尚撞一天钟、只要不出事就行”这种得过且过、但求无过的心态,该做的事也不做了,遇事敷衍了事、消极怠工,干事创业动力明显不足。

2015 年,人民论坛问卷调查中心对全国 31 个省、区、市的 2437 名党员干部进行了问卷调查。调查结果显示:在当前高压反腐、从严治吏背景下,各级党员干部心态复杂,不敢为、不想为、不愿为,在官员不作为的心态中都占有相当的比例,51.8% 的受访者认为“不敢为”是造成当前干部“为官不为”的真正原因;三成以上的受访者选择了“不想为”,近 10% 的官员选择了“不会为”①。

这种“一抓就死,一放就活”的管理现象,与行政部门现行管理体制机制本身的特点有着千丝万缕的关系。

管理理念固化。科层制②的组织结构和管理层级,加上长期以来传统管理思想的浸润,形成了我国行政管理“家长负责制”的管理理念和模式。科层制典型特征可概括为

---

① 人民论坛问卷调查中心:《影响干部干事创业动力的因素有哪些》,《国家治理》周刊,2015 年 8 月。

② 科层制又称理性官僚制或官僚制,思想来自德国管理学家、社会学家马克思·韦伯的科层管理理论,最初只是用来指政府官员,后来逐渐泛指一般的大型社会组织。

层级结构、职能分工、权力集中，以厅局级单位为例，纵向主要按照厅—单位（处室）划分，处室（单位）一般下设科（组），层级管理、层层负责，使得管理规范、分工明确，有助于上下一致，提高政策实施的效果。但深层次看，科层制建立起层层的金字塔，其背后隐含的本就是一种精英主义，强调由领导集中资源和权力，作出决策并最终决定成败，再加上中国特有的“忠恕”思想等传统文化熏陶，“家长负责制”在我国行政管理中始终占据主导地位，这种管理理念和模式在发挥其更稳定、更有纪律、更可靠的价值同时，也往往导致一个地方、一个部门的管理责任和压力更多压在“一把手”身上，广大干部职工责任心、主动性难以充分调动，甚至会出现不求有功但求无过、得过且过等心态。

管理机制不健全。虽然行政管理改革不断推进，各级行政管理体制机制不断完善，但传统的管理模式仍在发挥主导作用，管理体系不完善、一些核心环节弱化等问题始终没有从根本上解决。比如，在职能设置上，存在内部职能交叉、岗责体系设置不合理、固有责任不明晰等问题，使得政令不畅、效率低下；在内部管理上，制度体系不完善，工作流程不清晰，没有形成完整的管理闭环，工作随意性较大，造成了行政效能不高；在干部选拔上，缺乏客观公正的评价尺度，科学有效的选人用人机制还没有建立，干部选任上难以做到公开透明；在风险防控上，管理机制对行政权力、执法权力运行缺乏有效约束，执法风险、廉政风险在一定程度上普遍存在。

管理工具落后。大量调查研究表明，各级领导干部大都很有进取心，都想把队伍带好，把单位管理好，把党委政府赋予的职责和任务完成好。但是，一直苦于没有一套切实有效的科学管理工具，特别是在基层，管理工具落后的问题十分突出。针对这种状况，各级也都在进行积极的探索。但从工作实际看，经验式、指令性管理等旧的管理方式仍是各级管理的主要手段和方法，靠经验办事等旧的行为方式根深蒂固，加上管理者个体素质能力的差异，整体管理效率不高。同时，受激励手段缺乏、晋升渠道狭窄、动力机制缺失等因素影响，干与不干、干多干少、干好干坏差不多的问题难以解决，干部队伍工作热情下降，干劲不够，活力不足。

人民论坛调查结果表明，激励力度不够，干事没有方向是当前党员干部干事创业积极性不足的重要原因。受访的党员干部中，认同“没有适当的激励机制，干与不干一个样”的比例达55.74%，认同“对发展理念和考核标准比较茫然，干事没有方向”的比例达50.0%。同时，调查中也发现党员干部对精神方面的学习和修养，难以转化为现实的动力,认同“精神缺‘钙’,没有信仰”的受访干部比例达49.42%[①]。

剖析行政管理问题存在的深层次原因,不难得出这样几个结论:第一,必须从战略上、根本上、机制上系统思考问题、解决问题。如何应对以上问题?基于不同的思维,就会有不同的态度和认识,就会产生不同的方法和路径。如果按照传统思维,基于眼前考虑,就事论事、一事一议,遇到什么问题解决什么问题,工作可能也会推着走。但由于这些问题的复杂性以及内在的关联性,不仅会按下葫芦浮起瓢,时间长了,可能还会出现更大的问题和矛盾。因此,只有按照现代管理的思维,实施战略谋划、整体设计,从根本上、从战略上、从机制上来解决发展中遇到的各种问题和矛盾,才能破解难题、突破困境,也才能实现整体提升、持续发展,开创工作新局面。第二,必须以人为中心找准破解问题的关键。事业发展,关键在人。只有以人为中心,根据人的自身规律、特性和需求,去深入分析、认真研究问题,才能找到解决问题的一般性、规律性的方法和措施,才能不断提高管理和服务质效。这也是现代管理理念和优秀传统管理思想告诉我们的一个基本观点,是一切管理工作的出发点和落脚点。第三,必须运用现代管理的模式和方法建立解决问题的长效机制。上述问题不是孤立存在的,有的相互影响,有的还互为因果,相互交织,累积叠加。其形成的原因也是多方面的,有外界环境的影响,也有主观方面的原因,比如工作随意,不按制度和程序办事等。但主要还是由于管理理念、管理机制、管理方法的滞后,直接或间接造成的结果。所以说,产生这些问题的原因,包括这些原因的根源,都能从管理中找到病灶和病因。引入现代管理工具和方法,虽然不能直接解决以上全部问题,但可以为解决其中的大部分问题提供一个有效的途径和方法,并形成一个良性的改进机制,来推动和倒逼其他问题的解决,实现整体工作的持续改进、持续提升。

三、改革发展提出了更高要求

为适应改革开放和经济发展的新形势,早在1980年邓小平同志关于《党和国家领导制度的改革》一系列讲话中,就强调要通过机构改革和行政管理体制改革解决“活力、效率和积极性”等问题;1982年、1988年、1993年、1998年和2003年,我国已先后开展过几次大规模的行政体制和政府机构改革;党的十八大明确提出,“要按照建立中国特色行政体制目标,进一步深化行政体制改革,深入推进政企分开、政资分开、政事分开、

① 人民论坛:《影响干部干事创业动力的因素有哪些》,《国家治理》周刊,2015年8月。

政社分开，进一步创新行政管理方式，提高政府公信力和执行力，推动政府职能向创造良好发展环境、提供优质公共服务、维护社会公平正义转变。”习近平总书记强调指出，推进国家治理体系和治理能力现代化，就是要适应时代变化，既改革不适应实践发展要求的体制机制、法律法规，又不断构建新的体制机制、法律法规，使各方面制度更加科学、更加完善。党的十八届三中全会通过的《中共中央关于全面深化改革若干重大问题的决定》（以下简称《决定》）不仅提出了国家治理体系和治理能力现代化的改革目标，全文更是 24 次提到“治理”一词，并且明确要求优化政府机构设置和工作流程。这其中，绩效管理是创新政府管理方式的重要举措，新世纪以来，党中央、国务院对政府绩效管理提出一系列要求。党的十八大报告提出“创新行政管理方式，提高政府公信力和执行力，推进政府绩效管理”。《决定》强调“严格绩效管理，突出责任落实，确保权责一致”。2013 年，新修订的国务院工作规则明确规定“国务院及各部门要推行绩效管理制度和行政问责制度”。

近年来，我国各地按照中央的要求，也在积极探索现代管理的新路子，特别是自 2011 年国务院批准绩效管理试点以来，目前已有 20 多个国务院部门、近 30 个省（区、市）政府以不同形式开展以绩效管理或考评为核心的管理新探索。这些探索基本沿着两条线索展开：一条线路是外部评价，包括公众评估，如浙江富阳市的“分类考核”；第三方评估，如甘肃省人民政府委托兰州大学中国地方政府绩效评价中心对全省所辖市（州）政府和省政府各职能部门的绩效进行了评价等等。另一条线路是内部评价，通过吸收平衡计分卡、目标管理法、绩效管理等方法，构建了自己的指标体系、标准，运用过程管理的思维，采取目标纠偏、跟踪留痕等做法，实现行政部门的内部评价，如江西南昌工商局、江苏南通地税局等地方和部门实施的内部绩效管理等等。

不难发现，我国行政管理改革发展有四个趋势：一是从主导经济发展转向更加注重发挥社会管理职能；二是从重点调整机构人员转向更加注重科学配置政府职能，理顺管理机制，创新管理模式，进而提升行政管理效率和水平；三是从管理型政府转向服务型政府；四是从旧的粗放型的管理体制转向更加注重科学、民主、法制、责任、契约、理性、廉洁、公信、创新、服务的符合新行政精神的体制机制转变。这就要求各级行政部门转变传统管理理念，积极引入现代管理机制、模式和方法，深化行政管理体制机制改革，加快推进治理体系和治理能力现代化进程。

第二节 标准化绩效管理的理论基础

标准化绩效管理是一种植根我国行政部门管理实际，融合绩效管理、标准化管理等现代管理理论、方法及技术和中国传统管理优秀思想的行政管理新模式。从形式上看，它是一项具有自我修复、自我完善、自我发展特性的规范的全过程管理机制；从功能上看，它是一套科学有效的管理工具和方法；从本质上看，它是一次行政管理理念的深刻变革，是推进治理体系和治理能力现代化的有益实践，成功将现代管理理念植入传统东方管理思想的“沃土”，实现了优势互补，解决了现实问题，激发了干部职工积极向上的动力活力。

一、从管理说起

什么是管理？辞海的解释是：保管和料理，照管并约束。管的本意是“主宰”，还引伸为规范、法规的含义；理的本意指加工雕琢玉石[①]，引申为按事物本身的规律或依据一定的标准对事物进行加工、处置。管理的概念多样而不统一。例如：“管理就是确切地知道你要别人干什么，并使他用最好的方法去干[②]”；“管理是所有的人类组织都有的一种活动，包括：计划、组织、指挥、协调和控制[③]”；“管理是一种工作，它有自己的技巧、工具和方法；管理是一种器官，是赋予组织以生命的、能动的、动态的器官；管理是一门科学，一种系统化的并到处适用的知识；同时管理也是一种文化[④]”等等。

人类的社会活动、生产活动复杂多样，管理既包含生产力和科学技术方面的问题，又包含生产关系和上层建筑方面的问题。可以这样简单地定义：管理是指一定组织中的管理者，通过配置和优化系统内资源，以实现组织目标的一系列活动的过程。因此，管理的主体是管理者，管理活动的核心是组织，管理的主要目的是实现组织目标，管理的本质是组织系统内资源的配置和优化。

怎样才能在既定的环境下对这些资源进行配置和优化，使其产出大于投入呢？在探索与实践中，人们越来越认识到，只有通过发挥人的潜力才能挖掘物的潜力。可以

---

① “理，治玉也。顺玉之文而剖析之”——《说文》。

② ［美］弗雷德里克·泰罗：《科学管理原理》，中国社会科学出版社1984年版，第198页。

③ ［美］亨利·法约尔：《工业管理与一般管理》，周安华等译，中国社会科学出版社1980年版，第4—6页。

④ ［美］彼得·德鲁克：《管理：任务、责任、实务》，孙耀君译，中国社会科学出版社1987年版，第2—5页。

说，人的管理是资源配置的核心，这既是管理的出发点，也是管理的落脚点，现代管理正是以人为中心展开的。同时，人的行为受到社会主流文化和非主流文化的共同影响，具有很大的不确定性，人力也正是管理中最难以掌握和控制的要素。

（一）现代管理理论的发展脉络

管理活动自古有之，工业革命以前的管理主要是经验式管理。直到工业革命之后，管理理论作为一门学科，才伴随着工业企业的发展、壮大而逐渐形成和发展。自诞生以来，管理理论大致经历了三个主要发展阶段：以泰罗为代表的科学管理阶段、以霍桑实验（梅奥）为开端的行为主义管理阶段和巴纳德创始的现代管理阶段。

1. **科学管理理论**。从19世纪末到20世纪初，随着经济的发展和生产技术的进步，西方迈入工业大发展时期，市场和企业规模不断扩大，管理工作日益复杂，垄断企业的产生、经营权与所有权的分离等对管理提出了新的要求。泰罗、法约尔、韦伯等代表人物对管理进行了深入的研究，并提出了各自的管理理论。1911年泰罗的《科学管理原理》一书的发表，标志着系统的管理理论的诞生。科学管理理论对管理中（包括社会关系和管理方法、技术两个方面）共同的客观规律性进行了科学概括和深刻揭示，使工业管理由放任式的经验管理阶段进入以科学理论和方法为依据的科学管理阶段。但是，这种以"经济人"为基本假设、以技术为中心的"胡萝卜加大棒式"的管理方式，是一种"以物为中心的管理"，存在一定的局限性。"在泰罗理论执行者的视野之内即使看到了人，也只是被看成单纯追求经济利益、被一定管理制度所限定了的机械运作的人①"。

2. **行为管理理论**。二十世纪二三十年代，经济危机造成生产效率的下降，同时工人组织诞生促进自我意识提高，工人运动日益高涨。在实践运用中，以"经济人"为基本假设的科学管理理论日渐显露出其局限性。在此背景下，哈佛大学梅奥教授于1933年出版了《工业文明的人类问题》一书，基于霍桑实验提出了新的观点：工人是社会人，是复杂的社会关系成员，而不是"经济人"；企业中存在着非正式组织；生产率的提高主要取决于工人的积极性，以及他和周围人的关系；工人所要满足的需要中，物质只是其中的一部分，大部分的需要是感情上的慰藉、安全感、和谐、归属感②。马斯洛于1943年发表

---

① 荣世敏：《管理理论的发展规律及现代管理理论的发展趋势》，《天津师范大学学报》（社会科学版）2001年第6期，第28—33页。

② 田恒：《中国情境下的管理学研究探索——基于理论发展脉络的视角》，《科技管理研究》2011年第1期，第227—242页。

的《人类动机理论》,提出了"需求动机理论"[①],指出人的行为是由动机引起的,而动机是由人本身的内在需求产生的,人的需求有五种不同层次。赫茨伯格的"双因素激励理论(激励—保健理论)[②],"将激励与工作设计有机结合起来。这些主要观点组成了行为管理理论的主要内容。

行为管理理论用"社会人"的基本假设取代了"经济人"的假设,使企业管理从以技术和"物"为中心的研究转向以人为中心,管理方法由监督管理转变到人性化管理。但是,他们的思想体系却忽视了经济利益关系和以之为基础的正式组织等制度性因素的作用。日本较有影响的管理学家占部都美指出,"社会人"的假设除了发现了人的社会性需要的重要性之外,另一面却忽视了经济性需要,这不能不说是一种片面性。

3. **现代管理理论**。1938 年,美国管理学家切斯特·巴纳德出版的《经理人员的职能》[③]一书。把管理理论推向了一个新阶段,成为举世公认的现代管理的创始人和奠基者。二战以后,工业生产迅速增长,技术进步速度日益加快,企业规模进一步扩大,生产的社会化程度不断提高,对管理工作提出了许多新问题、新要求,理论界和企业界纷纷探索和实践与之相适应的新管理思路、方式和手段。此时,巴纳德的现代管理理论才得到广泛应用,管理理论也出现了各种学派,进入了哈罗德·孔茨教授所概括的"现代管理理论丛林时代"[④]。

巴纳德吸收了梅奥以人为中心的分析方法,但把研究重点转向对组织本质的经济基础分析。他把正式组织定义为"人们有意识、有目的、深思熟虑的协作系统[⑤]"。其理论基点是"决策人"(或称"有协作愿望的人"),即有一定个人目标来加入组织,使个人目标从属于组织目标的人,这就克服了"社会人"假设只注重情感因素的片面性。他认为权威的、能被接受的命令,必须具备两个条件:与组织目标一致,符合个人利益。因此,组织中最关键的因素是管理人员,并对管理者提出了客观公正等基本要求。

20 世纪 80 年代以后,为适应经济全球化、信息化、多样化的客观要求,企业管理经历了前所未有的、脱胎换骨的变革,后现代管理思潮在美国兴起。它侧重于企业文化、战略管理、企业再造、国际化战略、跨文化管理等方面的研究。同时涌现出学习型组织

① [美]亚伯拉罕·马斯洛:《动机和人格》,许金声译,中国人民大学出版社 2007 年版。
② [美]弗里德里克·赫茨伯格:《工作的激励因素》1959 年。
③ [美]切斯特·巴纳德:《经理人员的职能》,王永贵译,机械工业出版社 2007 年版。
④ 郭咸纲:《西方管理思想史》,世界图书出版公司 2010 年版。
⑤ [日]占部都美:《现代管理理论》,蒋道鼎译,新华出版社 1984 年版,第 152 页。

理论、团队管理理论、可持续发展理论、危机管理理论、风险管理理论等新的管理理论，呈现出新的管理理论丛林的特征。

19 世纪末期，工业大发展时期	上世纪 20 年代，经济大萧条，工人组织与运动诞生	二战以后，现代化增长阶段	全球化、信息化阶段	经济增长阶段
科学管理理论 “经济人”	行为管理理论 “社会人”	现代管理理论 “决策人”	新管理理论丛林（后现代管理理论）	管理理论

图 1－1　现代管理理论发展脉络

(二)现代管理理论的实践及应用

“管理是一种实践，其本质不在于知，而在于行[①]。”管理理论本质上是一门应用性很强的社会学科，其研究的素材来源于实践，其理论也用于指导实践，并在实践中不断检验和完善。现代管理理论产生以来，首先在企业得到了广泛应用。如：20 世纪 80 年代，壳牌、杜邦等跨国公司在企业内部建立了较完善的 HSE（健康、安全、环境）管理体系，融合了质量管理、风险管理、战略管理等多种现代管理理论，强调以机制控制风险，在实际的经营活动中取得了较好的绩效。1987 年，摩托罗拉公司首创了六西格玛管理模式，其基本含义是客户驱动下的持续改进，即运用信息手段使工作标准化、规范化，通过过程定义、测量、分析、改进、控制（简称 DMAIC 流程），提高质量和服务，达到客户完全满意。通过实施六西格玛管理战略，通用电气、三星、花旗银行等不同行业的跨国企业均实现了管理水平的大幅提升。

20 世纪 70 年代，随着新公共管理运动的兴起，西方发达国家开始将现代管理理论引入公共行政领域，并不断进行理论创新，从而适应不断变化的公共管理要求。其中，绩效管理（评估）理论、质量管理理论在政府管理中得到广泛重视和推广。近几十年来，西方国家标准化绩效管理的实践大体经历了三个阶段。如英国：第一阶段（20 世纪 70 年代—80 年代末），撒切尔政府开始了大规模的标准化绩效管理运动，其中包括“雷诺评审”、“部长管理信息系统”、“财务管理新方案”和“下一步”行动等措施；第二阶段（20

---

① ［美］彼得 · 德鲁克：《管理的实践》，毛忠明译，上海译文出版社 1999 年版，第 10—11 页。

世纪 90 年代初—1996 年)，梅杰政府颁布了《公民宪章》；第三阶段(1996 年以后)，工党布莱尔政府继续了保守党的绩效管理改革。美国：第一阶段(20 世纪 70 年代—80 年代末)，尼克松政府的"联邦政府生产力测定方案"改革、1976 年福特政府的"日落法"、80 年代里根政府的"'改革 1988'的一揽子改善行政管理计划"；第二阶段(20 世纪 90 年代)，克林顿政府开始了大规模的绩效管理运动，其标志为 1993 年《国家绩效评估报告》的推出和《政府绩效和结果法》的推行；第三阶段，布什政府进行的以"2003 年预算新格式"为标志的绩效管理改革①。总体来看，它们是特定时期政治、经济和社会文化环境的必然产物，其侧重点各不相同，从注重部门效率、行政投入、行政产出，到关注绩效预算、实行成本控制，最后发展到对整体效率、行政结果、行政有效性的衡量和绩效目标的实现②。

与此同时，许多国家开始积极采用质量管理理论和方法来改进自身的管理和服务质量，突出表现是 ISO(国际标准化组织)系列标准的采用。英国和新加坡是最早按照 ISO9000 系列标准来审核行政管理部门的国家，马来西亚于 1996 年开始启动在政府组织实施 ISO9000 系列标准的技术，美国、澳大利亚、也门等国政府机构也成功地实施了质量管理体系认证。目前，世界上已有近 100 个国家直接采用或等同转为国家标准采用，公共管理正在迈入一个新的历史阶段。

(三)现代管理理论和实践发展的主要特征

尽管领域不同、行业不同、性质不同，但实践表明，现代管理理论的每一次成功应用均蕴含着一些共性特征，集中表现在管理思想、管理理念、管理模式和管理手段等四个方面。

管理思想上，突出规则和效益。法治思维、制度文化、程序精神被广泛地融入了现代管理的思想中，更加注重以制度建设、机制建设来规范管理行为，提高管理质效。同时，在管理思想上，改变了过去只关心投入不关心产出的做法，强调人、财、物等各种管理要素的合理配置，要求以最小的投入，获取最大的社会效益。而在中国，由于历史上传统儒家伦理所支撑的习俗和惯例长期占据主导，调节着社会秩序的运行，加上近代资本主义未成熟发展，新中国采用计划经济制度，导致了当代中国法治精神的缺乏，造成

① 朱立言，张强：《美国政府绩效评估的历史演变》，《湘潭大学学报》(哲学社会科学版)2005 年 1 月，第 1—9 页。

② 张亚伟：《政府组织绩效管理的现实困境与途径》，《甘肃社会科学》2009 年第 6 期，第 130—132 页。

了制度软化，也使权力和人际关系成为资源配置的重要力量。因此，在中国各类组织的管理中，尤其应当强调制度建设、工作流程及规范标准的重要性。职业化、专业化、流程化是现代社会的基石，它的真实意义，是标志着个人的随意性必须被纳入到制度规范中。

管理理念上，突出对人的激励引导和顾客导向。管理不仅是一门科学，还是一门艺术，在管理中必须重视精神的作用和文化的力量。现代管理侧重的是组织中的全体职工共同具有集体价值观念和行为方式，是在组织中营造一种和谐共处、感情色彩强烈的文化氛围，建立一种牢不可破的共同体。其理念的核心不是束缚人，而是把实现组织管理规范化、理性化与激励、引导个人的精神、情感、智慧、积极性结合互补，进而追求人的自我管理、自我提升、全面发展。顾客导向也是现代管理的核心价值观之一，要求产品、服务及过程等一切以客户满意为目标。这里的客户不仅包括外部客户，也包括组织内部上下游形成的客户关系。对公共管理部门来说，更意味着针对社会公众需要提供服务，以社会公众为导向改变传统的工作方法，建立社会公众回应系统，及时听取顾客意见，以社会公众的需求作为工作的目标。

管理模式上，突出质量管理和绩效管理。其中，ISO（国际标准化组织）系列标准是世界性、标志性的成果。它高度概括、总结、提炼了世界各国质量管理理论的精华，统一了质量管理的原理、方法和程序，提供了一套科学的工作思路和方法。由于它具有全球统一的认证依据标准，又具有较强的公证性、通用性和指导性，得到了广泛认可。绩效管理则是现代管理理论集大成者，它继承、发扬并整合了战略管理、行为管理、目标管理、过程控制、质量管理等现代管理的理念和方法，并在实践中不断创新发展。绩效管理不仅在各类经济组织中效果显著，许多西方政府机构也不断尝试将绩效管理工具进行理论嫁接和应用转化，衍生出许多成熟的管理方法和手段，取得了良好的社会效益。

管理手段上，突出新技术、新成果的运用。大量应用数学、统计学、经济学等方法。数学方法主要运用于建立模型和进行定量分析，特别在电子计算机及网络技术的推动下，数学方法正在深入渗透管理领域，最优目标选择、统筹规划、人员匹配以及计划决策等无一不是以数理统计为基础进行的研究。在微观经济学研究领域，以严格数学模型为基础的信息经济学、博弈理论、激励理论、契约理论、委托—代理理论等飞速发展，其研究成果被各类组织广泛应用于战略决策、层级结构设计、内部管理等各个方面。

二、绩效管理和标准化管理

(一)绩效管理

1. 什么是绩效。绩效一词源于管理学中的“Performance”。从中文字面分析,“绩效”是绩与效的组合,“绩”就是业绩,“效”就是效率、效果。结合“Performance”的含义,“效”可以进一步引申为“一系列与组织目标相关的行为、态度、方式和方法”。从管理实践的历程来看,人们对于绩效的认识是不断发展的:从单纯强调数量到强调质量再到强调满足顾客需要;从强调“即期绩效”[①]发展到强调“未来绩效”[②]等等。随着理论和实践的发展,绩效的内涵也不断丰富。当前,我们可以理解为:绩效包括组织绩效和个人绩效两个层面。对组织来说,绩效是组织在管理活动中的结果、效益、效能,是组织在行使其功能、实现其意志过程中体现出的管理能力;对个人来说,绩效就是个人通过其行为,以及技术、能力和知识的应用,对团队目标及组织目标的贡献程度。反映的是组织和个人在一定时期内以某种方式实现某种结果的全部过程,也就是说绩效包括了工作行为、方式以及工作行为的结果。

2. 绩效的性质与影响因素。绩效具有多因性、多维性和动态性。多因性是指绩效的优劣不是由单一因素决定的,它受制于环境、组织的制度和机制、工作特征、个人的价值观等多种主客观因素。多维性指的是需要从多个维度或方面去分析与评估绩效。比如,考察一个部门的绩效时,不仅要看部门指标完成情况,还要综合考虑部门的管理指标,比如对下级的监控、指导、整个团队是否有创造性等,通过综合评估得出结论。动态性是指绩效会随着时间的推移而发生变化。原来较差的有可能好转,而原来较好的也可能变差,不能用一成不变的思维来看待有关绩效的问题。

现代科学技术与心理学的研究表明,影响绩效的主要因素有四种:激励、技能、环境和机会。激励的理论基础是马斯洛的需求理论,管理者需要根据需求的不同层次,有针对性地采取激励措施,才能调动个人的工作积极性。技能是个人工作技巧与能力的总称,是一种内在要素,它与个人的天赋、勤勉、经历、教育和培训背景相关。环境即一个

---

① “绩效分即期和远期”——胡宁生主编:《公共部门绩效评估》,复旦大学出版社2008年版。

② [美]罗伯特·卡普兰:《重塑未来绩效》,《商业评论》2012年2月10日(罗伯特·卡普兰(Robert S. Kaplan),平衡计分卡之父,哈佛商学院教授,平衡计分卡(Balanced Scorecard)、作业成本法(activity - based costing)的创始人之一,美国平衡计分卡协会主席)。

组织内外的环境状况,内部环境包括工作环境、劳动条件、规章制度、组织结构、组织文化等;外部环境是组织和个人面临的不为组织所左右的外部因素。机会亦称机遇,指具有时间性的有利情况。

环境与机会对个人来说都是客观的,但对组织来说却是可以创造和争取的;技能作用的发挥由个人的主观因素决定;激励主要取决于主观因素,同时也与组织正确的政策有密切的关系。在影响绩效的上述因素中,激励是最具有主动性、能动性的因素。

3. **什么是绩效管理。**绩效管理的思想起源于绩效评估,在其历史演进中,20 世纪中前期主要体现为观察性绩效评估。随着管理实践的日趋复杂,越来越多的管理者和研究者意识到,组织结构调整、裁员等措施难以持续改善绩效,真正能促进绩效提高的是个人行为的改变,形成有利于调动个人积极性、创新精神、团队合作精神的组织文化和氛围成为人们的共识。在这一背景下,基于行为科学理论,研究者拓展了绩效的内涵,于 20 世纪 70 年代后期提出了绩效管理的概念。80 年代发展出一整套质量管理绩效指标,90 年代将客户满意度作为战略性的绩效指标,如德鲁克所倡导的目标管理理念、卡普兰和诺顿 1992 年创建的平衡计分卡等,就是其典型的代表。罗杰斯和布雷德拉普则系统地将绩效管理视为管理组织绩效的一种体系①。

概括来说,现代绩效管理大量引入现代管理理论、系统控制理论等基本思想,包括绩效计划、实施、考核、反馈与沟通、结果应用等步骤,这些环节环环相扣、相互推动,形成一个持续不断的闭环流程系统,其根本目的是传导、实施组织战略。深层次看,现代绩效管理在促成组织价值创造的同时,又建立了价值分配的基础②。它是一种外部管理活动与个人内在心理活动交互作用的过程,具体表现为管理者在与管理对象达成目标共识后,采取有效方法帮助管理对象实现工作目标、提升个人能力素质。在这一过程中,个人绩效、素质的不断提升和组织业绩、素质的持续改进相辅相成,实现组织和个人的双赢。其内涵反映了现代管理的实践需要,为管理开辟了新的思维空间和运作平台,它不仅是组织战略执行力的强大引擎,而且成为提高组织核心竞争力的中心环节和直接手段。

(二)标准化管理

ISO 是国际标准化组织(International Organization for Standardization,缩写为 ISO)的

---

① 张亚伟:《政府组织绩效管理的现实困境与途径》,《甘肃社会科学》2009 年第 6 期,第 130—132 页。

② 张双:《绩效管理理论溯源》,《商场现代化》2007 年 1 月,第 21—33 页。

简称,它成立于1947年,是与IEC(国际电工委员会)并列的世界最大的国际标准之一。经过几十年的研究和发展,ISO于1987年发布了ISO9000质量管理和质量保证系列标准,1994年对其进行全面修订,于1997年发布实施。2000年又发布了2000版的ISO9000系列标准,将原来的标准系列精简为如下三个标准:ISO9000:2000《质量管理体系——基础和术语》、ISO9001:2000《质量管理体系——要求》、ISO9004:2000《质量管理体系——业绩改进指南》。在质量管理和质量保证方面,ISO9000是世界通用的国际认证标准。由于它具有全球统一性,又有适当的公证性,各国相互认可,因而日益受到各国政府、企业界以及相关国际组织的关注。1993年1月1日,我国正式等同采用ISO9000系列标准,建立了符合国际惯例的质量认证制度和管理体制。

目前,"质量"与"质量管理"的概念已经进入了社会各个领域的每一层面,作用范围非常广泛深远。ISO9004—2《质量管理和质量体系要素第2部分:服务指南》的附录《可适用本标准的例子》列举了质量管理和质量保证标准适用的39个经济活动类别,几乎包含了所有的社会经济活动领域,而其中"行政管理"就单列为一类。这表明,ISO质量标准不仅适用于企业界的经济活动,实际上也适用于各种政府机构和行政管理部门。政府的质量是通过相应的管理和控制来实现的,要提高政府的质量,防止行政管理的主观性和随意性,都应当依照标准化的管理办法和实施细则办事。因此,ISO系列标准也被看作政府组织、公共服务机构建立规范管理体系的国际通用标准。

全面质量管理(Total Quality Management,缩写为TQM)理论是质量管理中的核心理论,依据ISO的定义,全面质量管理(TQM)是指"一个组织以质量为中心,以全员参与为基础,通过让顾客满意、让本组织所有成员及社会受益而达到长期成功的管理途径"①。全面质量管理(TQM)的核心理念是"质量第一"、"顾客第一",基本观念是一切使用户满意、一切以预防为主、一切用数据说话、一切按计划实施,主导原则是全过程进行质量管理、全方位实施质量管理、全员参加质量管理、全社会推动质量管理。

PDCA循环,即计划—实施—检查—改进的循环工作方法,是全面质量管理(TQM)中的一种基本方法,最早由美国统计学家戴明博士(W. E. Deming)针对企业提高产品质量、改善经营管理的需求而提出,所以也称"戴明循环"或"戴明环"(Deming Loop)。所谓"P""D""C""A",分别是四个英文单词"Plan(计划)""Do(执行)""Check(检查)"

① 转引自:朱丽君:《政府质量管理的基本理论与方法》,《山西大学学报》(哲学社会科学版)2012年7月,第95—98页。

“Action(处理)”的字头,因而,PDCA 循环事实上是由 PDCA 四个阶段紧密相连、前后相继不断推动质量进步的良性工作模型。“PDCA”循环主张,全面质量管理(TQM)的过程依次要经历四个阶段的循环:第一,根据顾客的需要和组织方针,建立必要的过程目标,分析现有情况,发现问题并分析存在问题的原因,结合实际制定切实可行的目标、方针和计划。第二,按照制定的计划组织实施,开展研制、生产、试验等各项工作。第三,按照质量方针、目标和产品要求,对过程和产品进行监视和测量,检查验收工作的进展情况是否达到预期效果。第四,对检查验收的情况进行分析总结,处理遇到的各种问题,提出改进的措施和建议,使质量问题归零,并把成功的经验纳入循环过程,对遗留的问题转入下一个 PDCA 循环以便改进解决。

作为质量管理持续改进思想的具体体现,PDCA 循环不仅是企业进行质量管理活动的基本模式,也是任何一个社会组织实现最佳运行状态所应当遵循的方法,已经被当作质量改进的重要工具广泛应用在各个行业。政府和公共服务部门采用 PDCA 循环方法,通过将质量问题和工作目标引入 PDCA 循环,可以把复杂的管理与服务过程简化为若干个子系统,根据问题的复杂或者简单程度来逐级制定具体的循环方案,便于确定管理和改进的重要环节,更快、更好地解决系统中存在的问题,有效保证工作和服务质量,满足社会公众的需求。

三、标准化绩效管理

标准化管理和绩效管理都是现代管理理论体系中的“明珠”,在实践中也被广泛应用于各个领域。基于西方国家成功经验的启示,这两种管理模式也逐步被引入中国。比如,我国一些地方政府和政府部门进行了绩效评价实践的有益探索,为政府组织推行绩效管理积累了一些宝贵的经验;再比如,经过近几年的努力,标准化管理已经在河北省各级行政部门逐步推开。但从实际效果来看,由于二者均存在一些理论上的“系统性缺陷”①,其强大的管理功能并未得到充分发挥。从绩效管理来说,多种管理理论、方法的应用,虽然大大提升了绩效管理的科学性,但同时增加了绩效管理体系的复杂性,对组织的内部结构、工作流程、管理者的管理水平等均提出了较高的要求,一直以来绩效管理都是世界公认的管理难题②。特别是在国内,由于管理基础薄弱,加上行政工作固

① 张双:《绩效管理理论溯源》,《商场现代化》2007 年 1 月,第 21—33 页。

② 2011 年世界经济学大会中,绩效管理被评为难度最大的十大管理问题之一。

有的复杂性，单独推行绩效管理难度很高，"政府绩效内涵的复杂性、参与主体的多元性以及利益诉求的差异性，政府绩效管理理论和技术方法的相对缺乏使得我国政府绩效管理在摸索中前行"①，有的成为单纯的绩效考核，有的仅将部分工作纳入绩效管理，有的甚至"无疾而终"。从标准化管理来看，依照ISO9000系列标准进行的认证，是一种第三方的管理质量水平的认证过程，但是第三方显然缺乏对组织的实际控制，其管理刚性存在天然的局限性，行政部门推行标准化管理容易流于形式，有的与实际工作脱节，推行的时候严格按照ISO标准制作各种表证单书，但实际工作流程、节点、规则难以严格按照标准执行；有的"虎头蛇尾"，特别是认证之后，标准化管理难以真正落在实处，流于形式的情况比比皆是。

为解决上述问题，河北省财政厅对这两种管理体系进行了深入研究，经过近几年的探索实践，目前已经初步构建起标准化绩效管理模式。简单讲，标准化绩效管理就是以标准化管理为依托、以绩效管理为动力的全面系统、流程科学、管理规范的现代化行政管理模式。在这套模式中，标准化管理为绩效管理提供严密规范的"高速轨道"和节点控制规则，绩效管理为标准化管理提供事实上的刚性控制和运转动力，二者有机融合、一体化运作，相互推动、梯次改进，形成一个开放的、螺旋上升的良性管理循环，能够有效解决单独运行中的突出问题。二者关系呈现以下几个特征：

一体性。即：二者不是并存的"两个"管理体系，而是"二合一"，共同组成了标准化绩效管理体系，其构成方式不是并列的，而是深度融合、相互交织，不能也无法将二者在管理体系中明显分开。对一个组织来说，在同一套管理体系中的绩效管理和标准化管理的具体内容，如管理目标、管理过程、监控系统等，只能也必须是一套。

互补性。标准化管理重体系建设、重日常工作、重流程规范，绩效管理重目标导向、重阶段重点、重结果评测；标准化管理以规范工作过程为着力点，注重规范，而绩效管理以提升人的业绩为着力点，注重激励；标准化的管理焦点是事儿，绩效的管理焦点是人，二者通过发挥各自优势、功能上相辅相成，共同满足了战略目标和近期目标的实现要求，共同提高了管理体系运行质效。

就互补性讲，标准化管理为绩效管理提供了中长期的管理方针、管理目标、管理架构、管理规则、监控节点和标准；绩效管理为标准化管理提供了阶段性的具体目标、测量评价手段和结果运用。同时，二者通过PDCA过程方法和一些具体工作机制，共同推动

① 方振邦，葛蕾蕾等：《政府绩效管理》，中国人民大学出版社2012年版，第Ⅰ—Ⅱ页。

管理体系运行。

支撑性。即:二者互为支撑。支撑性类似互补性,但又有区别,需单独注明。标准化管理为绩效提供支撑,包括规则、标准和运转的支撑,绩效管理要从标准化体系文件中提取监控点和指标要求,绩效实现要由标准化过程实施支撑。绩效管理为标准化管理提供动力和目标,没有绩效管理的激励和引导,标准化管理的工作过程将得不到认真执行,这项工作也将无法长期坚持。

做一个形象的比喻,标准化管理是骨骼和经脉,提供运转的架构和脉络(规则);绩效管理是心脏和大脑,提供运转的动力和方向。二者融合实施,在更高层次、层面构建起一个更加科学有效、持续产生活力的管理体系。

第三节 为什么标准化绩效管理是行政管理的一次深刻变革

从近几年的管理实践来看,标准化绩效管理正在逐步显现出其强大的功能和效果。可以说,标准化绩效管理与中央的工作要求、形势的发展需要是相适应的,符合行政管理改革发展规律,解决了传统行政管理中的一系列问题,激发了干部队伍动力活力,确保了上级决策部署的有效落实,实现了行政管理理念、机制和模式的根本性变革,是推进国家治理体系和治理能力现代化的具体探索和生动实践。

一、"金钥匙"——为解决现实问题提供一揽子解决方案

标准化绩效管理模式,为解决行政管理长期存在的问题提供了一揽子解决方案:

解决目标任务不明确、不到底的问题。标准化绩效管理建立起全员责任体系和目标指标体系,确保了精准承接上级工作部署。每年年初,深入研究上级决策部署、重点工作和本部门目标任务,逐项确定工作目标、设定绩效指标,层层细化分解到单位(处室)和人头,让每个人从一开始就清楚自己该干什么、要干到什么程度,形成对目标的认同和共识,愿意去自觉的完成这个目标;日常工作中,对上级交办和厅党组临时部署的工作任务,随时转化为单位(处室)和岗位(个人)的绩效指标,纳入标准化绩效管理流程,实现个人对单位(处室)、单位(处室)对部门、部门对上级工作任务的无缝承接、精准落实。

解决工作标准不清、质效不高的问题。工作没标准、考评凭主观直接影响工作质量和效率。在将工作转化为绩效目标指标时,参考上级要求、历史水平和同行业先进,以

“跳一跳，摘得到”为原则，从时间、质量、数量三个维度，科学设定各项工作要达到的标准和评价方法，明确工作步骤和需要采取的措施方法；通过信息技术实现过程留痕、节点提醒，促使每名干部职工自觉做到“马上就办、办就办好”。同时，通过每季度组织考评和年终总评，以日常留痕记录为依据，客观公正地评价单位（处室）和岗位（个人）的工作完成情况，排出等级和名次，让干部职工心服口服。

解决不同单位、不同岗位不可比的问题。不同单位、不同岗位之间工作性质、工作内容差异大，综合考评结果很难比较。通过引入数学、统计学等现代管理工具，为各项工作设定一个统一客观的“参照物”，将不同工作的绩效考评得分与“参照物”比较，计算出每条绩效指标得分的“含金量”。通过几轮计算，把原始考评得分“兑换”成可比的绩效考评得分，实现了不同单位（处室）、同职级不同岗位绩效得分在一个坐标系上比较，从而使考评结果更好体现工作努力程度，更加科学、合理、公平。

解决干好干坏差不多的问题。干好干坏、干多干少差不多，长期下来，干部就没有积极性。绩效考评结果有效应用，是解决这一问题的关键。每年将绩效考评结果拉出清单公布，作为干部年度考核、评先评优、选拔任用的主要依据，特别是以绩效考评结果作为选拔干部的主要依据，扎实干事的人得到重用，作风漂浮的人受到冷落，使得大多数干部职工见贤思齐，把全部身心都投入到工作上。

解决创新动力不足的问题。传统目标管理集中于结果考核，标准化绩效管理则把管理重心放在日常。通过建立绩效计划、监控、考评、应用和改进的完整管理闭环，加强执行过程中的绩效辅导、绩效提醒和工作指导，随时掌握单位（处室）和个人日常工作表现，及时纠正工作与目标任务之间出现的偏差，推动工作持续改进、不断提高。同时，对改革发展中作出突出贡献的，或者日常工作有实质性创新的，设置特别加分等调控手段，只要干得好，有创新有突破，就会得到加分，激励干部职工主动去想事干事，干事创业积极性明显提升。

二、让决策变为行动——为领导者提供一个管理平台

经常听到有的领导干部说，现在的工作不好落实，干部队伍不好带、不好管。随着内外部形势的不断变化，各级“一把手”都面临着决策怎么变为干部职工的实际行动，以及队伍如何管理、如何调动积极性等问题，主要原因就是缺乏有效的管理工具。

绩效管理被国内外政府官员誉为手中"最有效的管理工具[①]"。尽管标准化绩效管理不能直接解决所有的管理问题,但它为各级领导干部处理好这些问题提供了有效的方法和途径。因此,只要用好这个工具,就可以实现对人、对工作的有效管理和指导,发挥出巨大的管理作用。

一方面,有利于推进工作落实。首先,用好这个工具可以更合理地安排工作。对这一管理体系来说,研究绩效指标就是研究具体工作,抓住了绩效指标就是抓住了工作的纲。根据组织目标、本单位(处室)的岗位职责和人力资源情况,自上而下、自下而上,认真研究,反复斟酌,把目标指标制定好、分配好,增加工作的主动性、计划性和预见性。其次,用好这个工具可以更有效地指导工作。每一名干部职工有了明确的目标、具体可测量的指标、明晰可控制的节点,那么各级领导干部就可以轻松地将每个人的目标实际完成值与要求值进行比较,随时了解和掌握每个人的目标指标完成情况,发现问题后分析原因并及时改进。同时,用好这个工具可以保证每一项工作落到实处。将各项工作转化为可管理的目标指标,并使组织与每名干部职工都达成"契约"后,通过过程管理、绩效考评、绩效改进等环节形成完整的闭环管理,可以保证每一份"契约"严格执行、落实到位。

另一方面,有利于加强干部队伍管理。有效的管理,首先是以完善的制度体系为基础,基本要求是制度的全面性、系统性、公平性和客观性,标准化绩效管理在体系设计和运行上,较好地实现了以上特征,为以制度管人管事奠定了基础。其次,有效的管理,必须以目标共识为前提。标准化绩效绩效管理中,无论是在制度框架建立阶段,还是在体系运行阶段,反复征求意见,全员广泛参与,凝聚了全体干部职工的思想共识,领导干部和广大干部职工既是上下级之间的关系,也是围绕组织目标、单位(处室)目标所形成的伙伴关系,团队凝聚力显著增强。同时,通过标准化绩效管理的各个环节的有效管控,不仅可以安排每个人的任务,发现工作中的不足,持续改进,提升绩效;还可以利用绩效杠杆,调动每个人的工作积极性,激发整个团队的活力。

三、把理想落在岗位——为干部职工提供一个展现舞台

对于每一名干部职工来说,标准化绩效管理不仅是帮助个人明确任务、改进工作、完成任务的工具,还为每个人提供了展示工作业绩、提升能力素质、实现自我发展的平

① 周志忍:《能建设:绩效管理的福建模式及启示》,《中国行政管理》2008 年第 11 期。

台和机遇,个人理想落在了工作岗位,工作积极性自然显著提升。

一是更利于明确目标、认清方向。一个好的目标和结果,会对干部职工的个人行为产生引导作用,会成为全体干部职工为之奋斗的方向。通过标准化绩效管理,每一名干部职工可以知道自己应该做什么、做到什么程度。有了明确的工作目标以后,就明确了个人的努力和奋斗的方向,可以在规定的职责范围内充分调动个人的力量和智慧,完成和实现自己的目标指标,从"要我做"变"我要做",增强了工作积极性、主动性。

二是更利于提高效率、优化工作。根据目标指标,按照标准化流程开展工作,做好周记录、月小结,可以有效提高工作效率,实现"事半功倍"。通过绩效监控和绩效评价,帮助每个人及时发现工作偏差,及时改进提高,确保工作少走弯路,全面提升工作完成水平。

三是更利于培养素质、提升能力。通过制度、机制设计,引导干部职工逐步形成自我管理的工作习惯和行为习惯;通过绩效辅导、改进和日常培训,特别是根据绩效考评结果,每个人能够发现自身能力上的不足,有针对性地帮助干部职工补齐素质短板;通过全员参与,让广大干部职工更好地理解现代治理理念,掌握现代管理技术和管理方法,培养干部职工领导素质和领导能力。

四是更利于全面发展、实现价值。按照马斯洛需求[①]理论,每个人的需求都是有层次的,从低到高依次是生理需求、安全需求、社交需求、尊重需求和自我实现的需求。标准化绩效管理通过客观公正、公开透明的评价尺度和评价办法,直观展现了每个人的工作成绩、能力素质,激励每一个人积极进取,担当更大的责任,实现更大的价值。

四、长效机制——为事业长远发展提供保障

一个组织的发展和进步,是多种因素共同作用的结果,包括外部环境、机遇等条件,也包括组织内部的队伍素质、制度建设、管理水平等因素。标准化绩效管理为组织提供的不仅仅是一个考评、奖罚手段,更重要的意义在于,提供了一个科学长效的管理机制,通过不断改善内部制度环境和人文环境,为组织的持续发展创造更多有利条件。

其一,可以有效保证战略目标的实现。战略目标,是一个组织在某一时期内希望达到的最高成果或状态,也是引领和推动这个组织行进的方向和使命。如何保证愿景变为现实?需要对战略目标层层分解,使这一战略目标变成一个个可量化、可测量的目标

① [美]亚伯拉罕·马斯洛:《动机和人格》,许金声译,中国人民大学出版社2007年版。

指标,落实到每一个具体的工作岗位上、每一名干部职工肩上。让每一个人深刻理解组织的战略和使命,并清楚了解组织对个人的绩效期望。通过有效的管理手段,确保完成每一个具体的目标指标,以个人的努力、个人绩效的提升促进组织绩效的提升,最终实现组织的战略目标,推进组织的持续发展。实施标准化绩效管理,从组织目标、年度任务的分解,到监控、考评和改进,正是保证战略目标实现的最直接、最有效的工具和方法。

其二,可以构建客观公正的制度环境。制度,是维系一个组织、一个部门持续发展的"纲"。管理的最高境界是实现每个人的自我管理、全面发展,规范的制度管理是实现自我管理的必由之路。标准化绩效管理,就是以标准化的制度体系作为管理的基础,以客观公正的评价标准作为尺度,着力构建科学完善的管理体系和内部运行机制,把制度建设融入管理的各个环节,为事业持续发展创造更加有利的制度环境。

其三,可以形成自强不息的人文环境。标准化绩效管理不只是一种管理工具,也是一种管理文化、价值理念。通过制定具体的目标,可以更好地把干部职工的心智引导到工作上来,全身心地研究工作、推进落实;节点的监控,能够进一步规范每个人的工作行为;持续的改进,能够更好地发现自身的不足,不断地改进提高;公正公平的绩效结果,激励大家主动而为、积极工作,逐步形成风清气正、干事创业、自强不息的人文环境,为事业持续发展打下坚实的基础。

其四,可以为组织发展提供持续的人力资源保障。通过闭环式管理,不仅可以发现干部职工素质和能力上的不足,进一步明确改进的方向和培训的重点。由此,可以组织开展有针对性的培训,使个人能力和整体素质水平得到不断提升。更为重要是,标准化绩效管理还为组织培养和选拔优秀人才提供了一套较为科学的机制,通过持续不断的激励、培养和选拔,为优秀人才提供平台和机遇,使其发挥更大的作用,为事业发展提供坚实的人力资源保障。

其五,可以形成组织的绩效文化。标准化绩效管理的运行过程,实际上也是文化灌输的过程。通过管理流程的各个环节,使各层级的领导干部和广大干部职工明确,我们的目标是什么,我们鼓励什么,反对什么,最终使绩效文化被大家所理解、接受并自觉贯彻执行。标准化绩效管理所形成的绩效文化,内化于心就是每个人的价值取向,以任劳任怨、勤勤恳恳、履职尽责、追求卓越为基础,融入思想,化为立场;外化于形,就是要求每名干部职工热爱自己的岗位,明确自己的目标,制定自己的计划,并与组织达成"契约",主动而为、自觉而为,向上向善,积极进取,激发内在动力,最终实现自我管理、自我提升、全面发展。

本章小结

本章从实施标准化绩效管理的背景说起,概括介绍标准化绩效管理的理论基础、基本概念以及其功能和效果。主要内容和结论如下:

1. 标准化绩效管理的实施背景。随着经济社会不断发展,我国各级行政管理面临的外部环境发生了重大变化,长期积累的一些矛盾和问题也日益凸显。同时,党的十八大对政府职能转变、深化行政管理改革提出了新的要求,将推进国家治理体系与治理能力现代化作为全面深化改革的总目标。这些都对各级行政部门提出了更高的要求,亟待引入现代管理理念和方法,从战略上、根本上、机制上推进行政管理体制机制改革,标准化绩效管理正是在这种大背景下应运而生。

2. 标准化绩效管理的理论基础。管理理论诞生以来,大致经历了三个主要发展阶段:以"经济人"假设为理论基础的科学管理阶段、以"社会人"假设为理论基础的行为主义管理阶段和以"决策人"为理论基础的现代管理阶段。每一阶段的发展都与当时不同的社会、经济和人文背景密切相关。现代管理理论的每一次成功应用均蕴含着一些共性特征,集中表现在管理思想、管理理念、管理模式和管理手段等四个方面。即思想上,突出规则和效益;理念上,突出对人的激励引导和顾客导向;模式上,突出质量管理和绩效管理;手段上,突出新技术、新成果的运用。

3. 标准化绩效管理的基本内涵。绩效管理是通过对组织战略的建立、目标分解、绩效考核,并将绩效结果用于日常管理活动,以激励个人绩效持续改进并最终实现组织战略目标的一种管理活动。深层次看,现代绩效管理是一种外部管理活动与个人内在心理活动交互作用的过程,其内涵反映了现代管理的实践需要,为管理开辟了新的思维空间和运作平台。ISO 质量管理和质量保证系列标准是世界通用的国际认证标准,全面质量管理理论(TQM)是质量管理中的核心理论,PDCA 循环是 TQM 中的一种基本方法。ISO 系列标准不仅适用企业,也被看作政府组织、公共服务机构建立规范管理体系的国际通用标准。

标准化绩效管理就是以标准化管理为依托、以绩效管理为动力的全面系统、流程科学、管理规范的现代化行政管理模式。在这套模式中,标准化管理为绩效管理提供严密规范的"高速轨道"和节点控制规则,绩效管理为标准化管理提供事实上的刚性控制和运转动力，二者有机融合、一体化运作，相互推动、梯次改进，形成一个开放的、螺旋上升的良性管理循环，能够有效解决单独运行中的突出问题。

4. 为什么标准化绩效管理是行政管理的一次深刻变革。实践表明，标准化绩效管理与中央的工作要求、形势的发展需要是相适应的，符合行政管理改革发展规律，实现了行政管理理念、机制和模式的根本性变革，是推进国家治理体系和治理能力现代化的具体探索和生动实践，具体说包括四个方面："金钥匙"——为解决现实问题提供一揽子解决方案、让决策变为行动——为领导者提供一个管理平台、把理想落在岗位——为干部职工提供一个展现舞台、长效机制——为事业长远发展提供保障。

第二章 如何构建标准化绩效管理体系

行政部门构建标准化绩效管理体系，是一个复杂的系统工程，不仅需要将标准化管理和绩效管理紧密结合起来，更要着眼治理体系和治理能力现代化，遵循行政管理的基本规律，实现现代管理理念、工具及方法和优秀传统管理思想的有机融合。在实际操作中，河北省财政厅立足行政管理实际，按照"精细化设计、便捷式操作"的思路，以建立持续激发内生动力的长效机制为目标，继承、整合并发扬战略管理、行为管理、目标管理、过程控制、质量管理等现代管理的理念、方法及中国传统文化中的"仁义忠恕"等优秀思想，努力构建客观公正的制度环境和自强不息的人文环境，经过不断的改进完善，初步建立起科学规范、运行高效的标准化绩效管理体系。这一管理体系可概括为"一基础、四环节、一主线、一支撑、一保障"，即"以标准化为基础，以绩效计划、绩效监控、绩效考评、绩效改进为主要环节，以绩效沟通为主线，以信息化为支撑，以结果应用为保障"，整个流程环环相扣、协调运转，成为行政管理的大平台、总抓手（标准化绩效管理体系框架见图2－1）。

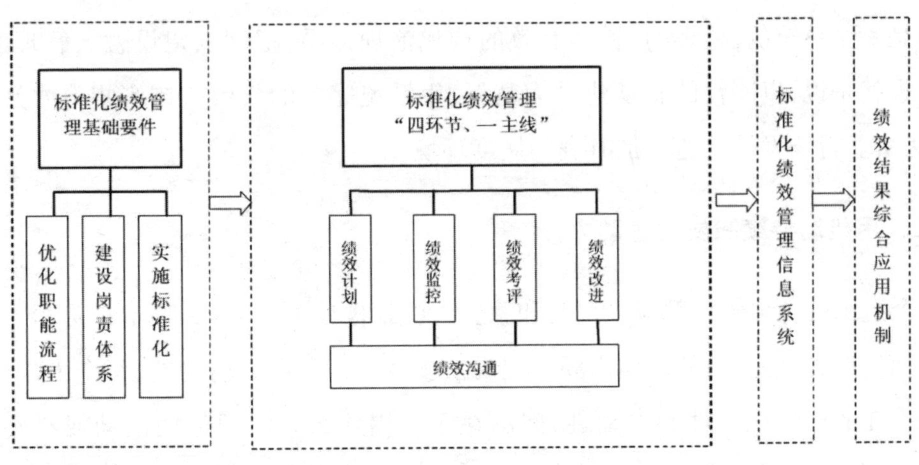

图2－1 标准化绩效管理体系框架图

第一节 刚柔并济的管理模式

标准化绩效管理,充分吸收现代管理理论的精华,在管理体系设计上,着力实现制度建设的“刚性”和人本管理的“柔性”紧密结合,在关注近期目标的同时,更加注重通过树立正确的价值理念、行为理念,引领组织(部门)和个人的持续、长远发展;在关注组织(部门)绩效的同时,更注重干部职工个体素质和能力的全面提升。在实践中,河北省财政厅确定了建立持续激发干部内生动力长效机制的目标,积极倡导“让决策变为行动,把理想落在岗位”,并将标准化绩效管理体系应具备的主要特征细化九个方面,努力构建客观公正的制度环境和自强不息的人文环境。

一、整体思路

(一)用制度规范行为

管理大师德鲁克认为,一个不重视制度建设的管理者,不可能是一个好的管理者。同时,人本管理的形成,也只能是在现代管理制度建立以后,“科学管理以后再实行‘人本主义’的感情管理,才是最有效的管理之路,没有从严的科学管理过程,一开始就实行感情管理是要坏事的[①]”。从各级行政管理现状来看,还远未达到达到治理体系和治理能力现代化的水平和高度。所以,从组织战略目标和团队建设的角度来定位,首先应该建立的是一个系统的、闭环的、科学有效的现代治理体系,把制度建设融入管理的各个环节。也就是说,以刚性的制度建设为基石,用系统完备的长效机制来提升水平、规范行为,为事业持续发展创造更加有利的制度环境。

(二)用机制持续激发内生动力

一个组织的各项管理都应以调动和激发人的积极性、主动性和创造性为根本,追求人的全面发展,这是管理的实质内涵。主观上多数人都是向上向善的,每个人本身都具有一种内在的工作积极性和主动性,问题在于运用什么方法把他们调动或激励起来。

---

① 转引自:张建卫,刘玉新:《绩效管理与员工发展:一种发展心理学视角》,《商业经济与管理》2006 年 8 月,第 30—32 页。

标准化绩效管理就是通过制度设计，引导广大干部职工做正确的事、正确的做事、把事做正确，主动而为，自强不息，实现组织（部门）发展由以外生推力为主向以内生动力为主的转变。因此，组织（部门）应为每名干部职工创造促进绩效提升的环境与机会，建立一种从目标共识，到全程参与，再到结果公平的管理机制，形成个人主动设定工作目标、自觉审视工作表现、自愿提升工作绩效的参与性管理过程，鼓励和引导广大干部职工积极投入到标准化绩效管理的各项具体工作，开放式沟通、广泛性参与，让每个人都清楚地认识自己的岗位和环境，明晰自己的目标和职责，明确个人的工作预期和成长方向，并尽最大可能、最大限度地追求绩效结果的客观公正，确保干部职工对结果服气。简单讲，就是让广大干部职工任务明确、预期明确、结果服气，才能不断强化思想认同，激发内生动力，进而培育出绩效文化，逐步使标准化绩效管理的价值理念内化为每一个人的自觉行动。

二、主要特征

（一）战略性

战略思维决定方向，战略性是保证标准化绩效管理体系方向正确的前提和基础。构建这套管理体系，必须从全局和战略高度，对行政部门业务管理进行重大的、全局性和长远性的谋划和决策，提出明确的战略意图，形成有效的战略导向。一方面，以战略规划引领标准化绩效管理。根据行政部门的使命和愿景，通过战略分析和战略选择，“旗帜鲜明”地提出战略决策和长期目标，从而为标准化绩效管理提供管理目标和行动框架，由过去单一的日常管理、常规管理转变为以战略导向引领日常管理和常规管理，实现管理理念和管理方式的根本性转变。另一方面，以标准化绩效管理为主要载体和抓手来推动战略实施，把战略目标贯穿于日常、分解到个人，通过提高个人的日常绩效来提高部门的战略绩效，从而一步步推动战略目标的实现。

（二）民主性

民主是人类迄今最好的政治制度，民主性是标准化绩效管理体系的生命力所在。对行政部门每一名干部职工来说，标准化绩效管理是一项全新的事物，是一次管理理念、方法的革命。只有充分发扬民主，并将民主的理念贯穿于标准化绩效管理体系之中，才能最广泛地调动广大干部职工的积极性、主动性，集众人之智，聚众人之力，做好这项开创性的工作。构建这套管理体系,必须充分反映广大干部职工的意愿,充分保障广大干部职工的合法权益。一是民主决策。在制定管理规则时,应鼓励和引导广大干部职工积极投入到各项具体工作,开放式沟通、广泛性参与,增强对标准化绩效管理的认同感。同时,上上下下,反复讨论,集思广益,最大限度地集合大家智慧,确保体系构建的决策正确。二是民主管理。每一名干部职工既是管理对象,也是管理者,应一同研究制定绩效指标,一同开展日常管理,一同参与考核评价,一同开展绩效改进,形成民主式管理。三是权利民主。增设必要的环节和工具,确保广大干部职工的合法权益。比如,对绩效考评结果有异议的,可以按照设定的申辩申诉程序给每一个人充分表达自己意见的机会。

(三)全面性

全面是完整和周密的保障,全面性是标准化绩效管理体系需要具备的一个非常重要的特征。标准化绩效管理不是单纯只为了解决管理中的问题,更不是"头疼医头、脚疼医脚",而是一次行政管理机制和模式的整体革新。因此,在体系设计、管理范围、管理对象上,必须实现全覆盖、全方位、全过程。一是全覆盖。管理内容覆盖业务工作的各个环节和各个方面,管理对象涉及各级单位(处室)及全部工作人员,实现标准化绩效管理对行政部门管理系统的全覆盖。二是全方位。在对部门内部各单位(处室)和个人的工作过程、工作结果进行管理的同时,还对单位(处室)的党风廉政情况和个人的德、勤、廉进行评价,将公务员考核要求的全部内容纳入绩效管理范畴,实现对各级单位(处室)和个人绩效的全面管理和评估。三是全过程。标准化绩效管理涉及行政部门每项业务工作的各个流程、各个环节,既要实现工作任务、要求的源头管理,又要实现对工作流程、工作进度和工作风险的监控,还要实现对工作结果的测量和分析,为工作和个人的持续改进找到方向。

(四)系统性

系统思维是从整体性、层次性、结构性、功能性和动态性等方面加以分析,系统性是保障整套体系协调运转的基础。从整体出发,对标准化绩效管理从体系架构、指标设置、评价指标及方法进行通盘考虑,才能使这套管理体系能够发挥出最优的整体效益。一是制度体系上下衔接。应统筹考虑当前和长远、行政部门内部和下属单位,整体设计推进方式、步骤及各级管理制度,形成上下衔接、统一规范的绩效管理制度体系。二是指标体系上下贯通。将部门战略目标和各项工作细化分解为可监控、可追溯、可考评的指标，是标准化绩效管理的基础。应按照统一的规范和要求，科学设定本部门、各内部单位（处室）、（岗位）个人等多级绩效指标及部门对下绩效管理目标指标，构建起上下贯通的绩效目标指标体系。三是同类指标考评标准和方法保持一致。绩效考评是标准化绩效管理的关键环节，共性指标、涉及多单位指标和统一分类指标必修做到统一设定，保证结果可比，只有这种标准统一、口径一致的做法，才能保证绩效考评标准和方法的系统性。

（五）客观性

客观是减少人为干预、达成共识和实现结果认同的重要保障，客观性体现在标准化绩效管理体系的管理过程、评价结果的各个环节、各个方面。一是数据的来源相对客观。在标准化绩效管理中，信息来源应尽量减少主观因素，更加注重依托信息化平台，对工作流程进行节点控制和机取各种信息，提高各种信息的准确度和客观性。二是管理的过程相对客观。标准化绩效管理的环节、流程、标准和尺度要做到统一规范、具体明确。三是评价的结果相对客观。对行政部门来说，在组织结构上表现为层级多、单位（处室）多，业务流程种类繁多，而且有些工作难以定量测量，需要在多个评价手段和评价因素中寻求支点和平衡。因此，需要综合采用各方面信息进行评价，实现内部评审和外部评审相结合、内部监督和外部监督相结合，以及人工评价和信息化支撑相结合，使管理过程、评价结果客观地反映工作实际。

（六）公平性

公平，指公正、合理，不偏不倚，唯有公平才能获得广泛的支持。公平性是标准化绩效管理体系的基本要求，从管理起点，到过程，再到结果，都必须追求相对客观的公平公正。第一，起点公平。作为政府组织，单位（处室）之间、岗位之间，不应有先天差异。对于个人来讲，也不应该还没有出发就已经输在起跑线上。只有起点公平才能更好地被人接受，才能更好地激发人的内在动力。因此，在设计之初，就必须坚定地选择起点公平这一理念。第二，过程公平。很多组织的绩效管理就是“一头一尾”，一头就是制定目标，一尾就是年底打分，中间忽略了绩效辅导、过程管理和绩效提醒。如果缺少这些过程管理环节，就不是一个公正的、公平的、完整的管理系统。因此，需要强化过程管理，实现过程留痕，将单位（处室）和岗位（个人）的日常表现真实的记录下来，并作为绩效考评的重要依据,从而做到工作过程公平。第三,结果公平。绩效考评结果的公平,是绩效管理客观公正性的最终体现。在绩效考评阶段,使用科学量化考评标准,从多个维度开展评价,可较好地解决主观判断失实、失真等问题。同时,还需要统筹考虑工作量大小和工作难度差别,有效消除内部单位(处室)之间对考评标准宽严掌握的差异以及单位(处室)间、(岗位)个人间职责先天的分工差异,从而实现绩效结果的公平、公正。

(七)开放性

开放是事物通过对外交流来适应环境、得以生存和实现发展的必然选择,开放性是标准化绩效管理体系生命力和可持续发展的一种重要表现。标准化绩效管理是一个闭环式管理系统,但不是封闭式管理。恰恰相反,它应是一个开放性的、螺旋式上升的良性循环。一是绩效管理和标准化管理开放式融合。标准化绩效管理体系的建设和运行,以标准化管理为依托,并纳入标准化管理范畴进行检测控制。就流程设计而言,绩效管理的核心流程应以全面质量管理的PDCA(计划—执行—检查—改进)为基础;就体系运行而言,标准化管理注重流程规范和过程监控,可为绩效管理提供衡量标准、控制节点、考评依据,绩效管理为标准化管理提供工作导向和实效认证,两者相互融合,形成具备自我稳定、自我完善等动态调整功能的开放性管理系统。二是管理系统能够有效吸收外部信息。一方面,应实现与办公自动化、业务管理系统有效对接,并逐步实现一体化运行,将管理和工作完全融为一体;另一方面,还应注重借力相关行政部门、服务对象评议代表等外界力量,对行政部门及其干部职工开展监督,内外部监督相结合,更加体现开放性的特点。三是管理过程开放式展示。展示管理内容、标准、程序和结果,并根据实际需要公开一定比例的结果排名,每个人都可以查看自己和本单位(处室)的绩效管理过程和考评得分,可以提出体系改进的意见建议。

(八)适用性

适用是决定体系建设成败的关键因素,适用性是体现标准化绩效管理体系科学性、先进性和可行性的重要特征。一方面,精细化设计、便捷式操作。在体系设计环节,通过反复测试、反复推演,关注每一个细节,确保大的制度框架和软件操作平台建立后,实际运用起来非常简单易行,不仅不能给工作带来额外负担,还要大大降低管理成本、提高工作效率。另一方面,管理体系“标准化”。设计标准化绩效管理体系时,应按照ISO9000质量管理和质量保证系列标准,建立可推广、可复制的管理制度、管理流程、指标模板。同时,应充分运用现代管理科学和技术手段,破解行政管理中的共性难题。比如,针对行政工作难量化和指标软的问题,对办文、党建、人事、后勤等不易量化的工作,应在开展标准化规范业务流程的基础上,从工作步骤、时限要求和完成质量等多维度确定考核标准,使软指标有硬杠杠;针对不同职务之间工作难度和工作量的衡量问题,应增加上级领导、下级干部职工等多维度的人工评价,确保结果更加公平;针对不同单位(处室)、不同(岗位)个人结果不可比的问题,需引入数学、统计学原理及公式,为各项工作设定同一坐标系和客观的"参照物",做到准确衡量各项工作(指标)、每名干部职工的工作努力程度。

(九)人文性

人文是先进的价值观及其规范,集中体现为重视人、尊重人、关心人、爱护人,是人类文化中的先进部分和核心部分,人文性是标准化绩效管理体系应有的一个最重要的特征。长远看,标准化绩效管理必须建立在人本主义思想之上,以关注人的发展为目的。在这种管理模式下,人不再是简单地被指令、约束和控制,更多的是授权、自主和激励。管理的过程,不仅强调目标和结果的实现,更加关注个人的行为表现和投入程度,更加重视个人素质和能力的提升,更加强调个人成长和发展。首先,在目标定位上,更加体现对人的关注。标准化绩效管理的一个基本功能,就是将战略目标分解到单位(处室),将组织目标分解到(岗位)个人,告诉每名干部职工怎样认识岗位、确定目标,怎样去做,做到什么程度,然后通过沟通改进去实现工作目标、改善绩效水平,并最终养成良好的工作习惯,从而实现战略目标引导和个人内生动力有机结合。同时,在标准化绩效管理实施过程中,着力培育绩效文化,逐步使标准化绩效管理内化为每个人的自觉行动,激发行政部门广大工作人员的内在动力和活力,最终实现自我管理、自我提升、全面发展。其次,从管理重心来说,改变以往自上而下发布指令、检查结果的管理模式,要求领导干部之间、广大干部职工之间进行持续有效的沟通、反馈,帮助认识不足,实现自我改进,进而实现组织和个人的共同发展。简单地说,其管理重心是节点和过程,注重的是广大干部职工思维习惯、工作方法的训练和养成。第三,运用先进的方法和科学的手段,旨在引导个人在自我发展的同时,关注组织、关注团队、关注他人。在此过程中,组织与个人、个人与个人之间逐渐形成互相信赖的绩效伙伴关系,不断培育目标认同、价值认同、思想认同,共同实现组织、团队和个人目标。

第二节　环环相扣的良性循环

有了明确的建设目标和特征要求,下一步要做的,就是设计标准化绩效管理的核心框架。按照管理的一般规律,需要确定管理对象、管理流程及各种管理工具和方法。从标准化绩效管理要实现的核心任务看,至少包括建立绩效管理运行体系、绩效指标和评价体系两方面内容。简单讲,就是将各项工作转化为可量化、可监控、可评价的绩效目标指标,以绩效目标指标为管理对象或载体,实现对所有工作、全部单位(处室)和岗位(个人)的全过程管理。实际工作中,整合企业绩效管理流程和标准化管理 PDCA 模式,将标准化绩效管理流程设定为"四环节、一主线",即以组织战略目标为牵引,由绩效计划、绩效监控、绩效考评、绩效改进四个相互联系、相互依存的核心环节组成的循环系统,并以绩效沟通为贯穿全过程的主线;同时,以标准化管理为依托,整合应用多种绩效管理工具,采取"战略目标分解 + 基于职责的目标管理"模式,在确定"改革统揽、绩效导向、科学规范、善治有为"总体思路的基础上,结合单位(处室)、岗位(个人)基本职责,将战略目标和各项工作层层分解,建立起绩效指标和评价体系。

一、标准化的管理运行体系

广义上说,一个完整的绩效管理循环,是以确定战略目标为起点,涵盖计划、实施、考核、反馈、改进和结果应用在内的良性管理闭环。从管理实践来看,考核后的结果反馈已经演进为全过程的绩效沟通。在标准化管理体系中,PDCA 循环作为全面质量管理的核心思想,有效地保证了全面质量管理目标的实现,而且还揭示了"实践—认识—再实践—再认识"的逻辑规律。标准化绩效管理核心流程充分吸收这些思想和方法,确立了"四环节,一主线"的核心流程:以绩效计划(P)、绩效监控(D)、绩效考核(C)、绩效改进(A)为基本环节,同时合并绩效管理的沟通机制和标准化管理的反馈机制,以"绩效沟通"为贯穿全过程的主线。整个流程环环相扣、协调运转。各环节的主要内容(见图 2 - 2[①])包括:

(一)绩效计划。计划是行动的指导,绩效计划是标准化绩效管理的起点和管理循环中的首要环节。制定绩效计划就是各级领导干部和广大干部职工共同讨论确定,在

---

① 图中的 KPL 指关键绩效指标。

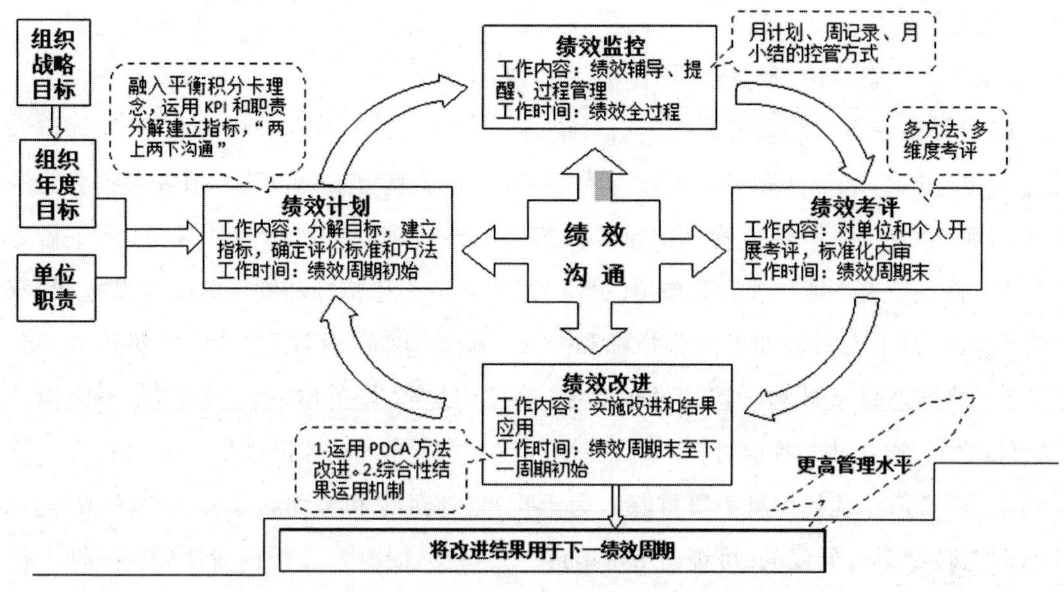

图 2－2 标准化绩效管理核心流程"四环节、一主线"分解图

一个管理周期（一般为 1 年）内应该完成什么工作和达到什么程度的过程，也就是确定绩效目标指标、约定完成标准的过程。每年年初，根据组织战略目标、年度目标任务，以标准化管理为基础，通过全员参与、双向沟通来设定一致认同的绩效目标，并按照"目标导向，指标支撑"的原则，将每一个目标相应分解细化成符合实际的若干绩效指标，以"契约"形式落实到所有单位（处室）和岗位（个人），形成单位（处室）和岗位（个人）绩效计划，达成目标认同和共识。每年通过制定绩效计划，使单位（处室）和个人都能对全年干什么、怎么干、干到什么程度，了然于胸，真正实现"千斤重担众人挑、人人头上有指标"。

（二）绩效监控。绩效监控主要是对绩效计划落实的指导和监督，是绩效目标指标正确理解和有效执行的关键环节。传统的目标管理强调的是结果导向，而标准化绩效管理强调的是过程控制、全程管理。实施绩效监控，目的在于持续跟踪和关注广大干部职工日常行为，通过反馈、指导、培训、提供支持等各种方式，及时纠正工作与目标任务之间出现的偏差。在绩效监控环节，主要设置了绩效辅导、过程管理和绩效提醒三项内容。其中，绩效辅导主要是对标准化绩效管理体系各项内容的培训、解读和指导，方式包括业务培训、会议传达、工作面谈、平台交流等多种形式；过程管理主要是对绩效目标指标执行情况进行过程考量和节点控制，实行"周记录、月计划、月小结"的管控模式，可以全面掌握各项业务工作完成情况，同时了解当前和今后一段时期需要开展的业务工作;绩效提醒是指对绩效目标指标执行以及其他相关工作不到位的情况做出提醒或督导,实现工作动态纠偏,确保各项工作顺利推进。

(三)绩效考评。绩效考评指运用系统、科学的方法,按照事先约定的标准,评定和测量单位(处室)和干部职工的工作行为、工作效果及其贡献和价值。绩效考评分为季度考评和年度考评,是绩效管理的重要内容和实现手段。在绩效考评环节,注重做好"三个坚持":坚持"两手抓",对单位(处室)采取业务工作指标和党风廉政建设指标"双千分"考评,对个人采取业务工作指标和个人德勤廉指标"双百分"考评。坚持客观公正,考评数据来源于日常管理的过程留痕;单位(处室)与单位(处室)之间、不同岗位(个人)之间,通过科学换算办法,实现在同起点上公平竞争;考评过程在绩效管理系统平台上进行,依靠现代信息手段排除人为干扰;考评过程和考评结果公开公正,处室和个人对考评结果有异议的,可提出申辩申诉。坚持奖优罚劣,实行创新性和突破性工作特别加分、重大失误特别扣分等制度。

(四)绩效改进。绩效改进既是绩效管理的目的,也是绩效结果的应用。主要内容是针对绩效考评和标准化内审发现的问题,同时进行跟踪、汇总、分析和改进,形成螺旋上升的开放式管理循环。一是对考评结果进行分析诊断,评估和衡量各相关工作流程是否按照标准执行,执行的情况如何,发挥标准化绩效管理的倒逼作用,减少评审结果的不合格项,提高标准化管理质量。二是对标准化绩效管理工作程序及其依据的适宜性、有效性进行评审,评估和检测绩效目标指标设定是否符合实际工作,绩效指标标准是否科学,及时制定绩效改进计划,促进绩效结果的不断提升。同时,单位(处室)和岗位(个人)对本年度绩效目标指标运行和完成情况进行全面总结,认真查找在责任心、能力、作风等方面存在的问题,有针对性地制定改进提升计划。

(五)绩效沟通。绩效沟通是标准化绩效管理的灵魂与主线,贯穿于管理各个环节,是整个管理中耗时最长,也最为关键、最能产生效果的过程。这个过程的逻辑关系是反复的绩效咨询与绩效解答,并在每个环节都有不同的沟通目的和内容。比如,在绩效计划环节,采取"两上两下"方式,就绩效目标指标体系及评价标准进行反复沟通商讨,达成一致;在绩效监控环节,单位(处室)和岗位(个人)之间可以通过绩效辅导、"周记录、月计划、月小结"审核、绩效提醒和提醒响应等方式,进行适时沟通等等。一言以蔽之,标准化绩效管理追求各级之间、同级之间的广泛合作和持续沟通,通过上下级共同努力完成工作任务、实现战略目标。

在实践中,河北省财政厅还针对市县财政部门工作实际,制定了可在各级推广的体系模板，同时按照标准化绩效管理的基本要求，对市县财政部门实施财政业务工作的绩效管理，实现了对各级财政业务工作目标引导、过程控制、考核评价及持续改进的全程管理。其中，为确保各级行政管理的自主性，同时保证各项财政工作的落实，对各级财政部门年度业务工作的绩效管理不针对部门内部单位（科室）和岗位（个人）；对财政业务工作的绩效监控主要体现为过程管理，包括系统设定的节点管理、季度分析、半年自查等形式，代替“周记录、月计划、月小结”的内部监控方式；只进行年度考评，对半年或季度不再开展日常考评。

二、标准化的绩效指标和评价体系

只有将各项工作转化为明确的绩效目标指标，设定清晰明确的评价标准和评价方法，才能使标准化绩效管理具有可操作性。标准化绩效管理体系建立之初，就需要根据部门实际，按照标准化管理的要求，设计绩效目标指标框架及目标指标的基本要素，以后每年年初都需要在这一框架下，制定当年具体的绩效目标指标，形成当年绩效计划。因此，绩效目标指标与评价体系的建立和完善既是标准化绩效管理基础中的基础，又是每年绩效计划阶段的核心工作。

在标准化绩效管理中，绩效目标指标体系是以战略目标为引领的四级框架结构（见图 2－3），年度绩效目标由战略目标分解形成，一级指标为部门指标，二级指标为单位（处室）指标，三级指标为岗位（个人）指标，从绩效目标到各级指标的逻辑关系是逐级分解、逐级派生。**在编制方法上，**整合应用目标管理法、关键绩效指标法、平衡计分卡法等绩效管理工具，采取“战略目标分解＋基于职责的目标管理”构建模式，根据战略目标确定年度绩效目标，按照各项工作的逻辑关系、工作流程，依据岗责层层分解到单位（处室）和岗位（个人），形成各级关键绩效指标，同时基于单位、岗位基本职责，开展工作分析，编写单位、岗位职责说明书，确定工作目标，提炼绩效指标，强调绩效指标对战略目标的支撑性，注重指标之间的逻辑性、差异性和协同性；**在指标内容上，**涵盖省委省政府等上级工作部署、部门年度创新性突破性工作、岗位基本职责等各个方面，实现业务工作全覆盖；**在评价标准上，**按照“跳一跳，摘得到”的原则，依据上级要求、历史水平、同行业先进水平三个方面，从时间、质量、数量三个维度进行确定，形成可衡量的指标标准；在指标落实上，不搞强行摊派，经过几上几下的反复沟通，达成目标共识，将个人与组织的目标统一起来。

这里需要搞清两个概念，一个是目标，一个是指标。目标和指标是一个相对概念，

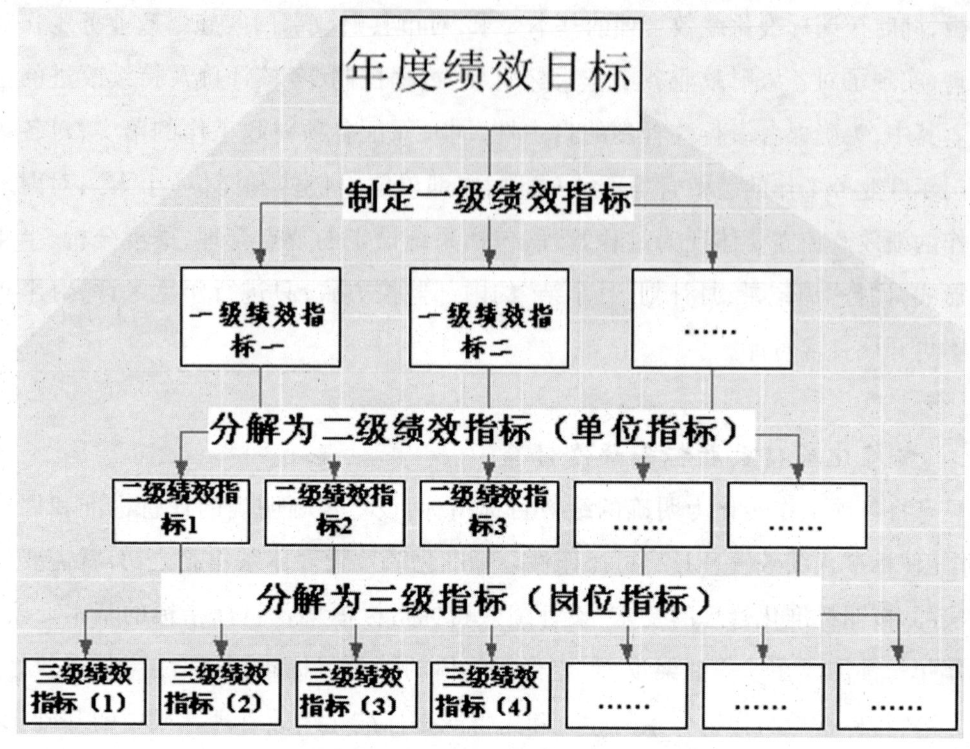

图2－3 绩效目标指标体系框架图(战略目标分解图)

实质内容上一脉相承。具体来说,相对于一个部门,单位(处室)的目标就是支撑组织目标得以实现的指标。比如,2016年,河北省财政厅全年省级收入目标是×××亿元,非税收入管理局的全年收入目标××亿元,这××个亿就是支撑省级×××亿元财政收入目标的指标,同时也是非税收入管理局的单位(处室)目标;非税收入管理局××亿元的目标如果需要具体工作人员去落实,那么再细分,以此来确保省级财政收入目标的实现。可以看出,目标和指标是相对的,目标通过层层分解转化为指标,最终形成一个层级分明、支撑有力的绩效指标体系。

这样的规则制定,能够确保每年的绩效计划既涵盖财政业务的各项目标,又涵盖各项目标实现的具体措施要求。也就是说,各项业务目标即绩效目标,实现业务目标的具体工作和具体措施体现为绩效指标,完成业务工作的步骤及工作标准体现为绩效指标评价标准中的时间节点、数量和质量要求,用绩效指标分级设立及节点管理来完成各项业务目标,实现了绩效目标指标对业务目标全面支撑。

2014年,河北省财政厅设12项绩效目标、56个一级指标,一级指标又分解为856个二级(单位)指标,二级(单位)指标又进一步分解为1400多个三级(岗位)指标。比如，绩效目标“强化政府专项工作服务与管理”包括“政府采购管理”“农村综合改革”“政府债务管理”“综合治税”“地下水超采综合治理”“规范津补贴”“严肃财经纪律”“政府投资管理”和“其他领域改革支持”等9项一级指标；“政府债务管理”一级指标包括20个二级指标，其中的“政府性债务偿还与举借计划管理”二级指标又分为“省级政府性债务举借和偿还计划审核”和“省级举借债务审核备案”2个三级指标。从这个例子可以看出从目标到指标分解、派生的清晰脉络，既目标通过层层分解转化为指标，最终形成一个层级分明、支撑有力的绩效指标体系。

第三节　必不可少的基础和配套

想把系统的房子盖好，夯基立柱的工作必须做扎实。标准化绩效管理需要建立在科学规范的标准化管理基础之上，层次分明的组织架构、权责匹配的岗责体系、规范的业务流程和操作标准、明确的过程节点和控制规则，这些都是实施绩效管理的重要基础。同时，只有绩效结果有效应用才能为标准化绩效管理提供强劲的动力源泉，实现便捷式操作、确保高效顺畅运行还需要有力的信息技术支撑。

一、优化业务流程

不少部门都存在业务流程固化的问题，部分工作环节多、流程长、手续繁琐，甚至有些流程重复，协调沟通需花费大量时间，工作效率大打折扣。这些问题会直接影响标准化绩效管理的实施，特别是会造成绩效跟踪信息分散及绩效指标考评数据交叉或重叠，无法客观、真实体现工作努力程度，难以实现绩效管理预期目的，甚至会产生一些负面影响。这些情况无疑都是标准化绩效管理前进路上的“绊脚石”。业务流程优化就是在分解和诊断各项业务流程的基础上，重新设置管理过程，全面确认业务工作的作业流程，追求整体最优，而不是个别最优。通过系统的重新调整和优化，明确每一项业务如何运作，包括因何而做、由谁来做、如何去做、做完了传递给谁等几个方面的问题，简化办事程序、缩短办事时限，降低时间成本，提高工作效率，还可以有效地减少报批材料，为标准化绩效管理铺好“垫脚石”。

二、建立健全岗责体系

岗位职责是指一个岗位所要求的需要去完成的工作内容以及应当承担的责任范

围。岗责不明会造成个人职责交叉，绩效指标重叠，进而影响工作进度，出现人多干活慢、人多不干活、活多没人干，以及干多干少、干好干坏、干与不干差不多等弊端。通过完善岗责体系，明确岗位设置，清晰界定单位和岗位的工作职责、工作内容、工作权限，综合考虑工作量和工作难度，以事定岗、以岗定责，科学编写职责明确、权责协调的岗责体系和任职资格体系，实现人员数量、能力与工作任务合理匹配。可以保证绩效指标具体分配到人到岗，从而让每个人通过标准化绩效管理了解自身的工作内容，在实际工作中，明白自己该做什么、不该做什么、该怎么做，以及怎样才能保质保量地完成工作。

三、编制标准化管理体系文件

标准化管理"全员、全面、全过程"的管理模式，为在绩效管理中制定全面覆盖所有人员、所有工作的指标体系提供了可靠依据；严格的规则、明确的关键节点控制，为绩效管理提供了一套通用性较强的衡量依据，为绩效指标设置提供了可供选择的时间节点及考评标准。就像前文所说，标准化管理犹如一列高铁，按照严格的轨道交通规则，搭载全部干部职工，以最快的速度贯穿全程，抵达目标地。同时，在列车行驶过程中，每节车厢持续发力，互相紧密衔接，在关键站点停靠，乘客凭票证秩序上下，做到过程留痕。对行政部门来说，标准化管理工作是推行标准化绩效管理的重要基础，只有依照ISO9000 系列标准对重复性事务制定、发布和实施"标准"，将部门业务管理流程以标准化制度的形式固定下来，实现行政管理行为的规范统一、过程控制，才能建立起秩序井然、高效运转的内部管理机制。

四、激励有效的结果应用体系

绩效结果科学运用是绩效管理具有生命力的关键。应坚持以正向激励为主，综合应用绩效考评结果。一是将单位（处室）绩效考评结果作为单位（处室）评先评优、年度考核、其他奖励以及实施惩戒的主要依据。二是将个人绩效考评结果作为选拔任用、轮岗交流、评先评优、年度考核、学习培训、其他奖励以及实施惩戒的重要依据。特别是要将绩效结果作为干部选拔任用一个重要条件，形成公平公正公开的选人用人过程。这种机制不仅能够有效激发广大干部职工的积极性、主动性，更能为标准化绩效管理的顺利推行提供强大的动力保障。

河北省财政厅建立起"以德为先、绩效导向"选人用人机制，将绩效结果作为干部选拔任用一个重要条件，实行绩效初选、民主推荐、能绩评定、党组研究的基本程序和方法,形成了公平公正公开的选人用人过程。在符合任职资格条件人员中,根据其规定年限内绩效考评分值,按照选配职位数量的一定比例,由高到低确定进入民主推荐范围人员。如选配正处职位1名,采取1:5的初选比例,则绩效考评得分前5名进入初选范围。两年来,运用这一机制选拔了两批处级干部。其中,2015年初选拔任用了20名处级干部,这些被提拔干部中有的是挑大梁的业务骨干,有的是长期默默奉献的"老黄牛",但共同特点就是实绩突出、群众公认,由于导向鲜明、用人公正,在全厅引起强烈反响,后来的实践也证明,这批被提拔重用的干部不负众望,在不同的岗位上取得了骄人的成绩;2016年春节前后,又进行干部调整和岗位交流,其中3名处室主要负责人主动提出让贤,15名干部被提拔重用,46名干部交流了工作岗位,绝大多数干部对厅党组给予了积极评价,认为选人有标准,用人有依据,大家信得过。同时,近两年还依据考评结果,评选了优秀集体和先进个人,其中2014、2015年分别评出22个、24个优秀党支部和130名、136名优秀党员,17个、17个先进单位和105名、102名先进个人;2015年依据绩效进展,对5名处级干部进行了诫勉谈话,对3名一般干部进行了通报批评。考评结果的真正运用,在干部职工中引起很大震动,不仅建立起广大干部职工对标准化绩效管理的信任基石,更进一步激发了干部队伍干事创业的动力活力。

五、方便快捷的信息系统

离开先进的信息化技术作支撑,就无法实现管理过程的科学、高效、便捷,更无法实现绩效结果的客观、真实、可信。河北省财政厅研究开发了以标准化绩效管理为核心,集行政办公、核心业务办理为一体的信息化平台。该平台以标准化管理体系文件为数据基础,以绩效管理为核心流程,通过程序和规则设置对信息流程进行约束。在日常运行中,标准化绩效管理系统可从其他系统获取必要信息:从财政行政办公系统中,获取领导审批意见、公文流转(如事项、环节步骤、文件内容、时间和办理结果等)、督查督办、会议纪要等信息,作为强化过程管理和绩效考评的重要依据;从标准化系统中获取财政制度、工作流程、组织机构和岗位职责、人员管理等信息,为制订绩效计划、审核绩效指标、特别加扣分和申辩申诉提供依据;从预算编审、国库支付等业务系统中,获取预算编制、预算执行、监督和财政风险等相关绩效指标的时间节点数据,形成客观公正的指标执行数据(见图2-4)。

此外,一个科学有效的管理体系,还离不开组织、人员、制度体系等全方位的支撑。在实际操作中,河北省财政厅建立了规范的组织机构和制度体系。一方面,将组织架构

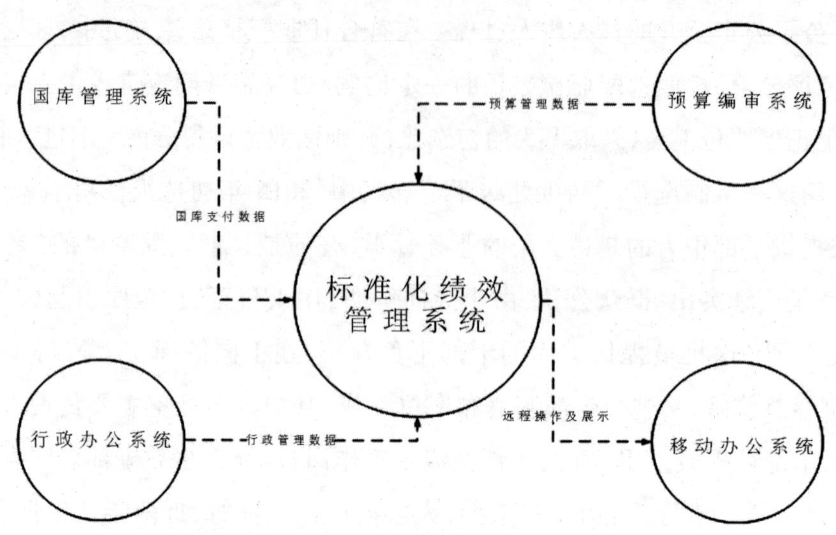

图2-4 标准化绩效管理信息系统外部关系图

分为"决策、议事、组织实施和具体执行"四个层级:党组会为决策机构,负责研究审定绩效管理重要事项;绩效管理改革领导小组为议事机构,负责绩效管理工作指导和重要事项审议,下设绩效管理改革领导小组办公室(以下简称绩效办),履行领导小组日常管理职责,绩效考评期间设立考评小组;绩效办、人事、纪检、机关党委、考评小组为组织实施机构;厅内各单位为具体执行机构。另一方面,研究制定了关于全面推行绩效管理的指导性文件,并以此为纲领,自上而下统一制定绩效管理办法及实施细则,形成了"5办法3细则2方案"的全省财政系统绩效管理制度体系,即省市县三级绩效管理办法及实施细则(市县办法及细则为模板)、省对设区市财政工作绩效管理办法及年度实施方案、省对县(市)财政工作绩效管理办法及年度实施方案。同时,还制定了绩效管理特别加扣分规定、党风廉政建设考评办法、干部德勤廉考核评价办法、"以德为先、绩效导向、综合评价"选人用人"一意见两办法"等配套文件,形成了全面系统的绩效管理制度体系。

本章小结

本章概括介绍标准化绩效管理的设计理念、体系框架以及必不可少的基础和配套,整体展示标准化绩效管理的全貌。主要内容和结论如下:

1. 标准化绩效管理的基本理念。河北省财政厅按照"精细化设计、便捷式操作"的原则,着眼治理体系和治理能力现代化,遵循行政管理的基本规律,立足我国行政管理实际,有机融合现代管理理念、工具及方法和优秀传统管理思想,确定了“让决策变为行动,把理想落在岗位”的管理目标,努力构建客观公正的制度环境和自强不息的人文环境,用制度规范行为,用机制激发内生动力,并将标准化绩效管理体系应具备的主要特征细化九个方面:战略性、民主性、全面性、系统性、客观性、公平性、开放性、适用性、人文性。

2. 标准化绩效管理的体系框架。整合企业绩效管理流程和标准化管理 PDCA 模式,将流程设定为“四环节、一主线”,即以组织战略目标为牵引,由绩效计划、绩效监控、绩效考评、绩效改进四个相互联系、相互依存的核心环节组成的循环系统,并以绩效沟通为贯穿全过程的主线;同时,以标准化管理为依托,整合应用多种绩效管理工具,采取“战略目标分解 + 基于职责的目标管理”模式,在确定“改革统揽、绩效导向、科学规范、善治有为”总体思路的基础上,结合单位(处室)、岗位(个人)基本职责,将战略目标和各项工作层层分解,建立起了绩效指标和评价体系。整个运行体系可简单描述为:将各项工作转化为可量化、可监控、可评价的绩效目标指标,以绩效目标指标为管理对象或载体,实现对所有工作、全部单位(处室)和岗位(个人)的全过程管理。

3. 标准化绩效管理的基础和配套。标准化绩效管理需要建立在科学规范的管理基础之上,层次分明的组织架构、权责匹配的岗责体系、规范的业务流程和操作标准、明确的过程节点和控制规则,这些都是实施绩效管理的重要基础。同时,只有绩效结果有效应用才能为标准化绩效管理提供强劲的动力源泉,实现便捷式操作、确保高效顺畅运行还需要有力的信息技术支撑。

第三章 研究指标就是研究工作

日常工作中,很多部门面临上级工作部署怎么落实的问题,特别是一些急难险重的任务,经常感觉抓起落实来很困难。表面上看可能有干部队伍执行力不高的原因,但实际上更多是工具和方法不科学,一些任务承接不精准、目标不明确、落实不到底,也就是平常所说的“大而化之”,抓落实自然困难。在绩效计划阶段,以深入研究工作为基础,精准、清晰地设定绩效目标指标和完成标准,通过几上几下沟通,层层落实到单位(处室)和岗位(个人),并形成大家对目标指标的认同和共识,使得标准化绩效管理成为精准落实上级工作部署的有力抓手。

第一节 为什么要有目标指标

用标准化绩效管理抓工作,将各项目标任务转化为绩效目标指标是一大法宝。绩效目标指标越精准,工作落实质效越高。在绩效计划环节,应根据部门内外部实际情况,认真研究上级部署、本身职责,精准设定部门、单位(处室)和岗位(个人)所要达到的目标指标,以及实现目标指标的方法。也就是说,年度一开始就回答好5W1H,即“做什么(what)、为什么做(why)、谁去做(who)、对谁做(whom)、何时做(when)、怎么做(how)”等问题,确保各项工作有序开展、高效落实。

一、变“要结果”为共同谋划研究工作

英国作家路易斯·卡罗尔的儿童文学作品《爱丽丝漫游奇境记》里,有一段小女孩和猫的一段对话:

爱丽丝问:“请你告诉我,我该走哪条路?”

猫说:“那要看你想去哪里?”

爱丽丝说:“去哪儿无所谓。”

猫说:“那么走哪条路也就无所谓了。”

这个故事说的是什么呢? 寓意是一个部门、一个单位(处室)、一个人要有明确的目标,当没有明确的目标的时候,自己不知道该怎么做,别人也无法帮到你,你自己也不会有什么行动,更不会取得什么成绩!

美国著名管理学家德鲁克认为,一个组织的使命和任务都必须转化为目标,而目标只有分解成更小的目标才更容易被发现、被管理。各级管理者只有通过目标对下级进行领导,并以目标来衡量干部职工的贡献和产出,才能保证组织(部门)总目标的顺利实现。从各级行政部门管理现状来看,不少部门很早就引入了目标管理法,但大多还停留在“要结果”层面,接到上级任务后,普遍做法是马上部署到下级单位(处室)和干部职工,日常采取传统的文件、开会、汇报等督导调度方法,导致目标任务落实“走弯路”的现象时有发生,不仅影响工作效率,也使落实质量打了折扣。

福尔尼斯(Fournies)对来自世界各地的2万名管理人员做了一项调查,请他们列出无法按要求完成所分配任务的原因,排在前八位的原因分别是:(1)员工不知道该做什么;(2)员工不知道该怎么做;(3)员工不知道为什么做;(4)员工以为自己正在做(缺乏反馈);(5)员工有他们无法控制的障碍;(6)员工认为管理者的方法不会成功;(7)员工认为自己的方法更好;(8)员工认为有更重要的事情要做。调查结果显示,前两个原因在所有回答中占据的比例高达99%,这就意味着,虽然大部分管理者自认为已为员工布置了任务,进行了任务指导,但效果并不理想。

标准化绩效管理从绩效计划阶段就致力于解决这些问题。正如管理学家孔茨所说,“计划工作是一座桥梁,它把我们所处的这岸和我们要去的对岸连接起来,以克服这一天堑”,即对所有追求的目标及实现该目标的有效途径进行设计。计划的目的在于,为我们所做的事情制定规则,避免迷惑或匆忙行事,充分利用组织各项资源并减少浪费,以提高工作质效。在这一阶段,各级领导干部和广大职工一起,深入研究各项工作,一起制定绩效目标指标,对工作应该完成的标准达成共识,确保形成科学合理、切实有效的绩效计划,为全年目标任务的完成夯实基础。

经过两年多的摸索,河北省财政厅创造性地提出“研究指标就是研究工作”,并将这一思想和方法切实落实到日常管理中。每年年初,各级都在深入分析、全面了解组织目标、年度重点任务的基础上,结合各自岗位职责,科学设定绩效目标指标及其评价标准、评价方法,一开始就摸清了目前工作进展,要达到什么水平,关键的目标指标有哪些,上下级之间目标指标有何联系,怎么把握等等,同时还要考虑完成这些目标任务的关键环节、关键节点在哪里,把这些关键的地方设定进绩效目标指标体系中,然后通过几上几下的反复沟通,形成广大干部职工对目标任务的认同和共识。这样一来,不仅执行者明白了工作完成时限、要达到的具体标准,执行起来得心应手,也愿意去主动完成,各级领导干部还可以运用指标去指导工作、调动工作,特别是在检查工作的时候,有了具体的抓手,直接对照计划检查具体指标的完成情况就可以了。目前,研究指标、制定指标已经成为每名干部职工的必修课、基本功,大家都清楚,工作是指标的来源,指标是绩效的基础,指标定不好,基础就没打牢,方向就会跑偏,不仅个人绩效上不去,单位(处室)乃至整个部门绩效也上不去。

那么,日常临时性的工作部署,特别是上级部署的急难险重任务怎么能够做到快速高效落实呢?标准化绩效管理也给出了答案。领导交办、督办一直是传统行政管理中较为有效的工作抓手,河北省财政厅将这一抓手与标准化绩效管理体系有机衔接起来,接到上级临时交办任务后,通过办公会、周例会等迅速研究确定完成时限、标准,通过交办督办系统下发责任单位(处室),明确责任人员,同时形成绩效指标融入标准化绩效管理体系,即时开展日常管理和绩效提醒,全程监控工作进展,工作任务及完成情况通过"添指标法"或者指标"添项法"动态纳入绩效考评结果,有力地推动了上级部署的高效落实。

绩效指标"添项法"。针对上级临时交办、督办事项较多,且年初各单位(处室)承担数量难以确定的工作实际,河北省财政厅设定了指标"添项法"统一结算的管理模式。绩效考评环节(季度考评或年度考评),依据《厅内会议议定和厅领导交办、督办事项办理通知单》统计各单位(处室)全年承担的交办、督办事项,剔除年初已经设为绩效指标的事项后,剩余每项设定为一个绩效指标,召集绩效管理领导小组成员单位(处室)主要负责人逐项评定指标权重,纳入承办单位(处室)指标体系,并按照指标权重动态调整所有指标基础分值。考评中,根据督办、交办系统记录的事项办理过程和记录,确定绩效指标完成情况。

二、把工作"拆分"成目标指标

山田本一是日本著名的马拉松运动员。他曾在1984年和1987年的国际马拉松比赛中,两次夺得世界冠军。记者问他凭什么取得如此惊人的成绩,山田本一总是回答:"凭智慧战胜对手!"

大家都知道,马拉松比赛主要是运动员体力和耐力的较量,爆发力、速度和技巧都还在其次。因此对山田本一的回答,许多人觉得他是在故弄玄虚。10 年之后,这个谜底被揭开了。山田本一在自传中这样写到:"每次比赛之前,我都要乘车把比赛的路线仔细地看一遍,并把沿途比较醒目的标志画下来,比如第一标志是银行;第二标志是一个古怪的大树;第三标志是一座高楼……这样一直画到赛程的结束。比赛开始后,我就全力向第一个目标冲去,到达第一个目标后,我又以同样的速度向第二个目标冲去。40 多公里的赛程,被我分解成几个小目标,跑起来就轻松多了。开始的时候,我把我的目标定在终点线的旗帜上,结果当我跑到十几公里的时候就疲惫不堪了,因为我被前面那段遥远的路吓到了。"

这个故事讲的是目标是需要分解的,一个人制定目标的时候,要有最终目标,比如成为世界冠军,更要有明确的阶段性目标指标,比如在某个时间内成绩提高多少。最终目标是宏大的、引领方向的目标,而阶段性目标指标就是具体的、有明确衡量标准的目标指标。

把战略目标和各项工作任务拆分成绩效目标指标是一个"技术活",需要借鉴运用一些成熟的绩效管理理论和工具。从传统行政管理转向标准化绩效管理在理念上是一次重大突破,但技术方法上则需要因地制宜、循序渐进。长期以来的管理理论和实践发展,为我们提供了诸多理论和工具。目前来看,可以借鉴采用的有以下几种:

(一)目标管理(Management by Objective,简称 MBO)。目标管理(MBO)由管理大师德鲁克提出,是指管理者与每位员工一起确定可检测的目标,并定期检查这些目标完成情况的一种管理办法。目标管理建立在科学管理和行为科学理论之上,强调个人需求和组织目标的有机融合,体现了民主、参与和自我管理的管理思想,其优点是以目标共识激发个体的积极性、创造性,确保组织目标落地。

(二)关键绩效指标(Key Performance Index,简称 KPI)。20 世纪 80 年代以后,随着战略管理理论的发展,绩效管理理论和实践开始注重将组织战略与绩效管理相结合,关键绩效指标(KPI)在这种背景下逐渐产生和发展。关键绩效指标(KPI)是指将组织战略目标层层分解,细化成一系列具体可操作的战术目标,然后根据这些战术目标制定出关键绩效指标的方法。其理论基础是意大利经济学家帕累托提出的二八原理,该原理认为组织战略的实现往往依赖 20% 的关键领域、关键流程和关键要素。采用关键绩效指标法的目的是建立一种战略目标层层落实机制,将战略目标转化为具体的内部工作过程,关注的不仅是最终结果,更关注实现组织战略目标的关键流程和关键要素。

设置关键绩效指标最为常用的方法是鱼骨图法。鱼骨图是一种发现问题"根本原因”的方法，其形状如鱼骨，因此称为鱼骨图，又称因果图。这一方法最早由日本管理大师石川馨提出，故又名石川图。其原理是问题的特性总是受到一些因素的影响，按照这些因素与特性值的相互关联，整理成层次分明、条理清楚的图形，并标出重要因素，就找到了问题的根本原因，或者说找到了成功的关键因素。

（三）平衡计分卡（The Balanced Scorecard，简称 BSC）。随着管理学理论和实践的快速发展，绩效管理融入了众多的管理理论和方法。平衡计分卡（BSC）就是建立在系统论基础上的战略绩效管理体系。平衡计分卡将组织的使命、核心价值观、愿景和战略通过逻辑关系有效整合，形成包括财务、客户、内部流程、员工学习与成长能力四个层面的战略地图，并将战略地图的目标转化为可量化的衡量指标，以此来实施策略管理，其目的是将组织战略转化为具体的行动，以创造竞争优势。平衡计分卡是一种先进的、多纬度的绩效衡量模式，它不仅为组织提供了有效运作所必需的各种信息，克服了信息庞杂性和不对称性的干扰，更重要的是，它强调财务指标与非财务指标、长期目标与短期目标、外部评价与内部评价、客观判断与主观判断的有效平衡，为组织提供了系统协调的可量化、可测度、可评估性指标，从而更有利于组织战略与远景目标的达成。

平衡积分卡最主要的指标设置工具是战略地图。战略地图是按照因果关系，将组织战略要素直观表示的一种方法。其形式通常如一座四层房子，顶端是组织的使命、愿景和战略，四层依次是：财务层面、客户层面、业务流程层面、学习与成长层面。战略地图是描述战略逻辑性、说明价值创造过程的管理工具，可将战略目标有效落实到执行层面。

对比以上绩效指标编制的理论和工具，各有侧重，各有利弊。比如，目标管理重视人的因素，能显著改进管理方式、形成自我管理的组织氛围，但是与组织战略目标联系不够紧密；关键绩效指标法强调对关键事项的考察，但横向关联性、协同性不足，容易导致“抓大放小”、“捡了西瓜丢了芝麻”；平衡计分卡被誉为当前最重要的管理工具和方法，但其管理系统复杂，过于强调财务、客户、内部业务流程和学习与成长四个层面的逻辑关系，成功推行的案例不多，在行政部门推行难度也较大。这就决定了建立绩效指标体系要从部门管理实际出发，有针对性地选择、综合运用好各种工具，取长补短，形成合力。

这里重点说明关键绩效指标的确定。需要用好关键绩效指标法（KPI），着力做好以下几个方面：首先，确定导向，突出工作中心和工作重点。建立 KPI 体系的核心问题，就是要解决如何把组织目标分解成具体、可操作、全覆盖的绩效指标的问题。因此，作为管理者要首先明确所建立的KPI体系的导向是什么，主要包括战略目标是什么，年度任务的中心、重点工作是什么，关键的因素和关键节点在哪儿，等等。导向明确之后，才能有针对性地建立绩效指标体系。其次，确定主线。明确导向以后，就要着手做好KPI体系的分解，重点就是确定体系的主线。如何确定主线？要根据具体工作具体分析。一般情况建立KPI体系有两条主线，一条是按组织结构分解；另一条是按主要流程分解。有些情况下，还要两条主线交叉使用。事实上，这些主线就是工作的链条，把一个个链条理清了，工作自然也就摆布清楚了。这里要注意一点，无论按哪一种形式建立主线，都要涵盖全部工作。第三，确定节点。确定了体系的主线，理清了工作的链条，下一步，大量的、具体的工作，就是研究确定链条上的一个个关键环节，也就是研究具体的指标和关键的节点。标准化绩效管理涉及每个单位（处室）和岗位（个人），管理内容涵盖工作的各个环节和各个方面。因此，指标的设计和关键节点的确定，也必须覆盖工作任务和职责的所有重要方面、关键领域，特别是要包括单位（处室）的党风廉政建设和个人的德、勤、廉方面的内容。

表3－1 三种绩效管理工具比较表

绩效工具 特点	目标管理	关键绩效指标	平衡积分卡
优点	重视人的因素 自我管理	战略导向，强调关键事项、结果	战略导向 强调平衡
缺点	与组织战略联系不够紧密	关键事项关联性、协同性不足	管理复杂，成熟度不高
指标设计方法	自上而下层层分解	鱼骨图法	战略地图（屋顶图）

实际工作中，河北省财政厅紧密结合实际管理水平、业务特点，以标准化管理为依托，采取“战略目标分解＋基于职责的目标管理”模式，建立绩效目标指标体系。建立过程中，融入平衡计分卡“长期目标与短期目标、外部评价与内部评价、客观判断与主观判断有效平衡”的思想，强调绩效指标对战略目标的支撑性，注重指标之间的逻辑性、差异性和协同性。一方面，采用关键绩效指标法，融合鱼骨图和战略地图的分解技术，结合制订年度工作要点，确定年度工作目标，按照各项工作的逻辑关系、工作流程，依据岗责层层分解到单位（处室）和岗位（个人），形成各级关键绩效目标指标。另一方面，基于单位（处室）、岗位基本职责，开展工作分析，编写单位（处室）、岗位职责说明书，确定工作目标，提炼绩效指标。二者结合采取上级主导、“两上两下”的沟通方式，层层汇总，逐级审定，组织（部门）和单位（处室）、岗位（个人）达成“契约”。日常管理中，通过这些绩效目标指标，从事前、事中和事后多个维度，对单位（处室）或岗位（个人）的工作进展及

绩效进行全面跟踪、监测和反馈,使单位(处室)和岗位(个人)的绩效目标指标与组织(部门)要求相吻合,从而保证各级目标的最终实现。

河北省财政厅二级(单位)绩效指标的主要来源包括:一是上级部署工作。由省委、省政府和财政部部署工作分解形成,体现为单位(处室)绩效指标中的上级部署指标。二是单位要点工作。由厅年度工作要点分解形成,体现为单位(处室)绩效指标中的要点指标。三是单位创新工作。由单位(处室)自行申报,厅党组会研究决定,体现为单位(处室)绩效指标中的创新指标,同时列入特别加扣分项目。四是单位(处室)基本职责。由本单位(处室)固有的工作职责、工作任务以及多个单位(处室)承担的共性工作组成,体现为单位(处室)绩效指标中的个性指标和共性指标。五是特别加扣分项目。指符合规定条件的加扣分事项。三级(岗位)绩效指标由单位(处室)绩效指标分解形成,包括本人承担的基本职责、要点工作、创新工作、上级部署工作。

2016年,河北省财政厅又完全引入鱼骨图法,编制了新一年的绩效计划。这种方式可以清晰直观地反映出单位(处室)绩效计划包含几方面的工作、工作之间有哪些逻辑关系、突出了哪些重点、有无重复指标或遗漏指标等,便于单位(处室)内部理顺工作思路、提高指标编制水平,也为各级领导干部判断分析工作提供了思维导图式的工具(鱼骨图示例见图3-1)。

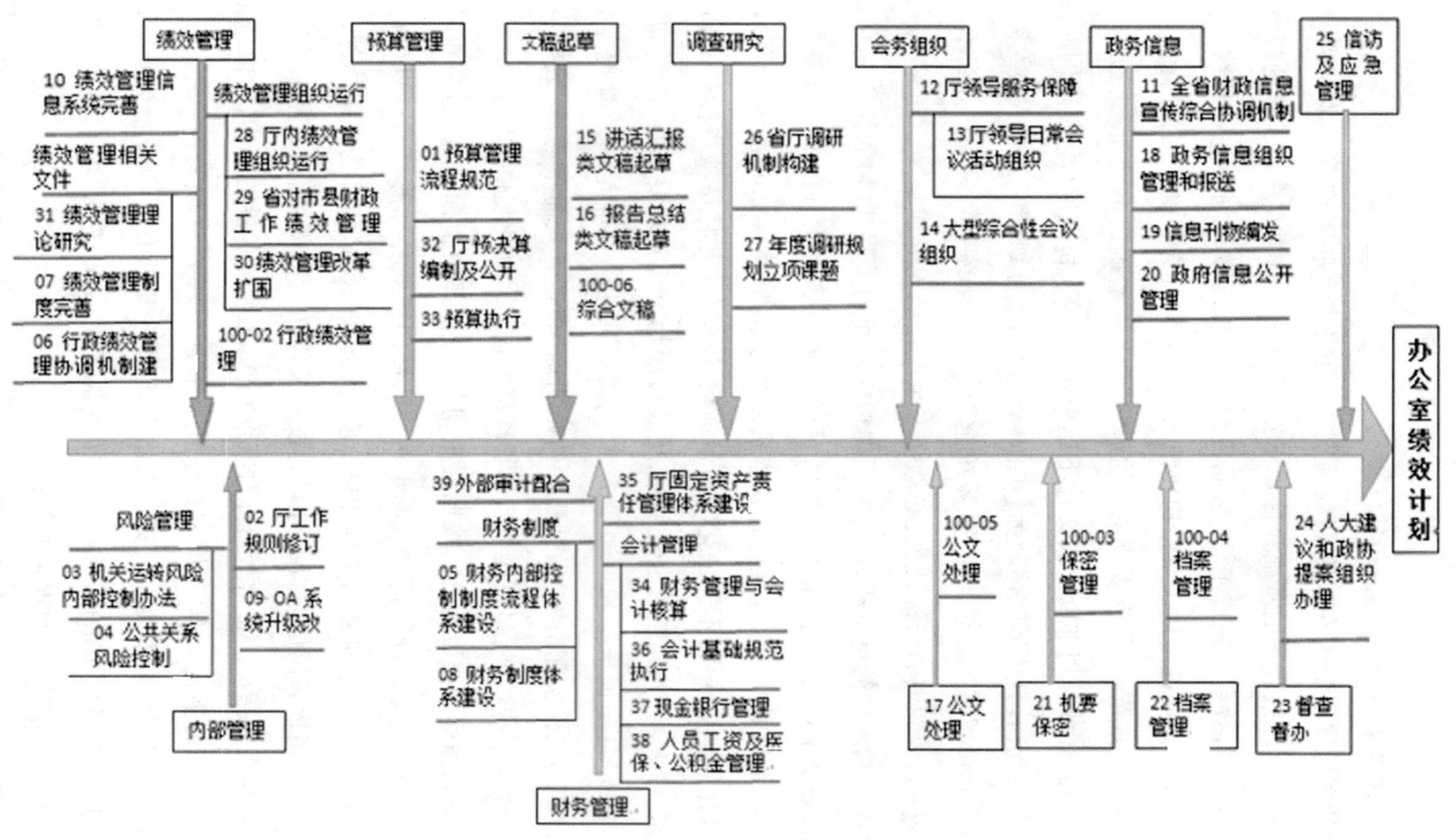

图 3－1 “鱼骨图”绩效计划展示示例（财政厅办公室）

三、目标指标要规范统一

绩效计划具体规定了在一个绩效周期内，要完成哪些工作以及要做到什么程度。作为整个标准化绩效管理的基础和首要环节，绩效计划引领着整体工作的规范化、流程化，从而保证更有效率地完成工作、达成目标。同时，绩效计划是一种契约、一种合同，这种组织与个人之间的契约关系是构成绩效计划的核心与关键。因此，深层次看，绩效计划是一种行为规范，必须有规范统一的形式，而且一经确定不能随意变更。在河北省财政厅，每年的绩效计划都以正式文件下达单位（处室）和岗位（个人），同时录入标准化绩效管理系统，其具体形式体现为《单位（处室）绩效计划》和《工作人员绩效计划》。

（一）指标设置基本要求。首先，系统全面。标准化绩效管理是一个综合集成的管理系统，某一重要领域的指标缺失，必然会产生严重的误导或偏颇。同时，绩效指标体系并不是各个指标的简单堆积，而是要根据指标之间的关联性、协同性将其有效衔接起来。因此，必须建立统一完整的指标体系，覆盖工作任务和责任的所有重要方面和关键领域。其次，细致规范。以标准化管理体系文件为基础，将目标内容具体到最小的执行单元，能量化的尽量量化，不能量化的尽量细化、流程化，并将每项指标落实到单位（处室）和岗位（个人）。尤其是对定性目标，更要按照标准化管理要求，从时间和质量节点上进行界定，尽量实现指标的可测量。第三，准确实用。在满足绩效管理需要的前提下，从行政部门工作实际出发，做到概念清晰明确，表述方式简单易懂，数据容易获取。简单讲，就是可操作性强，尽可能为实现管理信息化与自动化提供方便。

（二）绩效指标的类型划分。按照层次划分，包括部门指标、单位指标和岗位指标。部门指标为一级指标，由部门设置，源于对行政部门绩效目标的分解；单位指标为二级指标，由单位设置，源于对部门指标和单位职责的分解；岗位指标为三级指标，由个人设置，源于对单位指标和岗位职责的分解。按照工作执行时限划分，包括日常型指标、阶段型指标和年度型指标。日常型指标对应重复性、短期可考量的工作，阶段型指标对应年内某一时间段开展的工作，年度型指标对应持续开展的工作。

（三）绩效指标的基本要素。实际工作中，河北省财政厅为单位指标和岗位指标分别设置了 8 要素，具体包括指标编码、指标名称、指标释义、指标类型、考评周期、考评标准及评价方法、标准依据、数据来源等：

> 指标编码，统一为三段格式，即“BM（GW）－XXX－XX”，第一段标示指标管理级次，单位指标为 BM，岗位指标为 GW；第二段标示指标所属单位；第三段标示指标序

号。

> 指标名称,指对指标对应工作内容、性质的界定,使用主谓结构短语或名词表述。

> 指标释义,指对指标对应工作的解释说明,表述应清楚准确、言简意赅,涵盖指标对应工作全部内容。

> 指标类型,包括日常型、阶段型和年度型。日常型指标对应重复性、短期可考量的工作,阶段型指标对应年内某一时间段开展的工作,年度型指标对应持续开展的工作。

> 考评周期,分为季度和年度,季度对应日常型指标,年度对应阶段型、年度型指标。

> 考评标准及评价方法,指以时间、质量、数量三个维度具体表述的指标评价尺度及考评采取的方式方法,时间、质量和数量应分别明确占指标分值比重(百分比),原则上质量比重高于时间、数量比重。

> 标准依据,指通过上级要求、同行业先进水平、历史水平三个方面来准确表述考评标准来源。

> 数据来源,指考评数据的采集方式,分为审核评价和系统获取。审核评价指通过人工审核形成考评数据,应列明被考评对象需提供的具体内容,系统获取指从各类信息系统中提取考评数据,应列明系统名称、需提取的具体内容。

河北省财政厅绩效指标示例:政务信息管理二级(单位)绩效指标

指标编码:BM－101－05

指标名称:政务信息管理

指标释义:向上级单位报送本厅政务信息;对厅各处室和各市局办公室及信息直报点报送的政务信息进行编发。

指标类型/考评周期:季度型/季度

考评标准及评价方法:基础分值(100%)

1. 时间方面(　%),厅重要决策、重大事项24小时报送信息简报,每延误一次扣时间分值　%;每10天编发一期简报,每贻误一次扣时间分值　%。

2. 质量方面(　%),省委、省政府、财政部信息简报采用率不低于60%,每降低一个百分点扣时间分值的　%。

3. 数量方面(　%),全年被省委、省政府和财政部采用信息不少于220条次,每少1条次扣时间分值%;全年编发信息90期、简报24期,每少1期,扣时间分值%。

标准依据:河北省财政厅信息管理办法。

数据来源:系统获取。从办公自动化信息编报系统、内部网站提取相关资料,考评小组审核,形成考评指标执行数据。

第二节 指标标准就是工作质量

一项工作完成的好坏,用哪些评价标准去衡量?这是制订绩效指标时需要解决的核心问题。任何一条绩效指标都应该有清晰可衡量的评价标准,越是清晰明确,越能反映工作实际,越能指导我们更好地开展工作。

一、"SMART"原则

在设定绩效目标和指标时,要遵循"SMART[①]"原则,这一原则来源于目标管理,现已被各类组织广泛应用于管理活动。

* 具体(Specific)。目标指向明确,定位清晰,不模棱两可,即设定目标时不仅所定目标本身要明确,更要用清晰精准的语言表述出来。比如"全面提高服务水平"、"及时完成综合材料起草工作"等等,都无法操作,这种目标都属于无效目标,应尽量避免。

* 可测量(Measurable)。制定目标的时候,既要有宏大的最终目标引领方向,更要有能够分解量化成具体的、有明确衡量标准的分目标。只有目标能被清晰地分解,其激励作用才能显现。

* 努力可达(Attainable)。目标设定不能不切实际的过高或过低。设定的过高,经过努力也完不成,人们就会失去耐心和动力;设定的过低,目标就起不到衡量和激励的作用,没有任何意义。所以,设定目标应该遵循"不过低、不过高"、"跳一跳,摘得到"的标准。

* 相关(Relevant)。所定的目标必须与组织的战略目标及其他目标相一致、相关联,并与职责权限直接相关,不越位、不缺位、不错位。如果一个目标跟单位和部门的整体目标以及其他目标完全不相关,或者相关度很低,那这个目标即使达到了,意义也不大。

* 时限(Time - based)。没有时间限制的目标没有办法评价。因此,目标设置要具

---

① [美]彼得·德鲁克:《管理的实践》,齐若兰译,机械工业出版社2009年版。

有时间限制，根据工作任务的权重、事情的轻重缓急，拟定出完成目标的时间要求，定期检查工作目标的完成进度，及时掌握工作进展的变化情况，以方便进行及时的工作指导，以及根据实际变化情况及时调整计划。

二、时间、数量和质量

（一）需要定义哪些标准

按照“smart”原则，在定义指标标准时，至少要从时间、数量和质量三个方面考虑。这三个方面既是布置工作时的要求，也是衡量工作完成情况的标尺，贯穿于管理全过程。

* 质量，主要是指在精确性、优越性、创新性方面达到什么样的程度。通常采用比率，如合格率、达成率、评价结果、及时性、满意度、完成情况、准确性等表示。

* 数量，主要是考察指标的具体数额。一般采用个数、时数、次数、人数、额度等表示。

* 时间，主要是在时限上有什么要求。通常采用完成时间、批准时间、开始时间、结束时间、最早开始时间、最迟开始时间、最早结束时间、最迟结束时间等表示。

时间、质量和数量标准应当根据工作实际，按照基本流程分别设定相对独立的考评标准。对于可以直接量化的指标，从数量角度来衡量，比如完成次数、收入数量等等。对于无法直接量化的指标，可以按照工作流程分解为具体工作步骤，明确关键节点，设置时间和质量标准。对一个绩效指标来讲，时间、质量和数量至少应明确两项评价标准，还应分别每项标准明确占指标分值比重（百分比），原则上质量比重高于时间、数量比重。

李萍（化名）是办公室负责综合材料写作的一位科级干部，由于她的工作难以量化，因此按照工作流程分解为题纲、初稿、修改、定稿撰写等具体步骤，每个步骤确定了上级审核领导和审核标准。比如，××会议召开前一个月，形成会议材料题纲，题纲要求细化到最后一级标题（至少三级），明确每部分写作思路和内容概要，通过办公室副主任审核；××会议召开前20日，形成会议材料初稿，经办公室主任审核后报相关厅领导，等等。这样一来，工作的完成步骤、完成情况一目了然，工作完成后，目标是否达成虽然没有精确的量化标准，但有了一个可以把握的质量标准，有了可以判定的尺度。

(二)标准的依据是什么

有一个保险营销员的故事。在一个专题讲座报告会上,有个同学举手问老师:"老师,我的目标是想在一年内赚100万!请问我应该如何计划我的目标呢?"

老师便问他:"你相不相信你能达成?"他说:"我相信!"老师又问:"那你知不知到要通过做什么来达成?"他说:"我现在从事保险行业。"老师接着又问他:"你认为保险业能不能帮你达成这个目标?"他说:"只要我努力,就一定能达成。"

"我们来看看,你要为自己的目标做出多大的努力,根据我们的提成比例,100万的佣金大概要做300万的业绩。一年:300万业绩。一个月:25万业绩。每一天:8300元业绩。"老师说。"每一天:8300元业绩。大既要拜访多少客户?"

学生说:"大概要50个人。"

老师接着说:"一天要50人,一个月要1500人;一年呢?就需要拜访18000个客户。请问你现在有没有18000个客户?"

他说:"没有。"

老师问:"如果没有的话,就要靠陌生拜访。你平均一个人要谈上多长时间呢?"

他说:"至少20分钟。"

老师说:"每个人要谈20分钟,一天要谈50个人,也就是说你每天要花16个多小时在与客户交谈上,还不算路途时间。请问你能不能做到?"

他说:"不能。老师,我懂了。这个目标不是凭空想象的,是需要凭着一个能达成的计划而定的。"

这个故事讲的是目标指标必须是可行的,是通过努力可以实现的且具有一定的挑战性,是执行者"跳一跳"可以达到的目标,是大多数人(60%—80%的人)正常发挥情况下可以达到的目标,是与全国同行平均发展水平相类似的目标。从这一事例不难得出,制定评价标准应首先对本职工作有深入了解,至少应清楚行业水平、历史数据。对行政部门来讲,落实上级工作部署更是职责所在,因此制定指标评价标准至少应参考三个维度:上级要求、历史数据、同行业先进水平。历史数据,一般情况下是指历史同期水平;同行业先进水平是指同行业先进地区、单位或部门的完成水平。在实际制定中,对上级要求的理解要深、要透,对历史数据的分析要客观、要全面,对同行先进水平的掌握要明确、要具体,以此为基础来确定工作的标准,才能找准坐标。

2015年9月,财政部修订并印发了《地方预算支出进度考核办法》(财预[2015]145

号)。对地方预算年终结余结转资金的考核是财政部重点考核内容之一。在这次修订中,财政部将地方政府性基金预算、国有资本经营预算年终结余结转资金纳入了考评范围。根据上级要求变化,河北省财政厅及时按要求修订了"年终结余结转率"这一指标的考评标准:各单位(处室)一般公共预算年终结余结转率不高于5%的,得满分;高于5%的,每超过1个百分点扣分值的5%;政府性基金预算、国有资本经营预算年终结余结转率不高于8%的,得满分;高于8%的,每超过1个百分点扣分值的2%。并明确了计算方法:一般公共预算、政府性基金预算和国有资本经营预算年终结余结转率＝一般公共预算、政府性基金预算和国有资本经营预算年终结余结转资金数÷对应的调整预算数×100%。这一修订确保了财政部有关要求的及时有效落实。

(三)怎样设置标准

一般来讲,设置指标标准有四种基本方法。

* 加减分法。即先确定一个基准分值,然后根据工作完成情况按照规定的计分规则给予相应的加减分。举个简单的例子,假设某项争取上级资金工作,目标是全年争取不少于50亿元,基准分值90分,争取资金每少1亿元,扣1分;每增1亿元,加1分,最高加10分。使用加减分法计算得分时,一般情况下最大值不能超过权重规定数值,最小值不应出现负数。

* 规定范围法。即经过数据分析和测算后,就标准达成的范围进行评价得分。比如,一项指标确定的基本标准是达到95%,在96%—98%之间的加1分,98%—100%的加2分;在94%—90%之间的扣1分,不足90%的扣2分。

* 分级描述法。即根据考评要求,对指标的完成情况进行分级,并对各级别的评价标准分别进行描述,以尽量减少主观打分的误差。具体操作中,一般分为四级,即优、良、一般和不合格。

* 关键事件法。即针对指标执行过程中出现的关键事件,制定相应的扣分和加分标准。比如,一些工作纪律、党风廉政等特别扣分项目就适用关键事件工具。

对各级行政部门来讲,将各项难以量化的工作转化为易于衡量的指标难度较大。在实际工作中,需要根据不同情况灵活运用上述四种方法:加减分通常适用于目标任务比较明确,完成比较稳定,同时鼓励岗位人员在一定范围内做出更多贡献的情况;规定范围适用于工作任务完成变化幅度大,衡量工作完成情况的数据呈间断、成片或零星分布状态的指标;分级描述适用于经常发生,能够很清楚的描述出各个级别的特征,有足够的数据和信息支撑的工作；关键事件适用于某些关键事件能够很大程度上反映整个指标工作情况，同时评价维度比较单一、在指标体系中所占权重较小的工作。

河北省财政厅在设置绩效指标评价标准时，灵活运用上述方法，又派生出很多指标标准定义方法，使之更符合工作实际。时间标准方面，包括截止日期型、节点型、工作日型等；质量标准方面，包括档次型、阶段型、超标型、未达标型等；数量标准方面：选用超标型、未达标型和其他类型设置时，参照质量标准的类型设置。

* 截止日期型：适用于只有1个明确时间节点的情况，多用于岗位指标的时间标准设置。例如：3月15日前完成《××方案起草》，按照时间节点完成得满分，未按时完成扣时间分值的100%。

* 节点型：适用于有多个时间节点的情况。新增每项工作的时间节点，再选择节点型进行标准设置。例如：9月30日前，完成《××》调研；12月20日前提出《××方案》；接到厅领导批示后，5个工作日内完成××工作。按照时间节点完成得满分，每有1项未按时完成扣时间分值的35%。

* 工作日型：适用于有多个时间节点且既有截止日期又有工作日完成的情况。例如：3月20日前起草完成指标登记确认方案；接到批复文件后2个工作日内登记确认指标。按照时间节点完成得满分，每有1项未按时完成扣时间分值的5%。

* 档次型：适用于第三方对指标完成质量等级进行评价的情况。例如：研究报告在调研规划课题评审工作中评审等次为优秀、良的得满分；评审等次为一般的，扣质量分值的5%；未提交评审的扣质量分值的100%。

* 阶段型：适用于指标质量要求在某一个区间的情况。可对质量范围起始值、截止值、得/扣分、扣分率进行设置。

* 超标型：适用于有多项质量要求的情况。例如：××请示、培训审批单、培训通知、学员手册、培训讲义、调训通知、轮训通知等资料齐全，得满分；每缺少1项扣质量分值的15%。

* 未达标型：与超标型适用范围基本相同。例如××工作通知、工作指导记录资料齐全，××管理办法、××方案正式印发，得满分；每有1项未达到要求扣质量分值的25%。

三、“八要”“八不要”

建立绩效指标体系是一个复杂的系统工程，必须时刻兼顾体系的全面性、系统性、关联性、精准性等各个方面。一是注重指标间的关联性和协同性。比如,岗位指标由单位指标分解而来,二者必然有内在的关联性。某一单位的某项指标与其他单位的同一项或同一类指标也必然存在着一定的协同性。在制定类似这样的指标标准时,一定要统筹考虑,系统研究,做到"一把尺子量到底"。二是注重评价标准各要素的系统性。一些指标标准要素设置不全或者要素间系统性不足,会导致难以全面评价。比如,在非量化的指标中,数量和时间一般不能单独作为评价标准,常见的类似"某某工作在某月底完成"、"完成某某工作多少次"等表述,就容易导致只求速度或数量而忽视质量的结果。一般情况下,三项标准应至少应明确其中两项。三是注重评价标准的精准性。比如,评价标准中常出现"按照上级要求"、"完善制度"、"及时传达"等形容性表述,什么程度是完善,什么情况是及时,没有说清楚,这些评价标准很难考评。因此,形容词一般不做量化评价标准,"及时完成"就应该准确地表述为"8 小时内送到、2 个工作日内完成"等等。

实际工作中,河北省财政厅系统总结绩效指标及评价标准设置中容易出现的问题,形成了指标设置的"八要"和"八不要"。

* "八要":

> 单位(二级)指标设置要全面系统。厅内各单位单位(二级)指标对应本单位工作职责和分工,应覆盖所有上级部署工作、要点工作和基本职责。同时,指标要分类清晰,避免互相包含、交叉混淆;要高低一致,确保在同一个"辈分上";要大小适中,对过散过细的指标,要进行必要的归纳整合。

> 岗位(三级)指标分解要科学合理。岗位(三级)指标对应具体工作事项,应选择单位(二级)指标的关键环节和工作重点,按照工作岗位分解,确保逻辑清楚,并实现对单位(二级)指标的完全支撑。

> 指标名称要简短准确。采用主谓结构短语(名词 + 动词)或名词格式。如果需要界定的内容较多,应放在指标释义中。

> 指标类型和考评周期要呼应。日常型指标每季度终了组织考评;阶段型、年度型指标每季度终了考评关键节点,年度终了组织整体考评。指标类型填写"季度型",考评周期填写"季度";指标类型填写"阶段型""年度型",考评周期填写"年度"。

> 考评标准及评价方法要可考。标准高低要适宜,遵循"跳一跳,摘得到"

原则,参考上级要求、同行业先进水平、历史水平,合理设置。评价标准和方法要"客观明确",准确衡量单位或个人的努力程度。时间方面要选择"6 月 5 日前完成""收到财政部通知 30 日内""每月 5 日前"等清晰标准,不应使用"及时、按时、准时"等形容词描述;质量方面要选择"文件正式印发""通过领导小组审定""通过厅领导审签""正式上线运行""在评审(定)工作中取得 95 分(优秀等次)以上成绩"等可准确衡量的标准,不应使用"科学、合理、全面、规范、准确、逻辑清楚"等形容词描述。

> 设置计划节点要选对。要选择"报送省委省政府(或财政部)""报厅长办公会研究""报厅领导审签""送需求单位测试"等有明确时间要求、阶段性工作完成并且可取得客观证明材料的关键环节为节点,不应选择"开展调研、统计分析、测算、完成初稿"等本单位内部自主掌握的工作阶段作为计划节点。

> 标准依据要准确有据。上级要求应具体明确、量化可比;同行业先进水平应标明具体单位和经验做法;历史水平应以前三年工作情况为基准;依据文件应列明名称、文号。

> 数据来源要可操作。数据来源要与考评标准一一对应,清楚标示"谁提供""提供什么""谁审核"。其中,"审核评价"类应列明被考评对象或相关第三方单位需提供的时间、质量、数量方面的具体证明材料,"系统获取"类应列明系统名称、需提取的具体内容。

*"八不要":

> 工作要点指标不要丢。年度工作要点中涉及本单位的所有工作不要漏项,应全部列入单位(二级)指标,并分解为相应的岗位(三级)指标。

> 指标不要"避重就轻"。指标内容要实现对指标的完全支撑,不要"帽子"大内容小。

> 涉及多单位指标不要自行设置。对于涉及多个单位的指标,指标设置和分配不要"各自为政",应采用牵头单位统一设置的指标要素,并按照统一规则分配到分管副职和责任人员。

> 基础指标基本框架不要打破。厅内各单位基础指标对应日常工作,不要进行过多调整,应在上一年度基础指标基础上,进一步优化完善,保持指标基本框架的连续性。

> 指标维度不要少。原则上每项指标的时间、质量和数量标准都要设定，特殊情况至少明确 2 个维度。

> 标准依据不要空。各指标“上级要求”“同行业先进水平”“历史水平”“文件依据”4 个方面的标准依据都不要填写“无”或空白，必须充实完整。

> 指标执行数据责任不要混淆。各级指标执行数据的提供责任、审核责任、复核责任不要混淆。单位(二级)指标执行数据的审核可表述为“被考评对象按照序时进度或时间节点要求，通过月小结上传××××、××××等资料，考评小组审核，形成指标考评数据”；岗位(三级)执行数据的审核可表述为“被考评对象按照序时进度或时间节点要求，通过月小结上传××××、××××等资料，单位负责人审核，考评小组复核，形成指标考评数据”。

> 责任人员不要交叉。单位(二级)指标的分管副职、岗位(三级)指标的责任人员，原则上不能为多名人员。其中，单位(二级)指标只能对应一名分管副职；岗位(三级)指标确实无法完全拆分的，可按工作实际由多名人员承担。

第三节 千斤重担人人挑

掌握了目标指标及评价标准的制定方法和依据还远远不够，真正要做到相对客观、公平、可信、可行，还应该有一个全体成员认同的、不断完善的过程。只有这样确立的绩效指标，才能充分发挥标准化绩效管理的导向、激励和改进作用，才能促进单位(处室)和岗位(个人)不断提升绩效，最终达到工作质效全面提升的目的。

一、每个人都是业务骨干

标准化绩效管理是建立在岗位平等、分工不同的基础上，政府组织的每个单位(处室)、岗位都是保持机关这台“机器”正常运转的不可或缺的“零部件”，其差别在于分工不同、职责不同，但每个单位、每个人之间是平等的，无高低贵贱、重要与否之分。因此，应对每个单位一视同仁，对每个人机会均等，为各单位、各岗位设置一个公平的起点，即在绩效管理体系中设置一致的基础分值。同时，考虑政府组织和公务员群体对党风廉政建设和“德勤廉”的特殊要求，也相应设置基础分值。这里需要说明的是，工作职责与廉政建设、“德勤廉”都不可偏废，二者没有孰轻孰重之分。因此，将二者摆在同等重要的位置，设置相同分值，分别考评。

* 对单位(处室)采用“双千分制”管理，日常职责工作(承担的单位指标)基础分值为1000分，采用扣分法；党风廉政建设基础分值为1000分；加扣分项目按规定标准确定。

* 对个人采用“双百分制”管理，其中，单位正职日常职责工作考评得分，由所在单位绩效考评得分按百分制转换而成；单位副职日常职责工作考评得分，由所分管工作绩效考评得分按百分制转换而成；其他工作人员日常职责工作(承担的岗位指标)设定100分，采用扣分法。“德勤廉”考评基础分值100分；加扣分项目计分按规定标准确定。

需要注意的是，无论对于单位(处室)还是对于岗位(个人)都存在着所承担绩效指标与所具备能力的匹配问题，追求的是大小相宜，反映的是工作实际。一方面，讲求“大马拉大车”、“小马拉小车”，既可获得目标任务完成后与自我比较的成就感，又能充分展示自身的能力和努力程度。另一方面，既要避免出现“大马拉小车”，工作容易而轻松，不需要通过一定的努力，所承担的目标任务就轻易完成了，缺乏波澜，无须激情，体会不到工作的成就感，所具备的能力也体现不出来；又要避免出现“小马拉大车”，身堪重任负担大，多头作战，疲于应付，劲儿没少费，时间没少花，“苦劳”很大，“功劳”却很小。

二、干多干少不一样

绩效指标对应的工作不一样，每个人承担的绩效指标不一样，在岗位平等的基础上，还应该体现干多干少不一样。指标权重就是这样一个相对概念。简单讲，指标权重就是指标在整体评价中的相对重要程度，也就是说从若干指标中分出轻重来。指标权重的意义在于，反映工作的重要程度、目标达成的难易程度，指出工作开展的重点所在。科学合理的权重设置，可突出战略性目标和重点领域，发挥绩效目标指标的“指挥棒”作用。

当然，仅靠设定绩效指标权重也不能从根本上解决干多干少差不多的问题，标准化绩效管理引入了“责任系数”“工作负荷系数”等技术和方法，依据干部职工承担指标权重和分值的不同，多维度评价其工作努力程度，有关内容将在第五章详述，这里不再展开。

绩效指标权重确定的工具很多，常见的方式包括经验判断、权值因子判断表等：

* 经验法。根据工作经验和对各项指标重要性、难易程度的主观判断，或者从管理

目标出发分配指标权重,有时也通过集体协商、征求专家意见等方式确定。其中,德尔菲法(专家调查法)是较为常用的方法之一,其要点是通过多轮征求专家意见,形成决策结果。经验法的优点是操作简单、成本低;缺点是主观、片面,对决策者(专家)能力素质以及态度要求较高,容易出现“拍脑袋决策”现象。

* 权值因子判断表法。指组成专家小组,由专家小组成员对指标两两比较,分别填写判断表,然后统计、计算确定指标权重的方法。从简到繁又可细分为对偶加权法、倍数加权法和权值因子判断表法,其原理基本一致。

具体操作为:组成指标权重评价小组,小组成员应包括:标准化绩效管理领导小组成员单位、绩效管理人员、该单位有关人员等。确定各单位指标权重时,制定权值因子判断表,小组成员将绩效指标两两比较并填写判断表,根据结果统计、计算得出指标权重。

一般采用四分制进行比较,即将判断表中的行因子(行指标)与列因子(列指标)比较,如果行因子(行指标)非常重要填4分,比较重要填3分,同样重要填2分,不太重要填1分,很不重要填0分。统计时,计算每行指标得分,求出评价指标平均分值,最后得出权重(见表3-2和表3-3)。在实际应用中,常常简化为“ABC分类权重法”,其原理融合了权值因子判断表法和强制正态分布法的思想,将指标分为A、B、C三类,分别占全部指标的10%、20%和70%,权重分别为3、2、1,小组成员填表后,统计、计算指标权重。

表3-2 权值因子判断表(以三指标为例)

指标 \ 绩效指标	指标1	指标2	指标3	分值
指标1	—	0	3	3
指标2	4	—	4	8
指标3	1	0	—	1

此外,实践中权值因子判断表法派生出三因素比较法(IUR法),即将指标重要性分为三个维度:重要性(I)、紧急性(U)和可达性(R),采取五分法两两比较,得出指标权重。该方法将权值因子判断表法从一维拓展为三维,科学性有所提升。

表3-3 权值因子计算表(以小组三个成员为例)

指标 \ 项目	评分人			总分	平均分	权重(平均分/总平均分)
	评分人1	评分人2	评分人3			
指标1	3	2	3	8	2.67	0.22(22%)
指标2	8	8	8	24	8	0.67(67%)
指标3	1	2	1	4	1.33	0.11(11%)
合计	12	12	12	36	12	1(100%)

* 层次分析法(AHP)等其他方法。层次分析法(AHP)是一种定性与定量相结合的多目标决策分析方法,其原理是将主观判断进行量化处理,通过判断矩阵进行计算和一致性检验,克服两两对比的不足。该方法采用九分位赋分法,对操作要求较高,一般用于定量指标权重的设计。此外,还包括熵值法、模糊聚类分析法等对操作要求较高的方法,不再详述。

表 3-4 指标权重确定方法比较表

特点 方法	优点	缺点	适用范围
经验法	成本低,可操作性强、容易理解	精确度较低	定性、定量指标
加权法	成本低,可操作性强、容易理解	精确度一般	定性、定量指标
ABC 法	可操作性强、容易理解	精确度一般	定性、定量指标
权值因子判断表法	精确度较高、较易理解	可操作性一般	定性、定量指标
三因素比较法	精确度较高、较易理解	可操作性一般	定性、定量指标
层次分析法	精确度高	可操作性不强,不易理解	定量指标
熵值法等	精确度高	可操作性不强,不易理解	定量指标

指标权重设置一般在分解指标之后,需考虑工作的重要程度、目标达成的难易程度、业务重心导向作用以及与组织目标实现的密切程度等因素,以此来综合运用指标权重确定工具。一般来讲,单个指标的权重最好不要低于 5%,最高原则上不高于 50%。在绩效管理刚起步阶段,考虑行政部门广大干部职工的理解和接受程度,各单位的指标权重可选择 ABC 分类权重法或者权值因子判断表法确定,岗位指标权重可参考单位指标权重,用经验法确定。经过一定时期的运行,绩效管理体系较为完善、干部职工对管理技术和方法的掌握相对熟练时,可考虑使用更为复杂、精确的权重确定方法。

河北省财政厅确定权重的“五星法”。即依据对应工作的重要程度、难易程度和工作量,将指标分别确定为 1 至 5 星,其中上级部署工作对应 3 至 5 星,创新工作对应 5 星,要点工作对应 3 至 5 星,基础工作对应 1 至 4 星。单项指标权重计算公式为:单项指标权重 = 单项指标设定星数/∑各项指标设定星数。比如,如果某一单位(处室)只有三条指标,星值分别为 4、3、5,那么第一条指标的权重为:4/(4 + 3 + 5) = 33.33%,其对应分值为 33.33% * 1000 = 333.3 分(一般保留四位小数,这里仅对指标权重及其分值确定作说明,下同);如果某一岗位(个人)只有三条指标,星值分别为 4、3、5,那么第一条指标的权重为:4/(4 + 3 + 5) = 33.33%,其对应分值为 33.33% * 100 = 33.33 分。

这种打星法是运用统计学原理,将对工作定性的判断转化为定量的设置,为绩效指标分值的设定提供了科学的依据。单位(处室)及其工作人员绩效指标分值由“五星法"确定的指标权重乘基础分得出。河北省财政厅的二、三级指标三个方面标准的权重、省对市县绩效指标的权重及各考评内容的权重按照上级要求并结合历史数据逐项确定。

三、从契约关系到目标共识

春秋战国时期的法家韩非子在《主道》提到:"群臣陈其言,君以其言授其事,事以责其功。"即指管理者应尽可能让下属提出自己的主张,根据他们的主张把事情交给他们办,并以他们完成任务的情况来评价他们的业绩。这种思想在当前仍然有重大的现实意义。在传统行政管理中,任务下达是一个自上而下的过程,目标任务直接派发给广大干部职工,年终进行目标完成情况考核,往往忽略中间过程。正是因为这种"强加性"和缺乏干部职工的全面参与,使得很多工作被动完成,质效不高。

标准化绩效管理从绩效计划制定环节就打破了固有的行政管理模式,形成了一个全员参与、双向沟通的管理过程。绩效计划是一种契约和合同,随着绩效计划制定过程的深入开展,这种契约逐渐形成广大干部职工的目标认同和共识。一方面,绩效计划采取先自下而上、再自上而下的制订过程。部门战略目标被层层分解为个人目标,部门、单位(处室)和个人之间在对绩效的期望问题上达成共识,并由个人对自己的工作目标做出承诺;与此同时,部门也通过制度的不断完善对个人做出相应的承诺。因此,绩效计划的形成实现了组织愿景和个人愿景的有效融合,它使个人有了明确的工作预期和成长方向,能够有效调动和激发个人的主动性和创造性,促使个人把对组织的价值认同转化为自觉行动。另一方面,绩效计划也是一个干部职工全面参与管理、明确自己的职责和任务的过程。制定绩效目标过程中,尽可能地让每一名干部职工参与进来,绩效管理也因此成为个人主动设定工作目标、自觉审视工作表现、自愿提升工作绩效的参与性管理过程。

实际工作中,河北省财政厅的绩效计划以年度为周期,采取"两上两下"方式确定:

* 计划初拟。具体包括:涉及多单位指标编制,绩效办在厅年度工作要点发布后,制定并发布年度绩效计划编制指导意见,组织编写涉及多单位指标(含共性指标,下同),其中,对年初难以确定承办单位和办理数量的工作,不编入年初绩效计划,年终根据实际办结情况统一结算;厅内各单位其他指标编制,厅内各单位编写本单位除涉及多单位指标外的其他指标,并分解为岗位指标,经内部充分讨论达成一致后,提交绩效办汇总。

＊ 计划初审。绩效办对绩效指标的目标一致性、要素规范性、操作可控性等方面进行初审，提出修改意见，连同涉及多单位指标一并反馈厅内各单位。

＊ 计划修订。厅内各单位按照修改意见组织修订，形成本单位年度绩效计划送审稿，并对涉及多单位指标提出修订意见，报经分管厅领导同意后，提交绩效办汇总。

＊ 计划审定。绩效办汇总形成绩效计划，经领导小组研究审定后正式下发，并组织厅内各单位录入绩效管理系统。

本章小结

本章主要介绍绩效计划的基本理念、主要内涵及建立绩效目标指标体系的工具、方法及注意事项。主要内容和结论如下：

1. 绩效目标指标的内涵及制定方法。“研究指标就是研究工作”。每年年初，各级都在深入分析、全面了解组织目标、年度重点任务的基础上，结合各自岗位职责，科学设定绩效目标指标及其评价标准、评价方法。目标指标的确定方法有目标管理法、关键绩效指标法、平衡计分卡等等，需要根据管理实际灵活运用。实际工作中，河北省财政厅采取“战略目标分解＋基于职责的目标管理”模式，建立绩效目标指标体系。建立过程中，融入平衡计分卡“长期目标与短期目标、外部评价与内部评价、客观判断与主观判断有效平衡”的思想，强调绩效指标对战略目标的支撑性，注重指标之间的逻辑性、差异性和协同性。同时，为绩效目标指标确定了规范统一的格式。

2. 绩效指标评价标准的设置原则和方法。遵循“SMART”原则，即具体(Specific)、可测量(Measurable)、努力可达(Attainable)、相关(Relevant)、时限(Time－based)，依据上级要求、历史数据、同行业先进水平，从时间、数量、质量三个方面定义指标评价标准。在建立绩效目标指标体系时，还需兼顾体系的全面性、系统性、关联性、精准性等各个方面。具体工作中，河北省财政厅总结经验，明确了制定绩效目标指标的“八要”“八不要”。

3. 绩效目标指标的分配及权重确定。采用“双千”“双百”模式管理，即对单位(处室)采用“双千分制”管理，日常职责工作(承担的单位指标)、党风廉政建设分别1000分；对个人采用“双百分制”管理，日常职责工作(承担的岗位指标)、“德勤廉”考评分别100分。在指标权重确定上，经过对经验判断、权值因子判断表等方法的深入研究，河北省财政厅结合本部门实际采用“五星法”确定。

4. 绩效计划的关键是达成目标共识。绩效计划以年度为周期，采取“两上两下”方式确定，通过深入沟通，形成了广大干部职工对目标任务的共识，实现了组织愿景和个人愿景的有效融合，它使个人有了明确的工作预期和成长方向，能够有效调动和激发个人的主动性和创造性，促使个人把对组织的价值认同转化为自觉行动。

第四章　把管理做在日常

未抓好执行的计划，就等于放飞的彩色气球。“工作只布置不落实等于零，落实不检查等于零”，这些话相信大家的耳朵已经听出了老茧。但从长期实践来看，不管是行政管理还是企业管理，把各项目标任务全部落实到位，一直都是一项“难以完成的任务”。其根源是“结果导向”的管理思维、模式和方法占据着主导地位，导致日常管理不到位，特别是行政管理中“用会议落实会议、靠文件落实文件”等传统做法越来越难以发挥作用。标准化绩效管理在绩效监控环节设计了绩效辅导、日常管理、绩效提醒等工具和方法，真正将管理做在了日常，“过程好自然有好结果”，确保了绩效计划的顺利实现。

第一节　为什么开展绩效监控

绩效监控，就是对“绩效”实施的“监控”。这里的“绩效”，不是指绩效结果，而是达成绩效结果的行为与过程。因此，所谓“绩效监控”，就是指对绩效计划的执行过程、对干部职工执行计划的行为所开展的日常管理工作，目的在于通过行为辅导、过程管理、持续沟通，来保证绩效计划的如期推进和绩效目标指标的充分实现，并通过留痕和记录为绩效考评、绩效改进提供依据。

一、绩效监控有什么作用

对行政机关来讲，长期以来形成的重结果、轻过程的管理习惯，容易引发一系列问题：第一，导致计划执行偏差。目标任务难以执行到位，原因很多，缺乏科学有效的过程管理是主要因素之一。在前文福尔尼斯（Fournies）的调查中，“员工以为自己正在做（缺乏反馈）”“员工有他们无法控制的障碍（遇到现实困难）”等也是无法按要求完成任务的重要原因。对行政机关来讲更是如此，传统的日常管控方法，持续性、有效性、精准性不足，难以准确衡量工作进展，同时干部职工工作中的困难和障碍需要层层反馈，时效性往往难以保证,目标任务出现偏差时,不能及时纠正,有时往返几个管理周期,严重影响任务落实的质量和效果。第二,在客观上容纳失范行为。"只重结果"就意味着"唯结果论英雄",只要结果好,就一切都好。这一做法在私人部门或许有用武之地,但对政府部门而言却存在不小的风险。政府部门是以公共利益为导向的,符合既定规范的行政行为、符合既定程序的行政过程本身的价值不亚于行政效果。如果管理的导向只重结果,就难免会引发单位、个人的执行行为与实施过程违背相关规范,甚至挑战合理性与合法性。第三,激发短视行为。如果管理中只问结果,并将结果情况作为职务升降、工资待遇、奖励评优、惩戒后进的依据,久而久之就会在广大干部职工心目中树立"结果决定一切"的导向,改进工作动力仅仅来自于利益的驱动或对惩罚的规避,致使其行为仅仅遵循结果和利益逻辑,宗旨意识、服务意识、大局意识等都有可能会遭到侵蚀,这也与政府部门的运行价值存在较大冲突。第四,引发一些管理质疑。在实际工作中,工作完成好坏不仅受单位(处室)和岗位(个人)努力程度、行动水平的影响,还必然受各种环境与条件的制约。因此,很多时候,我们并不能特别清晰地确认结果的来源到底是环境因素还是自身努力。如果结果是由那些不被单位(处室)和岗位(个人)控制的环境因素所决定的,那么不论它是好还是差,据其得出的结论和采取的措施就容易遭到一些质疑。

如果在标准化绩效管理中只问结果、不问过程,这些问题就难以从根本上解决。因此,标准化绩效管理将过程管理作为管理重心之一,在绩效监控阶段,建立起集指导、调整、反馈、激励等功能为一体的过程管理机制,通过及时有效的绩效辅导和绩效提醒、疏而不漏的过程管控,来保证绩效目标的达成以及整个管理体系的良性运转,使广大干部职工正确执行绩效计划,及时认识存在的问题,不断地改进和完善工作,并逐步养成良好的思维、工作乃至生活习惯。具体来讲,积极有效的绩效监控应具备以下几项功能或作用:

* 指导。行政机关的日常工作相对于企业来说,公共性、专业性较强,容不得出错,而且有些比较繁琐,因此干部职工在绩效计划的执行过程中,难免会遇到困难或者自己难以决定的问题。通过绩效监控,上级领导能够及时发现干部职工在工作中出现的问题,并对其进行适当的业务指导,或为其提供克服困难所需的资源和服务,能够有效提高工作效率和避免不必要的浪费。

* 调整。一般来说,绩效计划大都在年初制定,它是行政部门根据上级工作要求,在对上年度工作进行总结以及对本年度工作进行基本形势判断的基础上,做出的对本年期望完成工作目标的预期值。随着执行中形势变化和业务工作的推进,年初制定的

绩效目标和指标可能变得不切实际或无法实现。在绩效监控的过程中,可以通过规范的调整程序,对绩效目标指标及评价标准等内容进行必要的调整,以确保绩效计划符合工作实际。

* 反馈。标准化绩效管理是一个系统管理过程,它通过规范的制度指导、模式化的操作来达到科学管理的目的。标准化绩效管理讲求"过程留痕",就是说在每一步的工作中,留下相关佐证资料。通过绩效监控,上级领导可以根据这些资料对工作完成情况做出客观的判断,这些资料也可以为领导做出进一步工作安排和决策提供依据,同时,也可为其后的绩效考评、绩效改进收集到客观、公正的事实依据。

* 激励。大量的管理实践证明,上级对下级及时、积极的鼓励会产生"皮格马利翁效应"①,其激励效果甚至会超过物质激励。对行政机关来讲,一些干部职工在日常工作中,有时会面对繁重的工作任务,有时会面临比较大的工作压力。在这种繁忙的工作和紧张的压力下,上级领导对其努力和成绩的关注、指导和认可,无疑会对干部职工产生不小的激励作用。

做个形象的比喻。绩效计划形成之后,绩效监控就如同在为田地播种之后开展的浇水、施肥、除草、杀虫等活动,以此来保证"庄稼"茁壮成长,年底会有一个好的"收成";也可以理解为标准化绩效管理闭环的专用"杀毒软件",它全时监控、即时报警、超强纠错、过程留痕,清除绩效计划实施过程中出现的"病毒",从而确保绩效目标指标的顺利实现,同时为绩效考评、绩效改进提供直接依据,进而为组织制定政策和领导做出决策提供支持。

二、绩效监控包括哪些内容

一般来说,在整个绩效周期内,各级领导干部需要运用恰当的工具和方法,预防或解决绩效周期内可能发生的各种问题,以更好地帮助干部职工完成绩效计划,并记录工作过程中的关键事件或绩效信息。实际工作中,河北省财政厅通过对单位(处室)及岗位(个人)绩效进展和效果进行持续的记录、检测、管理和控制,对在实现绩效目标中出现的各种偏差进行纠正、对干部职工进行适当激励,确保了绩效目标指标有效实现。实践中,绩效监控主要包括绩效辅导、过程管理和绩效提醒三项内容:

① 皮格马利翁效应(Pygmalion Effect)指人们基于对某种情境的知觉而形成的期望或预言,会使该情境产生适应这一期望或预言的效应。

> 绩效辅导。在绩效监控过程中，绩效辅导是一个必要实施环节。从内容上来说，绩效辅导主要是对标准化绩效管理体系各项内容的培训、解读和指导，方式包括业务培训、会议传达、工作面谈、平台交流等多种形式。

> 过程管理。主要是对绩效计划执行情况进行过程监测和节点控制，通过“周记录、月计划、月小结”的模式实现。周记录指各单位（处室）及其工作人员每周末以文本的形式记录所承担的绩效指标相关工作完成情况。月计划指各单位（处室）及其工作人员围绕绩效计划落实，从时间、数量、质量等方面制定绩效指标月度完成计划；月小结指各单位（处室）及其工作人员围绕绩效计划落实，从时间、数量、质量等方面总结绩效指标月度完成情况。

> 绩效提醒。绩效提醒是指对绩效目标指标执行以及其他相关工作不到位的情况做出提醒或督导，分为自动提醒和人工提醒。自动提醒是指标准化绩效管理信息系统自动向单位（处室）和岗位（个人）发布提醒信息。人工提醒主要是指专门的绩效管理人员向单位（处室）和岗位（个人）发布提醒信息。

三、绩效监控有哪些要求

作为连接绩效计划和绩效考评的重要一环，绩效监控是标准化绩效管理“四环节”中持续时间最长的环节。如果把绩效计划比作为“输入”，把绩效考评比作为“输出”，那么绩效监控就是串联“输入—输出”中间的关键点。积极有效的绩效监控，至少要做到以下几点。

* 全面覆盖。这是标准化绩效管理“全面性”和“系统性”的重要体现。绩效监控要覆盖绩效计划执行的各个环节和各个方面，从整体上把握绩效管理运转中出现的问题，并及时做出调整，制定应对措施，保证绩效目标指标的实施不偏离计划设定轨道。

实现绩效监控的全面覆盖，离不开信息技术的有力支撑。实际工作中，河北省财政厅利用标准化绩效管理信息系统的绩效监控模块，对绩效计划执行各环节和各方面进行全面的日常管理。各级领导干部可以按照绩效指标、单位（处室）、岗位（个人）等不同维度即时查询绩效计划执行情况，直观显示绩效指标完成进度，随时查阅相关资料，确保了干部职工对各项工作的整体把握、即时调整。

* 重点监控。绩效监控要重点关注关键绩效目标和指标。关键目标、指标是支撑整个绩效计划的核心要素，它们的完成与否，对年初制定的绩效计划的实现具有十分重要的影响。对关键绩效目标、指标的监控，要对其实施进度、资料齐全度、真实度进行重

点监控,发现问题第一时间提示干部职工进行修正和弥补。

吕赟(化名)是河北省财政厅预算处(编审中心)负责总预算管理的一名干部。他承担着预算编制、中期规划管理、预算解读等厅内年初要点工作。预算处工作历来十分繁忙,而且很多工作头绪多、时限紧、要求高,一忙起来有时难免"顾此失彼",这些涉及全局的要点工作有时拖到最后一刻,一定程度上影响了完成质量。实施标准化绩效管理以来,这些全厅要点工作形成了绩效指标,明确了时间、质量及数量等完成标准,被分解为一个一个的关键节点。日常工作中,周记录、月小结都需要上传完成进度、相关资料,处长、主管副处长对吕赟这些重点工作的完成情况时刻掌握,发现问题随时提醒,并帮助他修正、改进。2015 年,这些工作的完成质量明显提升,预算编制工作得到省领导充分肯定,中期规划编制工作被财政部确定为重点调研和联系地区,预算解读得到省人大代表一致好评。

* 过程留痕。一个标准化绩效管理周期往往会持续一个年度,期间不同单位(处室)、岗位(个人)每天都在发生着各种绩效行为,产生着各类绩效结果,这些都是标准化绩效管理需要依赖的各种绩效信息。如果对此不予记录和整理,在做绩效沟通、绩效考评、绩效改进时便无充分、准确的信息依据,进而导致相关判断的不准或决策的失误,影响整个标准化绩效管理的良性循环。比如,无法及时掌握单位(处室)和岗位(个人)的工作进度,无法正确判断绩效执行中遇到的问题和障碍等。同时,缺乏有据可查的绩效信息,甚至可能会使广大干部职工对整个管理体系心生疑惑、心存芥蒂;缺乏足够清晰的绩效记录,也使绩效辅导缺乏明确的指向而变得无的放矢。比如,人们往往对发生在最近的事情记忆更深刻,在标准化绩效管理中,不仅绩效考评者有可能会忘记几个月之前发生的事情,被考评者也是对最近两三个月以内的事情记得更清楚,感触更深,如果不对管理过程进行绩效信息记录的"过程留痕",发生在早期的事情就会被淡忘,容易把考评的重点放在近一两个月的绩效表现上,不可避免地受到近因效应、晕轮效应、感情用事等不当影响,自然会导致绩效考评结果的不准确。要避免这些错误倾向的方法,就是在绩效周期内认真地做好记录,做到"过程留痕",采用周记录、月小结等方式,完整地收集绩效信息并记录好这些信息,并据此开展标准化绩效管理各环节的工作。

标准化绩效管理体系建立的第一年(2014 年),河北省财政厅采取现场考评的方式开展绩效考评工作。这种考评方式需要各单位(处室)年终统一梳理各项工作,整理各种资料。对工作较为琐碎的单位(处室)来说,一方面整理工作量比较大,另一方面一些工作过程中的相关资料容易收集不全。比如,行政政法处负责 60 多个部门的预算管理,这些部门虽然资金量小,但“麻雀虽小,五脏俱全”,预算编制、执行进度、结余结转、专项资金管理等各种工作一项都不少,采取现场考评的方式,费时费力不说,很多过程资料的缺失甚至会影响考评结果的客观公正。2015 年,河北省财政厅改进了日常管理模式,在每项指标的关键节点以及月小结中即时记录各项工作进展和有关资料,所有指标全部“过程留痕”,不仅日常管理水平迈上了一个大的台阶,年终考评小组在标准化绩效管理信息系统中直接完成考评工作。“这种管理方式不仅使日常各项工作更规范了,年底总结有了素材,考评时也不用再准备什么资料,我们只管集中精力把手头工作完成好,就足够了。到了一定的时间节点,领导会提醒我们工作偏差,考评小组会通报工作完成结果,绩效办会发布考评成绩,省时省力省心,结果又十分客观公正。”行政政法处的小王说。

第二节　帮干部职工把工作做好

即便是一个智慧超群、业务娴熟、经验丰富的人,也难免存在工作思维和方法上的局限性,也有可能在自觉或不自觉中遇到诸多障碍,致使绩效计划的执行进展、绩效状态出现偏差,因此有必要通过绩效辅导加以应对。积极地开展绩效辅导,在日常管理中帮干部职工把工作做好,是绩效监控的重要环节,是绩效监控现实意义的重要体现。

一、什么是绩效辅导

在标准化绩效管理体系运转过程中,要及时解决出现的问题,有针对性的绩效辅导必不可少。绩效辅导主要是对标准化绩效管理体系及各项工作内容的培训、解读和指导,绩效辅导的方式包括业务培训、会议传达、工作面谈、平台交流等多种形式。

☆ 从辅导的内容看,绩效辅导方式可分为具体指示型辅导、方向引导型辅导和鼓励促进型辅导:

> 具体指示型辅导是对于完成工作所需知识及能力较缺乏的干部职工,需要给予较具体指示型的指导,帮助其把要完成的工作分解为具体的步骤,并跟踪完成情况。当某名干部职工从事新的工作,或者难以独立完成某项工作时,可以采用此种辅导方式。

> 方向引导型辅导是指对于具有完成工作的相关知识和技能,但是遇到困难或问题的干部职工,需要给予方向性的指引。当干部职工效率低下、工作热情不高时,可以采用此种辅导方式。

> 鼓励促进型辅导是对具有较完善的知识和专业化技能，而且任务完成顺利的干部职工，应该给予鼓励和继续改进的建议。

☆ 根据对象范围不同，绩效辅导分为统一辅导和即时辅导：

> 统一辅导指年初绩效计划下达后，组织通过业务培训、会议传达等方式，对计划执行中的共性问题进行统一辅导。

> 即时辅导指通过平台交流、工作面谈、电话、邮件等方式，对个性问题进行即时辅导。

二、何时需要绩效辅导

针对不同的问题，不同的辅导对象，辅导时机、辅导方式的选择要有所不同。有些问题要在发现时第一时间辅导；有些问题则应该冷处理后择机辅导。常见的辅导时机主要由以下几种：

* 干部职工正在从事一项新的工作（比如新入职人员，轮岗工作人员）。此时的绩效辅导，辅导内容要准备充分，并且采用正式的辅导方式，如专门的培训会，会后也可以布置相应的作业，以检验干部职工学习效果。这样一来，会引起干部职工的重视，学习新知识、新技能也会事半功倍。

* 干部职工正在从事的工作，由于方法问题导致效率低下，采取其他方法能够更有效的完成工作。此时的绩效辅导，辅导内容要有针对性，辅导方式不必太正式，可以采用面谈的方式，在肯定干部职工工作努力程度的前提下，同干部职工探讨更好的工作方法。辅导下来，干部职工也更容易接受。

* 干部职工被抽调从事一项紧急任务或临时重大攻关任务时。此时的绩效辅导，应通过正式会议的形式进行，向干部职工阐明工作任务的重要性、紧迫性，共同探讨完成工作的方式方法。

* 干部职工未能按要求、标准完成工作时。此时的绩效辅导，应帮助干部职工查找问题原因，并制定改进计划，做出补救措施。

* 干部职工不清楚工作任务的重要性时。在日常工作中，有些干部职工可能会对自己从事工作的重要性认识不足，从而在工作中漫不经心，影响整体工作进展大局。此时的绩效辅导，可以通过与干部职工一对一谈心的方式进行，在辅导的过程中要注重对干部职工的引导，激发其工作热情。

以上列举的仅为工作中常见的辅导时机，各级领导干部认为有必要时，可以随时对下级进行工作辅导。

在河北省财政厅的绩效管理推行之初,很多同志对于将具体工作量化为一个个的带有“数字”考评标准指标难以接受,认为与实际工作脱节,难以完成。针对这种情况,厅长就财政工作与标准化绩效管理的相结合的实践问题亲自给大家授课,详细讲授标准化绩效管理的理念、模式和操作方法;绩效办也多次聘请知名大学教授、标准化管理机构、绩效管理专家给大家讲解现代管理理论和知识。同时,还组织绩效管理人员走进处室,面对面与大家开展交流,答疑解惑,手把手教大家实际操作,一步步提示各环节应注意的关键技术和方法。通过多种形式的辅导培训,营造一种鼓励大家承担责任、勇于创新的氛围,广大干部职工对于绩效管理的态度由一开始的“抵触”慢慢变为“接受”。在辅导的过程中,上下级之间、同级之间也建立起了更为密切的联系。

三、怎样开展绩效辅导

一般来说,一个正式的绩效辅导过程通常包括以下几个步骤:

* 资料收集。在进行绩效辅导前,上级领导应当全面地掌握下级干部职工的绩效工作资料,具体包括干部职工所处岗位的岗位说明书、干部职工承担的绩效指标、绩效监控过程中搜集的绩效执行信息等。同时,上级领导应该有针对性地准备绩效辅导提纲。

* 辅导前准备。正式开始辅导活动前,上级领导应让下级干部职工了解绩效辅导的目的和主题,以免绩效辅导开展得太过仓促,达不到预期效果。同时,上级领导也应当就绩效辅导的时间和地点征询干部职工的意见,营造平等的沟通氛围。

* 协商沟通。进入正式话题后,上级领导首先要就目前的绩效现状与下级干部职工进行沟通,从而保证对干部职工的辅导是基于双方共同认可的绩效现状。在这个阶段,上级领导应当给下级干部职工发表自己见解的机会,尽量避免单方面地压迫式的陈述现状。

* 深入讨论。双方就现状达成一致后,就可以继续讨论改进现状的方案了。在这个阶段,上级领导应该更多地引领下级干部职工主动思考,多提出一些开放式的问题,鼓励其表达自己的观点。在充分理解下级的观点后,上级领导便可以表达自己的想法,最终在互动式的探索中达到期望的结果。

* 细化方案。如果双方认可了改进现状的方案,就应该制订方案实施的计划表,进一步明确行动的步骤、行动的时间表、要达成的阶段性成果和相应的资源支持。

* 鼓励支持。在绩效辅导结束前,上级领导要表达对下级干部职工的鼓励和支持,

给干部职工实施改进计划的信心。经过绩效辅导,干部职工可以清楚地认识到自己取得的成绩以及存在的问题。

第三节 过程好自然有好结果

绩效计划的执行过程决定着考评时的最终绩效状态。绩效执行理想的状态虽然是各单位(处室)与岗位(个人)按照绩效目标进行自我管理、自我控制的过程,但如果完全放任自流的话,就容易因种种原因导致最终不受控制的糟糕结果。因此,不应让这个过程完全顺其自然而不管不问,而应通过科学的"过程管理"来实施积极的干预,包括要求做出阶段性记录、制定阶段性计划、进行阶段性总结,以及对偏差的及时提醒等内容。

一、怎样进行过程管理

对各单位(处室)和工作人员的绩效监控主要通过"周记录、月计划、月小结"的过程管理模式来实现。简单来讲,就是以周为单位,每周记录各项指标(工作)完成进度;以月度为单位,每月初制定绩效指标月度完成计划,月底就绩效指标完成情况进行总结。采取逐级编制、逐级汇总、逐级审核的方式开展。各单位(处室)的周记录、月计划、月小结由部门主管厅领导审定,工作人员的周记录、月计划、月小结由上一级负责人(上一级领导)审定。

这一环节的操作完全在标准化绩效管理信息系统中实现,具体流程和要求是:

* 编写周记录。每个周末(周五下午)或者下一周周初,各单位(处室)和岗位(个人)通过标准化绩效管理信息系统编制周记录。周记录的依据是单位(处室)和岗位(个人)承担的绩效指标完成情况,各岗位(个人)首先根据工作进展,录入指标完成进度,并上传相关资料;各单位(处室)再根据岗位(个人)指标完成情况,编制单位(处室)周记录,录入二级(单位)指标完成情况。

* 制定月计划。每个月初,各单位(处室)和个人通过标准化绩效管理信息系统编制当月工作计划。干部职工根据自己承担工作指标从时间、数量、质量等方面制订本人下月工作计划;单位(处室)根据实际工作情况,由本单位(处室)主要负责人按照指标节点,逐条从时间、数量、质量等方面制订本单位下月工作计划。

* 制定月小结。每个月末,各单位(处室)和岗位(个人)对本月工作完成情况进行总结,录入有进展的各指标进度。需要强调的是,月小结需上传领导评价、原始文档、影

像材料等绩效指标完成的佐证材料,实现过程留痕,并作为绩效考评和绩效改进的重要依据。

“周记录、月计划、月小结”看似繁琐、增加了干部职工的工作量,实则不然。“周记录、月计划、月小结”有很强的便捷性和时效性。便捷性指对照当前绩效指标,在每周编写工作记录,在每月下旬同步进行下月计划制订和当月工作小结,比照计划写总结,比照总结编写下月计划,拉出单子,录入系统,操作简便易行;时效性指通过“周记录、月计划、月小结”,能够标明各项指标完成进度,单位(处室)及其工作人员对本周、本月干了哪些工作、干到什么程度一目了然,对下步需要开展什么工作心中有数,避免工作延误。

为了更方便干部职工编制月计划,河北省财政厅在标准化绩效管理系统中设置了一定的规则,比如,录制本月月计划时可以查看上月完成情况,可以提取相关指标标准,没有开始或已结束的指标只需要注明“未开始”或“已完成”,等等,这些信息化手段大大减少工作量,提高工作效率,使干部职工真正能够专注于工作进展,专注于指标内容,而避免花费过多的精力在繁琐的技术操作层面。同时,对不同角色设置不同的监控权限,上级领导可以随时掌握自己分管工作进展情况,从而实现绩效监控对绩效指标的层层覆盖。

可以说,“周记录、月计划、月小结”是一项非常科学的过程控制方法。对于各级领导干部来讲,“周记录、月计划、月小结”有利于及时掌控当前重点工作完成情况及下一步需要开展的工作,提前谋划,统筹安排,同时可以总结工作完成情况,及时发现工作中存在的问题并加以整改,不断提高业务工作水平。对于单位(处室)和岗位(个人)来讲,“周记录、月计划、月小结”既能够体现上月工作量,反映工作的努力程度,又能够主动谋划、提前介入相关工作,提高工作积极性和主动性。

二、问题要解决在萌芽状态

作为管理的一项基本职能,控制的功能就在于及时发现计划执行中的偏差并有效纠正偏差,使其迅速回归正常的绩效状态。标准化绩效管理设置了绩效提醒这一方法来实现上述目标,着力把问题解决在萌芽状态。

> 人工绩效提醒。各级领导干部或绩效办针对绩效目标指标的执行情况,通过指标数据的日常采集、监控分析,对执行不到位的单位(处室)和岗位(个人)发布提醒信息。被提醒者按要求进行提醒响应,超过时间节点提醒自动消失,响应信息被自动计入系统。

> 自动绩效提醒。在标准化绩效管理各环节中,对有完成时间节点的指标、月计划、月小结,信息系统在节点前规定时间自动向单位(处室)或岗位(个人)发布提醒信息。绩效提醒在各单位(处室)和岗位(个人)的标准化绩效管理主界面有醒目的提醒标示,被提醒者接到提醒信息后,要按照提示信息进行提醒响应,并做出应对措施。

2016 年,河北省财政厅进一步对标准化绩效管理信息系统进行了升级,其中继续增设提醒功能是升级内容之一。在周记录、月小结前增加弹窗提醒功能;在每季度末月计划录入前添加工作负荷系数评定提醒功能,如不评定负荷系数,则无法录入月计划。对于周记录、月小结、工作负荷系数评定,加入分阶段提醒功能,在规定完成时限前 3 天进行绿色提醒,在规定完成时限前 1 天进行黄色提醒,未规定完成时限完成的给出红色警告,完成后提示自动取消。这些功能看似简单,但对日常管理的促进作用已经逐步显现,特别是对那些工作习惯不太好的干部职工,起到了有效的提醒作用,正在帮助他们逐步养成良好的工作习惯。

本章小结

本章主要介绍绩效监控的基本理念、主要内容、实施要求及管理流程。主要内容和结论如下:

1. 绩效监控的目标和要求是真正将管理做在日常,帮助干部职工解决工作中遇见的难题,纠正绩效目标指标执行中存在的偏差。“过程好自然有好结果”,规范有效的绩效监控能够确保绩效计划的顺利实现。

2. 从概念上来讲,绩效监控就是指在绩效管理闭环运转过程中,通过对部门及个人绩效进展和效果进行持续的记录、检测和控制,对在实现绩效目标中出现的各种偏差进行纠正、对工作人员进行适当激励,以确保绩效目标指标实现的过程。

3. 绩效监控主要包括绩效辅导、过程管理和绩效提醒三项内容。绩效辅导主要是对绩效管理体系各项内容的培训、解读和指导,绩效辅导的方式包括业务培训、会议传达、工作面谈、平台交流等多种形式。过程管理主要是对绩效目标指标执行情况进行过程考量和节点控制。绩效提醒是指对绩效目标指标执行以及其他相关工作不到位的情况做出提醒或督导,分为自动提醒和人工提醒。

4. 绩效监控基本要求是过程留痕、全面覆盖绩效计划执行的各个环节和各个方面和重点关注关键绩效目标和指标,发挥指导、调整、反馈和激励作用。

第五章 让努力程度决定考评结果

对下属单位(处室)和个人工作完成情况进行考核评价是各级行政部门最常用的管理手段,也是管理中最难把握的核心环节。从长期的行政管理实践来看,产生“干多干少差不多”这一问题的根源,正是因为传统管理中的考核评价难以准确衡量工作努力程度。怎样实现绩效考评过程和结果的更加客观公正,怎样实现不同性质、不同内容工作考评结果的横向比较,怎样实现对干部职工的正确引导?这些问题都是长期困扰各级行政部门的管理难题,也正是标准化绩效管理需要解决的难点。可以说,绩效考评是否科学、合理、公正、可行,从整体上决定着标准化绩效管理的水平与效果。

第一节 一把尺子量到底

掌握好尺度是考评结果客观公正的基本要求。标准化绩效管理建立起科学合理的绩效指标和评价体系,又一步一步将管理做到了日常,这为绩效考评奠定了坚实的基础。考评阶段首要的关键工作,是对照年初设定的指标标准,准确衡量工作完成情况,确保“一把尺子量到底”,量出大家公认的结果。要做到这一点,必须解决好“谁考,怎么考,以及考评数据从哪里来”等问题。也就是说,要有互相监督、互相制约的考评主体,设定公开透明的考评程序,采取科学有效的考评方法,特别是要注重用好日常管理数据和信息技术,尽最大可能、最大限度提高考评过程、数据和结果的客观性。

一、谁考

通用电气公司总裁韦尔奇认为,职工对自己的本职工作比经理们(管理者)清楚的多。下车伊始,他就在公司实行了“全员参与”制度,那些平时没有机会互相交流的员工都能出谋划策、参与管理,工作积极性被更好调动起来,特别是将考核评价交付员工自主管理,充分的信任和自主参与,反而使得以往难以把握的考评变得简单、有效,结果也得到了员工的普遍认可。实施这一制度后,通用电气公司在经济不景气的大背景下实现了较快发展。

大量管理实践表明,员工参与管理不仅能提高工作效率,而且能激发员工强烈的责任感。对行政部门更是如此,绩效考评环节如果能够为广大干部职工创造更多机会,让他们积极参与到管理中来,可以有效增强考评阶段的沟通和协调,提高考评结果的公信力。

实际工作中,河北省财政厅针对不同考评对象和考评内容,确定了被考评者个人、单位(处室)、考评小组、监督小组、相关职能单位、绩效办等多种考评主体,明确了考评中的审核、复核、监督等责任,这种适度分权、各负其责的考评责任划分确保了考评结果的客观公正、群众公认。

* 被考评者个人:每名干部职工负责对自己承担的三级(岗位)指标的自评。

* 单位(处室):负责对照绩效指标考评标准,逐项审核绩效管理信息系统数据及相关证明材料等考评依据,完成本单位(处室)一般工作人员三级(岗位)指标自评结果的审核工作。

* 考评小组:每年年初由绩效办组织成立若干考评小组,成员从各单位(处室)干部职工中抽调,负责对单位(二级)指标的考评,以及三级(岗位)指标考评数据的核查。

* 纪检监察室及机关党委:负责对各单位(处室)党风廉政建设和干部职工廉的考评。

* 人事教育处:负责对干部职工德、勤的考评。

* 监督小组:负责监督考评过程,确定指标考评结果。

* 绩效办:负责组织整体考评过程,审核指标考评数据。

二、怎么考

要想考出客观公正的结果,必须有规范严密、公开透明的考评程序。实际工作中,标准化绩效管理体系采取季度和年度相结合的方式开展绩效考评,将绩效考评流程划分为"考评准备、单位(处室)及岗位(个人)考评、考评结果生成"三个阶段。每个阶段又细化为很多具体步骤,"考评准备"包含考评工作方案制发、考评清单制发等基本内容,"个人及单位考评"包含生成指标原始得分、申辩申诉等基本内容,"考评结果生成"包含生成换算得分、生成考评总分、同级别排名、考评结果展示等基本内容。这里只介绍一些关键步骤:

＊ 生成指标原始得分。考评小组按照考评清单将单位、岗位指标考评数据录入标准化绩效管理信息系统，系统软件按照指标考评标准及评价方法自动生成各单位（处室）和岗位（个人）的绩效指标原始得分，这一得分将业务执行和完成情况作为绩效考评的客观依据，原汁原味地反映了指标对应业务工作的实际执行情况。考评清单一般是从绩效计划指标中选取，也可根据实际工作进行部分追加。

对各单位（处室）来说，信访工作、督察督办、人大代表建议和政协提案等指标对应的工作年初难以确定是否发生，河北省财政厅将这些指标定为年终按照“添指标法”统一结算，按照既定星级纳入承办单位指标体系（比如，督查督办工作可确定为20件以上5颗星，15—20件4颗星等），并按照星级动态调整所有指标基础分值。

＊ 申辩申诉。在绩效考评结果最终确定前，考评对象对绩效考评结果有异议的，可向绩效考评主体提出，并提供相关证据，考评主体应就此进行核实，并根据核实情况做出是否对绩效考评结果进行调整的决定，确保绩效考评结果客观公正。单位（处室）、岗位（个人）指标的初始得分修正后，即为绩效指标原始得分。

为确保结果的客观公正性，河北省财政厅在绩效考评时设置了申诉申辩流程。申辩申诉是各单位（处室）及其工作人员提出申辩申诉理由证据、考评主体复核信息的过程。这个过程的逻辑关系是：申辩→申辩信息复核→申诉→申诉信息复核。单位（处室）及其工作人员在得分发布后规定时限内向绩效办提请申辩。绩效办根据申辩内容，按照管理权限，将申辩事项交由考评小组或其他责任单位调查核实，并反馈复核结果。申辩人对复核结果仍有异议的，可在接到复核通知后规定时间内向厅党组提请申诉，厅党组裁定为最终裁定。

＊ 生成换算得分。绩效指标原始得分结果主要反映了考评对象绩效指标的完成情况，不能有效体现不同考评对象工作量、工作难度和实际贡献的差异，即绩效考评结果的横向可比性较差，应根据不同考评对象的实际情况，对其绩效考评结果进行换算，使考评结果能够客观反映出每个单位和工作人员的努力程度（换算原理和方法详见本章第二节）。

＊ 生成考评总分。单位或个人绩效指标换算得分按照特别加扣分结果修正后，减单位党风廉政建设或个人德勤廉扣分，即为绩效考评总分。其中，根据党风廉政建设和个人德勤廉考评结果确定考评等次，“优秀”、“较好”等次的，不扣分；“一般”和“较差”等次的，将实际得分与“较好”等次最低分值的差额作为扣分分值。

＊ 同级别排名。即按照单位性质和个人职级不同分类排名。一般来说，按照行政

部门惯例单位（处室）可分为业务管理类、综合管理类和事业单位类；个人按照职级分类排名。

2015年1月4日至2月6日，河北省财政厅开展了2014年度厅内绩效考评工作，考评了厅内各单位（处室）及其负责人、其他工作人员承担的各项绩效指标完成情况和特别加扣分情况。主要步骤如下：

（一）自评与民主测评阶段（1月6—9日）

各单位（处室）及其一般工作人员对照考评清单、指标考评标准、第三方评价指标考评数据，分别完成对单位指标和岗位指标的自评，准备相关证明材料。各单位完成本单位一般工作人员自评结果的审核工作，修改指标执行数据，分配单位共性指标分值，评价工作负荷系数，准备单位（处室）和岗位（个人）特别加分项目申请资料。人事教育处、监察专员办公室、机关党委等单位完成厅内各单位党风廉政建设和工作人员德勤廉等方面的民主测评工作。

（二）现场考评阶段（1月12—16日）

从各单位抽调正职、分管绩效工作的副职、绩效联络员及具有绩效管理工作经验的人员，组成8个考评小组，另设监督小组。考评小组到所负责单位进行现场审核，完成所负责单位指标执行数据的审核工作，留存考评证明材料，撰写所负责单位绩效考评报告。同时，核查一般工作人员考评数据和特别加分申请资料。考评中，考评小组对未完成的绩效指标按照考评标准进行了扣分。其中，涉及多个处室的扣分指标包括“加快支出进度”、“年终结余结转率”、“年初预算到位率”等3项业务指标以及“政治理论及业务学习和组织生活开展”、“标准化及绩效管理”、“综合文稿”等3项共性指标。

监察专员办公室同步完成厅内各单位党风廉政建设和工作人员廉的考评，人事教育处同步完成对工作人员德勤的考评。

（三）审核汇总阶段（1月19—23日）

绩效办完成对各考评小组提交的单位和一般工作人员考评资料进行了审核，并留存相关证明材料；对特别加扣分材料进行汇总，分类提交厅党组、绩效管理改革领导小组审定；通过行政绩效管理系统生成绩效指标原始得分、各单位分管副职责任系数、分管副职和一般工作人员负荷系数，汇总形成2014年度绩效考评初步结果，在系统内进行公示。

(四)考评结果生成阶段(1月26日—2月6日)

各单位(处室)及其工作人员对绩效考评结果有异议的,按照规定程序进行了申辩申诉。绩效办按照申辩申诉结果修正初步原始得分,生成最终原始得分;通过行政绩效管理系统对年度绩效考评原始得分进行换算计算,生成全年各单位(处室)及其工作人员的绩效考评总分,形成最终绩效考评结果。

在考评各个阶段,厅党组多次研究、充分听取了各方面反馈的意见,对广大干部职工提出的建议逐条进行斟酌,召开多次专题会议研究解决方案。在申辩申诉环节,非常重视各单位(处室)及其工作人员的各种诉求,根据实际情况对部分绩效指标执行数据进行了修正。总体看,2014年度绩效考评结果基本做到了“八九不离十”,厅内各单位、各单位副职、一般人员的分数跟大家的日常印象绝大多数是比较一致的。

2015年,河北省财政厅进一步改进了考评方式,全程网上操作,不再进行现场考评,不仅使考评结果更加客观,也大大提高了工作效率。

三、数据从哪来

指标执行数据真实准确是考评结果客观公正的前提。但对行政部门来讲,由于业务范围宽泛,指标种类繁多,加上长期以来形成的传统管理思想、方式和方法的影响,很难做到指标执行数据完全真实准确,有时甚至难免带些“人情味”,影响考评结果的客观公正。在实践中,河北省财政厅摸索出一套行之有效的数据采集模式。可以概括为三个“用好”:

* 用好日常管理数据。2014年,绩效考评采取现场考评的方式进行,由考评小组在年度考评阶段,对绩效指标执行情况逐一审核相关佐证材料。这一考评方式类似于目标管理,具有明显的结果导向。比如,有的指标上半年甚至第一季度就已经执行完成,相关佐证材料缺失,给考评带来一定难度;有的指标完成结果佐证材料充分,但过程数据不全,只能完全按照结果给予考评得分。2015年,从年初就将管理做到了日常,通过周记、月结及时上传指标执行数据,各项工作开展过程、完成结果全程留痕,考评时不再到各单位(处室)现场考评,而是通过标准化绩效管理信息系统直接提取日常管理数据,指标执行数据的真实性、准确性大大提升。

* 用好第三方数据。对各单位(处室)共同承担的共性指标和多个单位同时承担

的指标，前者如公文处理，后者如预算执行进度，由相关职能单位（处室）提供指标执行数据。这些指标在绩效计划阶段，就由职能单位（处室）设定考评标准和考评方法，多轮征求被考评单位（处室）和岗位（个人）的意见建议，在平等磋商、深入沟通的基础上，明确了大家公认的日常做什么、年终考什么、怎么考等内容。考评阶段，相关职能单位（处室）提供指标执行数据，由绩效办汇总公示，然后交考评小组作为考评依据，透明公开的指标数据来源和获取过程，使考评结果较好地反映了工作实际，得到了各单位（处室）、广大干部职工的广泛认可。

* 用好信息技术。按照采集方式，考评数据分为审核评价和系统获取两类，其中系统获取指从各类信息系统中提取考评数据，这类数据一般真实准确性较高。因此，在实践中应不断提升系统获取类指标比重。2015 年，河北省财政厅有计划地为各个管理信息系统搭建接口，逐步实现信息系统一体化运行，在提高系统获取类指标比重的同时，即时从相关管理系统中提取指标执行数据，比如，公文处理指标执行数据从办公自动化系统中提取，交办督办事项办理过程和结果从督办系统中提取，预算编制、执行等指标执行数据从预算编审系统、国库管理系统中提取，确保了这些指标执行数据的真实、准确。

第二节 考评结果关键要"可比"

只有实现单位（处室）、岗位（个人）考评结果之间的横向可比，才能真正体现出努力程度不同，也才能为考评结果的合理应用打下基础。在推行标准化绩效管理之初，河北省财政厅就将考评结果横向可比作为攻坚的难点，经过反复研究、反复比较、反复实践，选好"参照物"，建立"坐标系"，运用统计学和数学方法，将绩效考评原始得分换算成相对可横向比较的最终结果，破解了行政部门推行标准化绩效管理的瓶颈。

一、"跳高""跳远"不一样

一项国际田径比赛中，我国跳高运动员跳出 2. 30 米的高度，而跳远运动员跳出 7. 63 米的成绩，那么这两项成绩哪项更好？显然高度和长度难以放在一起比较，必须参考国内、洲际、世界纪录，以及其他运动员成绩等因素，综合衡量，才能确定出哪个项目表现更优异。对行政部门更是如此，性质不同的两项工作，一项绩效考评得分率 95%，一项绩效考评得分率 80%，哪项工作付出的努力多？直观上可能第一项工作完成的更好，但第一项工作全国平均得分率达100%，第二项工作全国平均得分率只有75%，实际上可能第二项工作付出的努力更多。

行政部门业务范围宽泛、种类复杂，很多工作性质、内容、难度、工作量差异很大，同时不同单位（处室）绩效指标在量化程度、分值权重的摆布、考评标准的设定等方面也可能存在差别，如果简单地进行绩效结果对比、排队，就难以反映工作努力程度，绩效考评也就失去了实际作用，考评结果的应用更是无从谈起。

为实现不同工作考评得分之间的横向可比，必须引入统计学方法，实现相对的间接比较。简单说，就是设置一个相对客观、清晰、公认的"坐标系"，明确各项工作（指标）统一的"参照物"，将不同工作的绩效得分与参照物比较，运用平均值、标准差、平方差、离散系数等数学方法和统计学原理，经过多轮运算、多次换算，计算指标得分的"含金量"，消除各单位（处室）、各岗位间职责分工的先天差异，把原始得分"兑换"成可比的绩效得分。这一原理类似于其他货币绑定美元的兑换政策，这里美元就是一个统一的"参照物"。因此，有人把绩效分值"换算"形象地比喻为各种货币兑换美元的过程。绩效管理中的"美元"，也就是"参照物"可设定为所有指标的平均得分水平，即平均得分率。

二、建好"坐标系"

从统计学原理来讲，两组数据的质量可以通过标准差、平均值等参数比较的。因此，将同类指标绩效得分列入样本，把一项指标绩效得分扩充为一组得分数据，再与所有指标得分组成的数据组进行质量比较，就可以换算出每项绩效指标得分的"含金量"。梳理各级行政部门的机构设置、工作类别，有以下四种思路可以根据工作实际灵活采用。

——利用下级数据实现可比。考虑一些行政部门上下级之间机构设置较为统一、工作内容一致、管理方式相同，比如实施垂直管理的国地税系统，省市局之间同单位（处室）的同一项指标属上下承接关系，性质相同、要求基本相同、考评主体类似。这类机关可将下级机关同一项绩效指标得分率列入样本，组成绩效得分数组，换算出指标绩效得分"含金量"。对工作内容上下级不完全一致的，还可以根据工作实际，按照工作性质将各单位（处室）指标合理分类，下级有同一指标的进行换算，下级未开展相关工作的不再换算。比如，可分为基本职责指标和关键绩效指标。其中，基本职责指标是指各单位按照"三定方案"必须履行的职责；关键绩效指标是由战略目标分解的指标，且该指标适用对下级考评。考评时利用下级关键绩效指标数据,运用平均值、标准差等数学方法进行换算,得出关键绩效指标的可比分数,再与基本职责指标得分合并进行横向排队。此方法要求上下级机关机构设置和管理方式相似度较高,并且可能需要对指标进行科学分类,相对难度和工作量较大。

——利用历史数据实现可比。在历史数据基础上建立可比坐标系,又可分为两种方法。一种方法是搜集多个年份的历史数据,计算同一指标历史各年份得分,将单个绩效得分扩充为一组分年度得分数据,再运用平均值、标准差等数学方法进行换算,得出可比分数。另一种方法是搜集各指标的历史数据,特别是各指标上年度同期数据,在历史水平上严格按照"跳一跳,摘得到"的原则,统一"增量"确定绩效指标标准,年终考评后直接排队。此方法存在历史数据难以搜集、工作量大等缺陷。

——利用同类指标实现可比。根据指标类型和数据来源分析,虽然各指标之间不具有可比性,但一些业务相近、数据来源一致的指标具有较强可比性。因此,对一些管理面宽、下属单位(处室)较多的行政部门,可考虑充分利用同类可比指标选择余地较大的优势,将绩效指标按照可比性合理分类,运用平均值、标准差等数学方法对考评的原始得分进行换算,以得出相对可比的分数。比如,可将指标分解为行政管理类和业务类指标,每类再细分为量化指标和非量化指标,根据数据来源又细分为系统获取类和综合评价类指标,这样指标就细分成多类指标,直至考评标准基本相同,每类指标的可比性就大大增强。再用平均值、标准差等数学方法对每类指标考评的原始得分进行换算,实现不同类型指标间的可比。此方法与同一指标不同层级间的换算、排队相比,存在精确性不足、指标分类难度较大等缺陷。

——设定系数实现可比。对一些工作相对简单、历史数据难以收集,同时也不能利用下级数据实现可比的行政部门,可为每个单位(处室)设定"单位负荷系数"或称"单位换算系数",实现横向单位可比。待运行一个时期后,再运用积累的历史数据建立坐标系实现可比。此方法初期主观性较强、精确性较差。

三、"换算"出努力程度

有了"参照物",建好了"坐标系",就要进行关键的得分换算了。在各项统计指标中,平均值、标准差是衡量不同数据组质量高低的重要参数。因此,选取平均值和标准差来计算指标得分的"含金量"。

实现不同单位(处室)之间可比的具体思路是:一是利用平均值计算不同指标得分的

"含金量"。统计学中,平均值是衡量一组数据平均质量的,可用来计算指标分值的"含金量"。简单讲,平均分低的指标(不容易得分),整体调高该指标分数;平均分高的指标(容易得分),整体调低该指标分数。举一个例子(以利用上下级数据实现可比为例),假设只有"政府性债务管控"和"文体活动组织"两条指标,其中"政府性债务管控"满分 10 分,但由于完成难度大,该指标全省各级平均分只有 7 分;"文体活动组织"同样是 10 分,全省完成的比较好,各级平均分 9 分。将这两条指标的得分与全部指标平均得分相比,把"政府性债务管控"指标的分值整体调高,平均分增加到 8 分,"文体活动组织"指标的分值整体调低,平均分减少为 8 分,实现指标得分在一个水平线上比较,或者说是在一个坐标系上比较。二是利用标准差计算指标分差的"含金量"。假设"文体活动组织"的全省最大分差 0.1 分,"政府性债务管控"的全省最大分差 1 分,那么,"文体活动组织"指标比别的单位高 0.1 分,就相当于"政府性债务管控"指标比别的单位高 1 分。

对个人来说,除因所属单位(处室)工作性质不同导致不可比外,不同单位(处室)考评时手松手紧的尺度不同,也是导致不可比的重要因素之一。因此,在消除指标难易程度和离散程度的差异后,有必要消除单位(处室)之间的考评执行尺度差异。实际工作中可进行两步换算。第一步,消除不同指标间的得分难度差异和分值离散程度差异,换算原理与不同单位(处室)绩效指标得分换算原理相同。第二步,消除不同单位(处室)考评时手松手紧的尺度差异,基本做法是:一是确定不同单位(处室)工作人员的"参照物",为实现不同人员绩效考评得分的可比,也必须设置一个相对客观、清晰、公认的参照坐标,因每名工作人员的绩效基础得分都是双百分,这个"参照物"可设定为所有单位(处室)工作人员的原始平均得分。二是确定指标得分与"参照物"的比较方法,将同一单位(处室)工作人员绩效得分列入样本,将单个人员绩效得分扩充为一组得分数据,再与全部人员绩效得分组成的数据组进行质量比较,从而实现不同单位(处室)之间工作人员原始绩效得分"含金量"的比较。三是计算不同部门工作人员原始绩效得分的"含金量",就是平均分低的单位(处室),整体调高工作人员分数;平均分高的单位(处室),整体调低工作人员分数,从而保证执行尺度严的单位(处室)不吃亏,执行尺度松的单位(处室)不占便宜。举个简单的例子,考评执行尺度松的单位(处室),在第一次换算后会出现单位(处室)内所有人平均分偏高的情况,假设某单位(处室)人均得分 99.9 分;考评执行尺度严的单位(处室),则会出现单位(处室)内所有人平均分偏低的情况,假设另一单位(处室)人均得分 85 分。第二次换算就是把得分高的单位(处室)所有人的分值统一按比例调低,使平均分降到 92.5 分,把得分低的单位(处室)所有人的分值统一按比例调高,使平均分升高到92.5分,这样就可以把两个单位(处室)的工作人员绩效得分放到一起来比较了。

考虑设区市财政局标准化绩效管理推进程度不一致,特别是绩效考评工作进度不一,河北省财政厅进行单位和岗位指标换算时,采用了按照厅内指标分类进行换算的方法,取得了较好效果。

※ 单位年度绩效换算得分。它是根据财政厅所有同类型单位指标的平均得分率和标准差,通过一系列消除所承担的各单位指标得分难度和分值离散程度差异的运算得出。计算公式为:

单位年度绩效换算得分=Σ{[(单项厅内单项绩效指标得分率-同类厅内绩效指标得分率平均值)×(各项厅内绩效指标得分率标准差平均值÷同类厅内绩效指标得分率标准差)+各项厅内绩效指标得分率平均值]×单项厅内绩效指标基础分}。

同类全部是满分的指标,换算后得分率降低到所有指标得分率的平均值。比如,某一指标得分率为100%,实际得分10.2564,换算后得分率为99.45%,换算得分10.1997。出现大范围扣分的同一指标,换算后指标的平均得分率将提高到全厅所有指标得分率的平均值,同时不同单位该指标的得分率向平均值靠拢,也就是说,得分率特别低的指标提高程度较大。比如,某处室"加快支出进度指标"得分率为70.6%,实际得分5.4308,换算后得分率为90.88%,换算得分6.9906,调高幅度28.72%;另一处室"加快支出进度指标"得分率为100%,实际得分8.0460,换算后得分率为104.58%,换算得分8.4142,调高幅度4.58%。

从2014年绩效考评结果看,综合类单位指标全部得满分,经过换算后单位得分普遍在994.8分左右;预算管理类单位,特别是部门预算主管处,支出进度和结余结转率指标分差较大,换算后平均分基本全部提高,且得分较低的单位调高的幅度较大,比如有的处原始得分在991分左右,换算后超过995分。

※ 个人年度绩效换算得分。单位(处室)负责人得分由按二级指标换算得分计算。其他工作人员需要进行两次年度绩效换算。第一次,根据财政厅所有同类型岗位指标的平均得分率和标准差,通过一系列消除所承担的各岗位指标得分难度和分值离散程度差异的运算得出。第二次,根据单位内所有同类型岗位指标的平均换算得分率和标准差,通过一系列消除所承担的各岗位指标换算得分难度和分值离散程度差异的运算得出。计算公式为:个人年度第二次绩效换算得分=(个人年度绩效指标换算得分-本单位工作人员年度绩效指标换算得分平均值)×(各单位工作人员年度绩效指标换算得

分标准差平均值÷本单位工作人员年度绩效指标换算得分标准差）+各单位工作人员年度绩效指标换算得分平均值。这样，一般工作人员普遍得分较高且分差不大的处室，将调低平均得分；得分较低且分差较大的处室，将调高平均得分，并缩小分差。因此，可能出现处室内相对得分较低人员二次换算得分更低的情况，也可能出现处室内相对得分较高人员二次换算得分更高的情况。

第三节 只要努力就给机会

标准化绩效管理建立在岗位平等、分工不同的基础上，绩效考评结果的客观公正、横向可比，只是较为准确地衡量了各单位（处室）、岗位（个人）完成绩效指标的努力程度。但是，行政部门很多工作的难易程度、工作量大小难以量化，不同岗位之间的工作量和工作难度也有不小的差异。因此，必须引入一些技术手段，更加客观地衡量全年工作努力程度的不同。尤其重要的是，标准化绩效管理不只是一种管理工具，更是一种导向、一种理念，更应通过适当的技术方法，引导广大干部职工主动想事干事，激发干事创业积极性。

一、群众的眼睛是“雪亮”的

从任何一个层面单独去观察一名干部职工，进而做出的判断评价都难免片面。比如，简单让某一个处室的处长去评价一名干部，有可能会受到个人好恶、偏见的影响，给出不够公正客观的评价结果。而综合各方面的信息，特别是综合广大干部职工的反馈信息，出现偏差的概率就会有效降低。因此，应当引入多维评价法，通过群众的眼睛，全方位、多角度、多层次的观察、掌握被考评者信息，对干部职工的努力程度进综合评价，尽量避免或减少误差，保证考评结果的相对客观、准确、全面和公平。

多维评价法是建立在管理学、心理学和行为科学的理论基础之上，如测量理论、印象管理理论和控制理论等。在绩效管理的考核评价阶段，这一方法较多地用在对个人的定性评价上。比如，通过处长、副处长以及处室其他同志对个人的工作努力程度进行评价，这些因素按一定的权重比例换算后，计入每个人最后的绩效得分。这对于组织、管理者和管理对象来说都有着非常重要的作用。对于组织，上评下、下评上、相互评，多渠道评价既有助于相互之间的了解，也使团队内部更加融洽和谐。对于管理者，综合多渠道的评价信息，对个人的评价更加准确、全面、完整，更有说服力。对于个人，综合各方面的评价,有助于更好地了解自己、改正不足。

标准化绩效管理中的工作负荷系数是多维评价法的具体应用。工作负荷系数是指单位内部不同人员之间进行工作量和工作难度评价的指数。实践中,河北省财政厅经过两年多的实践和微调,采取每季度评定工作负荷系数,年终统一计算的方法,对各级干部职工开展多维评价,较好地反映了工作实际。同时,考虑到每个单位(处室)内部各个岗位的工作量、难易程度不可能完全相同,如果把工作负荷系数都设置为一个等次,不但会挫伤责任重、工作多的同志的积极性,同时也会在一定程度上助长那些不干事的人,这是显失公平的。为避免这一结果的出现,在工作负荷系数的使用上又引入了强制分布法,按照"中间大、两头小"的正态分布规律,预先确定评价等级以及各等级在总数中所占的比重(例如,将负荷系数分为高中低三档,则相应档次的人数占比应分别为2:7:1),然后按照被考评者的努力程度将其列入其中某一等级。

河北省财政厅工作负荷系数评定方法:

工作人员全年工作负荷系数 = Σ(季度工作负荷系数)÷4。

(一)季度工作负荷系数总值

根据各单位(处室)被考评人数(N),采用"人均法"计算总值,人均值设为0.99,计算公式为:季度工作负荷系数总值 = 0.99 × N。

(二)季度工作负荷系数等次

设A、B、C、D、E五个等次,分别对应1、0.99、0.98、0.97、0.96。

(三)季度工作负荷系数评定方法

评价人可在总值范围内,对被考评对象评定季度工作负荷系数等次。被考评对象为1人的,可任意评定等次。被考评对象总数2人以上(含2人)的,不得全部评为一个等次。其中,A等次不超过考评对象总人数的30%,E等次不超过被考评对象的10%(四舍五入,不足整数按整数计算),B、C、D等次不设限制。

(四)季度工作负荷系数评定主体及权重

对各单位分管副职,由主管厅领导、本单位正职、本单位一般工作人员分别按照50%、30%和20%的权重评价得出,其中主管厅领导按照主管范围内所有分管副职总人数计算工作负荷系数总值，统筹设定工作负荷系数。对各单位其他工作人员，由本单位正职、本单位副职、本单位除本人外的一般工作人员分别按照50%、30%和20%的权重评价得出。

二、用好调剂手段

对改革发展中作出突出贡献的，或者日常工作有实质性创新的，给予特别加分，是树立正确导向、激励干事创业的必要调剂手段。同时，鞭策后进也必不可少。实际工作中，河北省财政厅设立了特别加扣分项目，就是根据行政部门内部各单位(处室)及其工作人员的工作结果或行为表现，对符合规定条件的增加或扣减其一定的绩效得分。但是，对特别加扣分的把握是一个技术难题，在特别加扣分项目上，可能会存在先天差异。比如，有的单位或者岗位因工作性质，没有加分的可能，造成先天性“营养不良”。为避免机会不均等导致的考评结果不公平，实践中应着重把握以下几点：第一，加扣分范围要小，标准要严，确实具有“特别”“与众不同”之处，发挥好特别加扣分激励引导或警示作用，体现工作导向。第二，加扣分的权重要充分论证，不能产生大的偏差，不能影响基本排序。绩效考评结果体现了一个单位(处室)或者个人的全年工作努力程度，不能出现仅靠加分就将考评结果从最后一档提高到第一档的情况。第三，确保加扣分机会的均等，做到起点公平。特别是对那些兢兢业业、默默奉献的岗位，要给予特别加分机会。

河北省财政厅绩效管理特别加扣分规定(2015版)明确规定：特别加分项目包括创新工作、突破性工作、其他加分三类。其中，创新工作是指当年谋划开展的，同时具备首创性(创造性)、有效性和实用性的工作项目，由厅内各单位在年度绩效计划环节自行申报，厅党组研究确定，年度绩效考评环节依据工作完成情况加分或扣分，包括重大创新、一般创新两档，预设分值分别为同类管理对象绩效换算得分最大分差(以下简称最大分差)的10%、5%，另设单位内部创新，作为各单位评定工作负荷系数的重要依据；突破性工作是指厅内各单位当年谋划开展的，取得突出成效的工作项目，由厅内各单位在年度绩效考评环节自行申报，厅党组研究确定后，每项加最大分差的5%；其他加分是对埋头苦干、甘于奉献、加分机会较少的一般工作人员，由分管厅领导提名，经厅党组审核确认后，每人加最大分差的3%。特别扣分项目包括行政行为有过错、行政权力运行有过错、行政违法行为、其他工作失误四类，扣分分值分别为最大分差的5%、5%、10%和5%，由厅领导或相关职能部门在年度绩效考评环节提出扣分意见。

2014年，河北省财政厅各单位共申报加分项目334项，厅党组确定加分项目76项。

其中，创新工作申报134项，确定18项；工作经验申报10项，确定1项；评先创优申报46项，确定13项；省部领导批示申报57项，确定7项；其他加分申报87项，确定37项。此外，为进一步提高特别加分的公平性，对难以获得加分机会的岗位，由分管厅领导在其分管单位内按照一般工作人员总数3%提名给予加分，共提名9名人员。2015年共评定"一般创新"10项，"单位内部创新"20项，突破性工作41项，全国会议经验交流6项。特别加扣分已经成为标准化绩效管理中不可或缺的组成部分，导向作用日渐凸显，现在厅内各单位（处室）每年初就主动谋划工作怎么创新、怎么突破，干部职工工作积极性、主动性明显增强，各项工作的完成标准也得到大幅提升。

三、把个人融入团队

标准化绩效管理将各项工作层层分解细化，落实到人头，但这并不意味着各自为战。增强团队向心力、凝聚力是标准化绩效管理追求的目标之一。因此，在个人和团队关系的处理上，应引导个人在自我管理、自我发展的同时，时刻关注他人、关注团队。为实现这一目标，标准化绩效管理在个人最终绩效得分设计上，较好地兼顾团队和个人，将个人最终绩效得分设计为两个组成部分：一是个人年度绩效考评总分，二是所在单位（处室）年度绩效考评总分。二者按照一定权重加总后，得出个人最终绩效得分。同时，将单位（处室）绩效成绩按一定权重加入个人绩效成绩具有内在合理性。一方面，个人的绩效与单位（处室）的绩效存在密不可分的关系，单位（处室）的指标向下分解到个人，个人绩效组成了单位（处室）绩效，两者的挂钩可促进个人为了单位（处室）的成绩而努力，增强个人的团队精神和集体荣誉感；另一方面，对单位（处室）的考评是由同一层面组织的，考评主体类似，不存在手松手紧等尺度不同问题，考评结果具有相对可比性，单位（处室）绩效在个人最终绩效成绩中占有一定权重也会相对降低个人绩效得分的不可比性。实际工作中，河北省财政厅将单位（处室）绩效得分占个人绩效成绩的比重设定在40%。

为实现干部职工绩效与单位（处室）绩效挂钩，同时体现单位（处室）副职之间承担工作量的差异，为单位（处室）副职设定了责任系数。责任系数是依据单位副职所承担工作在单位整体工作中所占比重计算得出的一种系数。同时，为避免简单利用所承担指标分值计算责任系数，造成得分差异过大，可为责任系数设定约束条件。

河北省财政厅责任系数设定方法：责任系数根据单位（处室）内各副职间承担单位指标分值的相对分差而计算得出。单位副职责任系数=（个人承担绩效指标基础分－

本单位所有副职承担绩效指标基础分平均值）×0.00002+1。2015年执行的是责任系数1.005的上限，对单位副职责任系数超过1.005的，统一按照1.005计算，将因责任系数影响而导致的最大分差控制在1分，既体现工作量不同，又不至于分差过大。关于最大分差的控制，需要在实践中根据指标完成情况逐步摸索。责任系数对最终结果影响过大，容易导致各单位副职在绩效计划阶段“抢”指标，或者硬性拆分指标，相应对指标完成的质量关注度降低，需要合理把握好“度”。

四、处理好特殊情况

一些行政部门内部包括松散型管理的二级机构等特殊机构，应在绩效考评时予以特殊处理。比如，对于行政部门内部存在的数个单位组成的合署办公机构，不宜单独作为考评对象，而是将其作为一个整体（单位）纳入绩效考评范畴；对于经营性事业单位，其部分人员管理和业务运行具有一定的相对独立性，应与其他单位区别对待，单独进行绩效考评，以便于其绩效结果应用。

河北省财政厅2015年对经营性事业单位实行了单独绩效考评。国富投资集团、票证文印中心、冀财产业股权投资基金公司和培训基地等经营性单位实行绩效目标管理。一是单位年初设定明确的绩效目标，总分设为100分，年终由考评小组对目标执行情况进行考评，单位得分既为主要负责人得分，各经营性单位（处室）及其主要负责人作为同一类别进行排名。二是各经营性单位参照农发办做法，内部自主实施绩效管理，制定内部绩效管理制度及指标体系，与厅内各单位同步组织，同步完成年度绩效考评。三是单位绩效目标顺利完成的，分管副职及工作人员得分平均值与厅内各单位同类人员得分平均值拉平后，分类纳入厅内排名；单位绩效目标不能顺利完成的，按照上述方法拉平，再统一乘以单位绩效目标得分率后，分类纳入厅内排名。比如，某经营性单位工作人员绩效得分平均值为96，A工作人员绩效得分99，厅内同类人员绩效得分平均值为98，当单位绩效目标完成率100%时，A工作人员换算得分＝99×（98÷96）×100%＝101.0625；当单位绩效目标完成率95%时，A工作人员换算得分＝99×（98÷96）×95%＝96.0094。

每个行政部门每年都会有发生岗位变动（含干部交流等情形）或者因长期借调、派出、病事假等外出超过一定时限的干部职工，对这些特殊人员也应提前考虑。其中，岗位变动（含干部交流等情形）的工作人员，其年度绩效得分由变动前后所在岗位绩效得分按照时间比例加权平均计算得出；长期借调、派出、病事假等外出超过一定时限的人员,根据外出原因区别对待,确保绩效结果的客观公正。比如,到艰苦地区挂职锻炼的人员,绩效得分就应该较高。此外,军队转业、系统外调入和达到最高任职年龄的人员,也应给予一个较为公平的绩效结果。

本章小结

本章主要介绍绩效考评的基本理念、考评方法、主要流程以及关键技术和关键节点的处理。主要内容和结论如下:

1. 用严密规范的考评程序和方法确保"一把尺子量到底"。绩效考评的核心理念是"让努力程度决定考评结果"。要实现这一目标,首先要保证考评结果的客观公正,重点是解决好"谁考,怎么考,以及考评数据从哪里来"等问题。实际工作中,河北省财政厅针对不同考评对象和考评内容,确定了被考评者个人、单位(处室)、考评小组、监督小组、相关职能单位、绩效办等多种考评主体,明确了考评中的审核、复核、监督等责任。在流程和方法上,采取季度和年度相结合的方式开展绩效考评,将绩效考评流程划分为"考评准备、个人及单位考评、考评结果生成"三个阶段,每个阶段又细化为很多具体步骤。在数据来源上,注重用好日常管理数据、第三方数据和信息技术,最大限度地追求客观公正。

2. 解决"可比"问题。设置一个相对客观、清晰、公认的"坐标系",明确各项工作(指标)统一的"参照物",将不同工作的绩效得分与参照物比较,运用平均值、标准差、平方差、离散系数等数学方法和统计学原理,经过多轮运算、多次换算,计算指标得分的"含金量",消除各单位(处室)、各岗位间职责分工的先天差异,把原始得分"兑换"成可比的绩效得分。

3. 处理好公平和机会的问题,更好地体现努力程度。引入工作负荷系数、责任系数等,全方位、多角度、多层次的观察、掌握被考评者信息,对干部职工的努力程度进综合评价,尽量避免或减少误差,保证考评结果的相对客观、准确、全面和公平;设立特别加扣分等调剂手段,重点是对改革发展中作出突出贡献的,或者日常工作有实质性创新的,给予特别加分,树立正确导向、激励干事创业;在个人最终绩效得分设计上,充分兼顾团队和个人,将所在单位(处室)最终绩效得分按一定比例计入个人托分,引导个人在自我管理、自我发展的同时,时刻关注他人、关注团队,增强团队向心力、凝聚力。此外,对调出调入等人员变动以及特殊单位(处室)还需进行特殊处理。

第六章 持续改进是管理的活力所在

总结改进是每个组织提升工作水平的重要手段。从传统行政管理来看,集中整改、年终总结等是比较普遍的做法,这种改进方式往往具有一次性、“运动”型改进的典型特征,在取得明显成效的同时,也逐渐显现出系统性、延续性不足等缺陷。标准化绩效管理将改进建立在健全的管理体系之上,设定了科学规范的改进流程和方法,对管理中发现的不足和差距,能够及时采取有针对性的措施予以纠偏,使各项工作和管理体系都持续不断地迸发出新的活力。

第一节 为什么要强调持续改进

绩效改进既是绩效管理的目的,也是绩效结果的应用;既是推动日常工作持续优化的有效手段,也是螺旋上升的开放式管理循环的关键环节。只有做好持续改进,才能最广泛地聚合起积极因素,不断强化目标指标落实,稳步提升工作和管理水平,持续深化目标认同和共识,进而实现组织和个人绩效的双提升。

一、避免类似错误再次发生

日常工作中,各级行政机关可能都会遇见这样一个问题,每天开展的大部分是一些日常性、重复性的工作,在这些工作中又始终有些问题常改常有,有些失误常纠常犯,不仅制约着工作质效的提升,有的甚至成为长期困扰各级各部门的“痼疾”。打个比方,就像难以根治的“牛皮癣”,抹点药就轻,不管它就重,而且总体没有向好趋势。究其原因,无外乎以下几点:一是缺乏持续改进的机制。传统经验管理模式之下,人的知识水平、工作经验、能力素质、情绪状态等等,都是影响工作开展的因素,加上形势变化、人员更迭、工作内容变更等不可控因素时有发生,工作质效提升受到很大制约,一些高难度、高风险的工作节点屡次产生问题、发生失误难以有效避免。二是缺乏持续改进的工具。

各级各部门尽管每年都会有一次甚至几次的问题整改，但这些整改大多采取查找问题、制订改进方案、落实改进措施的工作方法，整改时轰轰烈烈，整改也很见成效。但由于整改的系统性、针对性不足，有的改进“头痛医头、脚痛医脚”，有的改进难以形成长效机制，有的问题甚至年年整改年年有。三是缺乏主动改进的动力。在传统管理模式中，很多人已经形成了思维定式和路径依赖，“久入兰芝之室，不闻其香，久处鲍鱼之肆，不闻其臭”，一些好的做法始终没形成固定制度，一些长期存在的小问题习以为常。每次集中整改，都难免出现整改和工作“两层皮”，为找问题而找问题、为整改而整改，有的改进效果难以保证，有的问题甚至整而不改，整改过后工作还是老套路、老样子。

“科学管理之父”泰勒认为达到最高工作效率的重要手段是用科学化的、标准化的管理方法代替经验管理，这一论断直到今天仍不过时。对各级行政部门更是如此，绩效改进作为标准化绩效管理的关键环节之一，正是建立在科学化、标准化的管理方法之上，每次改进都以规范的管理为基础，又将改进成果落实到标准化的管理制度体系中，确保了从根本上解决工作中存在的问题，使得下一周期的工作站在一个更新、更高的起点之上。同时，绩效改进以科学的绩效计划、周密的过程管理和客观的绩效考评为前提和基础，工作中的失误或者差距，以及这些问题产生的原因，很容易找到病灶和病因，可以有针对性地对症下药，加以解决。此外，标准化绩效管理还有一个更加重要的优势，对这些工作失误或者差距的过程留痕、客观考评，以及对个人努力的正向激励，引导着广大干部职工主动去及早发现问题、迅速解决问题，追求组织、团队和个人绩效的不断提升。

二、把工作做到极致

一次，华为公司与西门子竞争一个重要的订单。开始时华为公司并不被看好。在试用阶段，西门子的工程师在安装调试完后就离开了现场。而华为的工程师发扬“铺盖卷”精神，一头扎进客户机房里，持续地观察设备状况，总是赶在客户之前发现问题、马上解决。虽然西门子的系统在该领域被公认为最好的，但华为公司通过统迅速、及时、有效的改进，各项测试指标基本都超过了西门子的系统，最终拿到了定单[①]。

显而易见，持续改进是解决难题、提高竞争力的重要手段，华为赢就赢在通过持续改进将系统做到了更好。当前，各级行政机关都面临着艰难繁重的改革发展任务，群众

① 转引自易生俊：《华为实践管理法（第三版）》，中国工信出版集团 电子工业出版社 2016 年版。

的期望、上级的要求越来越高，新事多、大事多、难事多已经成为很多地方和部门工作的真实写照。比如，大部分改革任务都是前所未有的新事、大事，在做好改革设计的同时，还必须时刻紧盯基层落实情况，时刻掌握形势变化，准确把握改革方向和力度，才能确保改革取得预期成效；一些难事只有盯紧工作进展，即时根据情况变化调整方式和方法，一步一步扎实推进，才能“水滴石穿”把工作做得更好。在这种形势和要求下，依靠传统的经验性、指令性管理模式，用开会、调度、下文件等方式抓工作显然“力不从心”，有时即便付出了加倍的努力，也难以高质量完成各项任务。

标准化绩效管理中的持续改进机制，特别是过程管理中的即时提醒、即时纠偏机制，为我们不断提升工作质效，提供了全新的视角和工具。从管理流程看，通过对指标执行过程的监控和指导，针对发现的问题和不足，及时纠正工作与目标之间出现的偏差，把功夫下在平时，把问题解决在萌芽状态，这是标准化绩效管理有效实施的题中要义，体现了精细管理的精髓，为灵活、及时、有效的改进提供了便利，能够确保工作目标的实现。从管理方法看，从时间、数量、质量三个维度，对比上级要求、历史数据、同行业先进水平，为工作持续改进、不断提升提供多维度导航，能够确保各项工作达到上级要求、走在全国前列。2015 年，河北省财政厅通过日常工作中的持续改进，不断纠正支出进度偏慢、市县绩效预算管理改革进展不平衡等难点问题，确保了目标任务顺利推进。

三、为管理注入新的活力

在一个新建成的宾馆，有客人一头撞上了高大明亮的玻璃大门。大约过了不到一刻钟，另外一个客人在同一个地方撞上了玻璃。旁边的一个清洁人员说：“这些人也真是的。走起路来，这么大的玻璃居然看不见，眼睛到哪里去了？”其实，解决问题的方法很简单，那就是在这扇门上贴上一根横标志线，或一个公司标志图即可①。

这个例子说明的是管理学中著名的“修路理论”：当一个人在同一个地方出现两次以上同样的差错，或者两个以上不同的人在同一个地方出现同一差错，那就有可能不是人有问题，而是这条让他们出差错的“路”有问题。对各级行政部门来讲，标准化绩效管理体系是一个全新的管理模式，在实践中难免遇见这样那样的新情况、新问题，特别是一些关键环节、关键技术仅靠规则远远不够，还需要根据工作实际拿捏好工作力度和推进方法，广大干部职工的传统意识、传统理念，乃至工作习惯也需要与时俱进，根据新的

---

① 转引自彦涛：《不可不学的管理学 32 定律》，立信会计出版社 2016 年版。

管理模式和方法进行相应调整。

一个能够实现螺旋式上升的良性循环,离不开管理体系的自我革新、自我优化、自我完善。因此,对标准化绩效管理体系的持续改进也必不可少。每年绩效考评后,都需要根据以往年度的实践运行经验和从各方收集整理的意见建议,对绩效管理体系中需要改进的目标、指标、程序、技术、方法等进行调整和修正,在实践中不断提高标准化绩效管理水平,确保能够持续符合组织需求、形势变化和现实需要。同时,持续改进还能够实现提高各级领导干部管理技能、促进广大干部职工成长与发展的作用,不断为管理体系注入新的动力活力。一方面,通过绩效差距分析,可以发现各级领导干部在管理过程中出现的问题,比如是否对部门、单位(处室)的绩效目标指标胸中有数,是否掌握了现代管理中的技术和方法,是否及时有效地开展了绩效辅导等等,进而通过改进提高其管理技能。另一方面,通过绩效改进,帮助广大干部职工总结好的经验,分析差距和不足,有针对性地强化能力素质培训,实施经验和知识共享,更好调动工作积极性和创造性,提升个人素质能力和工作水平。

第二节 改进什么

运用标准化绩效管理实施工作改进,重点是对职责工作和管理体系的改进。一方面,借助标准化绩效管理体系,可对职责工作进行全面、系统、持续的改进;另一方面,在对职责工作进行改进的过程中,也会发现管理体系本身不完善的地方,从而推动体系的改进。两者相互促进、共同提升。

一、职责工作改进

对职责工作的改进可以在日常随时进行,也可在一个年度考评结束后系统进行。日常通过绩效监控,获取改进信息,持续改进完善工作。考评结束后,针对考评结果反映的情况和问题,结合绩效计划,实施横向纵向的绩效分析,开展双向排查,分析原因,制定改进提升计划。改进的关键点包括:绩效考评结果比较(确定绩效差距)→编写绩效分析报告(差距原因分析)→审核绩效分析报告(确定差距原因)→编写绩效诊断报告(建议绩效改进点和改进方法)→编写绩效提升计划(初步确定改进点和改进方法)→审核绩效提升计划(确定改进点和改进计划)→实施、检查绩效改进计划(实施改进)。

* 确定绩效差距和原因。确定差距和分析原因是做好绩效改进工作的基础。各级领导干部应与广大干部职工一起,针对日常工作中出现的偏差,或者绩效考评反馈的结果,分析工作中存在的差距和不足。在分析过程中可以利用目标比较法、水平比较法和横向比较法,以确定最终绩效结果与绩效目标之间的差距、与其他人员之间的差距、与自身历史水平的差距等,然后从外部原因、内部原因,以及制度原因和个人原因等多方面进行分析,以便查出真正的原因所在,为制定改进方案奠定基础。

* 确定绩效改进点。如前文所述,导致绩效不佳的原因可能有很多方面。对一个组织来讲,全方位的改进有时可能受到资源、权限等各方面的制约。因此,查找出这些原因之后,需要进行深入细致的分析,精准确定改进的突破口和切入点。一般来说,应明确整体改进的方向、规划和步骤,并选择迫切需要提高、用时较短、资源耗费较少,且改进效果明显的改进点作为突破口。换句话讲,应在综合比较的基础上,选择"性价比"最高的改进方案,这样可以明显提高绩效改进的质效。

* 确定绩效改进方法。改进方法的选择直接决定了改进的效果。按照因素来源区分,导致绩效不佳的原因有内因和外因两种,在选择改进方法时应区别对待。内因是指干部职工本身原因导致的绩效不佳,比如能力不足、态度不够积极等。这类问题需要采用发展的策略解决,也就是通过让干部职工参加在职培训,向有经验的同事或者主管学习,观摩他人做法或者通过自学等方式提高自身的知识和技能,达到岗位绩效的标准。外因是指制度等外部因素导致的绩效不佳。这类问题需要采取完善管理的策略,也就是通过优化各项管理制度,最大限度地排除广大干部职工干事创业的外部障碍或者制度缺陷。比如,人事管理部门在进行调查的基础上对激励制度进行修改,使制度更加体现对人的关怀,培养广大干部职工对组织的归属感和忠诚度。

* 制定绩效改进计划。绩效改进计划就是把有待改进的方面、需要改进和发展的原因、目前的状况和期望达到的水平、改进的措施和责任人以及改进的时限用固定的方式确定下来。一个有效的绩效改进计划要满足以下两点:一是可操作性强。要有明确的改进步骤,第一步做什么,第二步做什么,如何做等等,改进内容应符合 SMART 原则,也就是绩效改进希望达到的结果必须明确具体、可衡量、有时间限制等。二是责任明确。只有明确了责任人才能使绩效改进措施"落地",否则只能是纸上谈兵,同时单位(处室)之间、干部职工之间还要互相提供协助和支持。

* 实施、检查绩效改进计划。实施和检查绩效改进计划是绩效改进的最后一步,可以把实施过程看成一个微型的标准化绩效管理循环,要求各级领导干部注重过程和辅

导,不断与工作人员进行沟通,对工作人员的不足给予指导和帮助,对工作人员的进步给予一定的表扬和鼓励,树立工作人员的自信心,确保绩效改进计划圆满完成。

从2014年实施标准化绩效管理以来,河北省财政厅就狠抓绩效改进环节,有效解决了一些工作中长期存在的问题,大大提高了工作效率和水平,彰显了绩效改进在管理中的优势和力量。在实施全面改进的过程中,同样是按照绩效改进的基本流程来执行的:第一步,确定绩效差距和原因。在年度考评周期结束后,针对绩效考评结果反映的情况,对绩效未达到预期目标的部分或标准化管理存在的不合格项工作,特别是指标扣分情况,及时进行横向纵向的全面比较及客观分析,诊断被考评单位(处室)存在的问题,深入查找原因。第二步,确定改进绩效点。在查找出差距和原因之后,有针对性地向被考评单位(处室)提出工作方面的绩效改进建议;各单位(处室)根据发现的问题,向工作人员提出工作方面的绩效改进建议。第三步,确定绩效改进方法。根据绩效改进建议,各单位(处室)及其工作人员经过沟通协商,确定具体的改进措施及方法。第四步,制定改进计划。待绩效改进方法确定之后,各单位(处室)及其工作人员一并制定提升计划,为下一个管理周期的绩效计划制定提供重要依据、为绩效提升提供有效路径。第五步,实施、检查绩效改进。在绩效改进计划审核通过后,厅绩效办、各单位负责人需要按计划,定期检查绩效改进计划的落实情况,并对有关问题进行反馈和整改。

二、管理体系改进

标准化绩效管理体系的改进是根据一个管理周期的运行情况,结合绩效考评结果和工作实际,在广泛征求意见的基础上,就标准化绩效管理制度、流程及目标指标设置、信息系统功能等方面制定改进措施,组织进行调整和修订。改进的关键点包括:

* 征集意见建议。年度绩效考评结束后,绩效管理组织实施机构按照绩效管理有关制度的时间要求,下发关于征求绩效管理改进意见建议的通知,向各单位(处室)及其工作人员广泛征求意见建议。被征集对象结合绩效考评结果和工作实际,就绩效管理制度、流程及目标指标设置、绩效系统功能等方面提出意见建议。

* 汇总形成报告。绩效管理组织实施机构对收集到的各单位(处室)及其工作人员意见建议,从绩效管理制度和系统应用平台两个方面进行认真归纳梳理,逐条研究,充分吸收,提出解决问题的处理意见,制定绩效管理体系改进措施,撰写绩效管理体系的年度改进报告,做到条条有回应、项项有结果。其中,对指出绩效管理制度和系统应用平台有明显不当、存在不足和与实际不符的,及时予以采纳,不断丰富完善绩效管理

体系;对属于理解有误、依据不力和考虑过于片面或理想化的,虽不予采纳,但均应准确说明原因予以合理解释,增进大家对绩效管理体系的深入理解,并逐步达成共识,对暂时无法解决的则列入今后工作研究范围。

* 议定改进事项。绩效管理体系的年度改进报告需进一步征求各单位(处室)及其工作人员的意见建议。同时,在征求意见建议过程中,与各单位(处室)及其工作人员进行深入沟通,实行横向到边、纵向到底的网格化管理,点对点论证、面对面沟通,进一步修改完善体系改进报告。改进报告需报经厅党组会等决策机构议定。

* 实施系统改进。经绩效管理议事机构审定后的体系改进报告,由绩效管理组织实施机构向各单位(处室)及其工作人员公布,并用于修订绩效管理相关制度文件和完善绩效管理信息平台。对绩效管理体系中需要改进的目标、指标、制度办法、系统设置和操作等按规定进行调整和修订,并对绩效整改提升情况进行督导。

2014 年绩效考评结束后,河北省财政厅在广泛征求意见的基础上,坚持理论与实践相结合的原则,提出了 12 款 27 条措施建议,针对思想认识不深入、部分绩效指标设置不够科学、绩效沟通不够充分、责任系数设置不够完善、负荷系数设置容易出现偏差等问题,研究制定了改进措施,使标准化绩效管理运行日趋科学、规范、有效。2015 年,征集的意见建议大幅减少,有效意见仅 47 条,比 2014 年(97 条)减少了 50 条,降低 51.5%。这表明标准化绩效管理体系成熟度有了较大提升,广大干部职工对标准化绩效管理也越来越认同。在深入研究这些意见建议后,确定了"纠偏、补漏、微调、定型"等改进方式,逐项确定改进方法、步骤,努力做到制度规范的"篱笆"越扎越紧、操作拿捏的"力度"越调越准、系统运行的"节奏"越来越稳、标准化与绩效管理的"融合"越来越深。比如:指标"公文处理",2015 年考评标准为"按照时间节点完成得满分,每延误 1 项扣时间分值的 5%。"这一设计有可能导致"多做多错"等不公平现象的发生。针对这一情况,采取"纠偏"的方式进行改进,为这一指标设置容错区间,采取"基准加减分法"管理,设定基准延误率为 4%,延误率小于等于 4% 的,不扣分,高于 4% 的,每增加 1% 扣 5% 的分。有了容错区间,办文多少都需要更加谨慎,多的单位要把延误率控制在一定范围内,少的单位更要严格控制失误。

第三节 怎么改进

效果如何,方法很关键。标准化绩效管理的科学性、规范性虽然为持续改进夯实了基础,但改进效果还取决于改进采取的方式方法。工作实践中,河北省财政厅逐渐摸索出一些套路,“望闻问切”找准了“病灶和病因”,“对症施治”确保了“药到病除”,绩效改进效果不断显现,各项工作和管理水平都得到了持续提升。

一、“望闻问切”找病因

“善治病者,必医其受病之处;善救弊者,必塞其起弊之原。”对工作的改进也是这样,首先要发现问题,找准问题,才能解决问题。中医诊病有“望、闻、问、切”四法,这对绩效改进有很强的借鉴意义,有助于我们查找问题、分析原因。

望,就是要看得全。确认绩效不足和差距是绩效改进的第一步,应尽量提高站位、放宽视野,充分利用日常监控情况和绩效考评结果,查找工作和管理中存在的各种问题,做到全覆盖、无遗漏、无盲点。通常情况下有三种方法:一是目标比较法,即将绩效考评的最终结果与绩效计划期的目标相比较来确认绩效差距的方法。二是水平比较法,即将本期的绩效考评结果与上一期绩效考评结果进行比较,来衡量其进步和差距的方法。这种方法一般用于行为类的绩效改进,关注工作人员的进步。三是横向比较法,即在各部门、单位(处室)间、各工作人员间进行横向比较。这种方法一般用于找到某项工作的最佳部门、单位或工作人员。

闻,就是要听得清。“听”不仅局限于改进阶段,要想改进“靶向”准,必须全程听得清。在制定绩效计划阶段,要听取大家对目标指标的意见,听取大家对工作标准设定的看法。在绩效监控阶段,要听取大家完成指标的情况,对遇到的问题持什么观点,有什么建议。在绩效考评阶段,要听取对扣分指标的申诉意见、特别加扣分的意见,以及考评结果是否符合大家预期。在绩效改进阶段,要听取大家对职责工作改进有哪些想法,以及大家对管理体系的评价,听听大家对工作负荷系数、责任系数等技术方法是否认同。听的过程,就是了解“民意”过程。

问,就是要问得明。全员参与、民主决策是标准化绩效管理区别于传统管理的主要特征。在注重倾听的同时,还要主动征求意见,采取平等对话的方式问计于广大干部职工。在构建标准化绩效管理体系之初,就要组织各层面反复论证,广泛征求意见。在制定各部门和个人的考评目标指标时,应发动广大干部职工按照统一的原则和标准,自行编写目标指标,再逐级汇总,统一评审,最终达成单位(处室)和岗位(个人)之间的“契约”。在体系运行时,可通过调查问卷、个别约谈、汇报会、分析会等形式,主动问询,了解情况。问的过程,就是集中“民智”的过程。

切,就是要断得准。“切”就是分析问题、诊断病因。发现工作和管理体系中的偏差、疏漏和错误后,就要抓主要矛盾和矛盾的主要方面,认真对相关问题进行归并、分类、整理、分析,抽丝剥茧,找准问题产生的主要根源。通常情况下可以用“绩效诊断箱”法,从工作人员的知识和技能、态度以及外部障碍几个方面进行分析。外部障碍是工作人员不可控制的因素,可以考虑工作人员有没有恰当的工具、充足的资源和信息等。知识和技能是导致工作人员绩效不佳的内因,针对出现的问题,可以考虑工作人员是否缺乏完成既定目标必须的经验和相关技能。态度问题与组织的激励机制密切相关,一般可以考虑工作人员对于职业发展规划是否明确,出色的绩效表现是否受到了表扬等。

二、“对症下药”除病根

绩效改进的关键是对症下药。导致绩效不佳的原因是多方面的,有些容易改进且非常重要,而有些根深蒂固不易改进,所以要进行绩效改进点的选择,不仅要做到药方精准,更要突出针对性,以提升改进效果。在实际应用中,可以综合选用多种方法进行改进。一是关键点改进法。这一方法就是选取对绩效改进效果能产生重大影响的关键点,集中人力、物力进行改进,把好钢用在刀刃上。二是突破点改进法。就是综合考虑每个待改进的项目所需的时间、精力和成本因素,最终选择用时较短、精力花费较少的比较容易改进的项目,由易入难逐步推进。三是认同点改进法。可以从工作人员认同的改进项目或者容易出成果的改进项目入手,这样可以提高工作人员的积极性。在选好关键点的基础上,开好药方,对症施治,才能取得良好效果。

实际工作中,需坚持三项原则、用好五种方法:

* **“三项原则”**。一是 smart 原则。给出的“药方”要具有一定的实用性和可操作性,必须具体、可衡量、可达到、相关和有时限。再好的“药方”,违背了 smart 原则,也无法收到“药到病除”的效果。二是发展性原则。在制定与实施绩效改进计划时要有战略眼光,立足当前,着眼长远,既要解决好当前出现的问题,又要为实现绩效管理的螺旋式上升打下坚实的基础。三是辅导性原则。领导干部不能只当裁判,不做教练,要从全年目标和工作实际出发,结合干部职工的个人实际,进行必要的辅导,提供必要的资源和支持。

* **“五种方法”**。一是纠偏。发现工作方向与目标之间出现偏差,或指标完成情况没达到预期,通过辅导、自查、提醒等方式及时进行纠正,确保工作朝着正确的方向推进。二是补漏。对工作推进和体系运行中出现的漏洞,应依照标准化文件要求及时研

究提出解决方案,使管理流程和体系日趋规范、合理、完善、成熟。这样才能把制度的“篱笆”越扎越紧,使管理越来越完善。三是微调。对经过实际检验行之有效的措施,不轻易大改,在保持“基本方向不变、主体框架不动”的基础上,可根据形势发展变化进行微调。四是定型。把已经成熟的好经验、好做法用制度固定下来,不断建立健全体制机制。五是刨根。透过现象看本质,对多发、易发的扣分环节进行深入分析,把问题产生的根源刨出来,推出治本之策,管住源头,这是解决各类问题,实现持续改进的重要方法。

从两年的工作实践来看,在设定指标时,为防止扣分,指标标准“就低不就高”的现象比较突出,这与“跳一跳,摘得到”的原则背道而驰。这其中有人的主观问题,也有机制不完善的问题。为解决机制上的问题,2016 年,河北省财政厅推出联合基数法进行改进,即:将指标的上级要求和部门(个人)实际能力结合起来确定一个基数,按照超额奖励系数、不足惩罚系数、少报惩罚系数对部门(个人)进行奖励或惩罚,促使大家主动申报一个和实际相符的指标标准。因为,实施这一方法之后,只有“说真话”,才能有最好的结果。

本章小结

本章主要介绍绩效改进的基本理念、主要内容及操作流程。主要内容和结论如下:

1. 绩效改进既是绩效管理的目的,也是绩效结果的应用;既是推动日常工作持续优化的有效手段,也是螺旋上升的开放式管理循环的关键环节。只有做好持续改进,才能避免类似错误再次发生,才能把工作做到机制,也才能为管理注入新的活力。概括来说,绩效改进可以最广泛地聚合起积极因素,不断强化目标指标落实,稳步提升工作和管理水平,持续深化目标认同和共识,进而实现组织和个人绩效的双提升。

2. 绩效改进是指针对绩效考评结果反映的情况,就未达到绩效目标或存在不合格项的工作,分析原因、查找不足和差距、制定并实施有针对性的改进计划和策略整改,帮助工作人员提高个人能力和绩效的过程。主要包括职责工作方面的改进和绩效管理体系的改进等内容。

3. 绩效改进是个相对复杂的过程。业务改进主要包括确定绩效差距和原因、确定绩效改进点、确定绩效改进方法、制定绩效改进计划、实施、检查绩效改进计划;管理体系改进主要步骤是征集意见建议、汇总形成报告、议定改进事项、实施系统改进。

第七章 沟通须贯穿始终

“组织理论之父”切斯特·巴纳德指出，组织的本质就是一个“合作系统”，组织的维系和运行必须具备三大要素——明确的目标、协作的意愿、良好的沟通。标准化绩效管理使整个部门、各个单位(处室)、每名干部职工都有了清晰的目标追求，并通过目标的合理配置、高效的过程管理来保证各单位(处室)、各岗位(个人)间的良好协作。但是，这套管理体系能否发挥预期功效，在很大程度上还取决于第三个条件——良好的沟通。可以说，绩效沟通是标准化绩效管理的灵魂，在整个管理体系和流程中具有极其重要的作用，占据十分重要的位置。因此，如何开展有效的绩效沟通，便成为实施标准化绩效管理的一个重头戏。

第一节 沟通不可或缺

沟通，可以从字面上来理解其最基本的意思，就是借助特定的渠道，将一条条各自流淌的小河“沟”联“通”起来，汇成河流，连成水系，形成合力，进而具备更大功能，发挥更大作用。在管理活动中，沟通就是信息的传递、情感的交流和智慧的共享。与其他组织一样，行政部门也是由具备不同价值观念、行为方式、能力水平、专业背景的一个个的个体组成。如果缺乏持续高效的沟通，不仅目标共识、协作配合等难以达成，广大干部职工对做什么、做到什么程度、怎么去做都不会有清楚的理解，各项工作肯定不可能顺利开展。因此，有效沟通是标准化绩效管理的应有之义，不可或缺。

一、没有沟通，就没有共识

为了发展本国文化，非洲土著人邀请了美国加利福尼亚州大学加州分校的一位教授前来授课。为了表示对土著人的尊敬，被邀请的这位教授，临行前还特意到商场准备了一套行头。那天，教授西装革履、一本正经。可是，教授一上讲台就直冒汗。原来土著人为了表示欢迎这位教授,以最高礼仪接待——他们不论男女全部都一丝不挂,只带着项圈,凡私处也只遮挡着树叶。教授感到很是尴尬,不过他很快稳定了情绪,开始了认真的授课,看得出来那些土著人也很不好意思。第二天,为了入乡随俗,教授一丝不挂地走上了讲台,只带个项圈,私处也用树叶遮挡。但是,他比第一天还感到尴尬,站在讲台上直冒汗。原来,土著人为了照顾教授的感情,吸取了头一天的教训,他们全部都西装革履、一本正经。下课之后,土著人纷纷向教授道歉,教授也觉得非常不好意思,双方做了沟通。第三天,教授穿着西装走上讲台,他看到在场的土著人也都穿着西装,坐的笔直。这次,教授没在冒汗,土著人也很高兴。

总结这次尴尬的经历,原因其实很简单:事先没有沟通。由于没有沟通,就没有关于以何种礼仪相待的基本共识,结果是教授因不了解当地风俗以致出现尴尬,当教授了解并试图入乡随俗后还是闹出尴尬;当地人因不了解教授风格而造成尴尬,当他们了解并主动适应教授风格后又闹出更大的尴尬。最终,还是通过简单的沟通,问题才迎刃而解。假设双方事先进行了沟通,就礼仪问题达成共识,便不会两次都共同陷入尴尬的境地。

标准化绩效管理不仅是管理机制、管理方法上的转变,更是一场管理理念、行为方式的变革。在推进过程中,我们可能会遇到一系列难题,广大干部职工也可能面临一些困惑,例如:不理解为何要引入标准化绩效管理,标准化绩效管理能带来什么好处;不懂得绩效计划如何定得不高不低、恰到好处,执行中遇到障碍该怎么处理,如何获得帮助;不清楚绩效考评结果反映出了什么问题,怎样才能改进绩效,等等。显然,对这些问题的纠结是管理体系顺利运行面临的巨大障碍,是一些部门推行时功效打折扣的深层次原因。

标准化绩效管理的顺利运行,离不开广大干部职工对管理体系构成、运行原理、关键节点、操作规程、注意事项、改进措施等各方面的共识。只有形成普遍的共识,才能保证大家心往一块想、劲往一块使,汇聚群智,发挥群力,圆满地达成目标,最终实现组织和个人的共同发展。那么,共识靠什么来达成呢?毋庸置疑,沟通是关键。甚至可以说,没有沟通,就没有共识。实际工作中,应针对以下几个方面,开展深入沟通。

第一,通过理念方面的沟通,树立对绩效管理的价值共识。如果广大干部职工对推行的必要性与可能性心存疑虑,就会放大它的弊端,甚至会从内心排斥这种现代管理方式,表现在行为上就是对标准化绩效管理的抵制。这种情况的出现,往往是因为理念方面沟通的欠缺,没有清楚地回答并解决一些关键问题。比如,标准化绩效管理理念不仅

“让决策变为行动”，更会“把理想落在岗位”，也就是除了对部门有好处，对单位（处室）和岗位（个人）也有诸多益处；标准化绩效管理本身虽然不能解决全部问题，但能够从总体上形成良性机制。通过这些关于理念的沟通，树立整个部门从上到下的普遍共识，是顺利实施的必备前提，也是重要基础。

第二，通过认识方面的沟通，树立对绩效管理的行动共识。认识是行动的前提，有什么样的认识，就会有什么样的行动。标准化绩效管理不是一个简单的管理工具，而是一套精密的管理模式。在实际工作中，会出现各种片面理解和认识，进而会影响其管理效果。比如，如果认为标准化管理、绩效管理只能适用于企业，在行动上就一定迈不开脚步、浅尝辄止甚至阳奉阴违；如果认为标准化绩效管理只是上级用来约束下级的“紧箍咒”，那么体系的功能设定、运行设计、配套设施，都会被看做装置“紧箍咒”的系列行动；如果认为绩效管理是“只重结果、不重过程”，那么就会“唯结果论英雄”，只聚焦对成果的考核评价，而忽视过程管理的重要作用。只有通过深入沟通，在这些重要的认识问题上达成广泛的共识，才能确保广大干部职工积极行动、协调行动、有效行动。

第三，通过制度方面的沟通，树立对绩效管理的规范共识。标准化绩效管理本身是一种科学规范的管理制度，有规范的构成体系和运行机制，是实现部门管理和整个运行规范化的“利器”，可以从总体上预防和消除单位（处室）与岗位（个人）各行其是的空间，控制和矫正随意性。同时，标准化绩效管理的高效运行也离不开相关制度的全面保障。广大干部职工只有深刻理解这些制度的来源、内容和要求，才能被准确执行。因此，必须通过必要的沟通，引导广大干部职工充分认识这些制度的重要性，逐步形成规范共识，这既是推行标准化绩效管理的基本要求，也是实现整个部门运行规范化的现实需要。

第四，通过方法方面的沟通，树立对绩效管理的操作共识。标准化绩效管理作为一种现代管理模式，离不开先进科学的技术方法支撑。但这些技术方法对广大干部职工来说，基本都是全新知识，很多人刚开始不仅不会操作，理解起来都会很困难。例如，如何将部门千头万绪的工作明确为一个个具体指标；如何从所有指标中提炼关键绩效指标（KPI）；怎么设定每个指标的标准；如何实现考评结果可比较，回答好“小芳参加语文竞赛得 85 分，小明参加数学竞赛得 90 分，谁更优秀”的问题，等等。只有通过技术方法方面的充分沟通，让每名干部职工明白技术方法背后蕴含的管理理念、政策含义，并牢牢掌握正确操作的方法，才能保证标准化绩效管理的准确高效运行，让整个管理扎根于科学的方法与技术。

二、不会沟通，就做不好管理

有一个耳熟能详的故事。一个到海边度假的商人站在一座小渔村的码头上，看到一个渔夫载着小船靠岸，小船上放着一些看起来很新鲜的大鱼。商不禁夸赞渔夫说："你捕的鱼很大很新鲜，一般你捕这些鱼要花多长时间？"渔夫笑着回答说："先生，用不了多长时间，我才驾船出海几个小时而已。""既然你捕鱼的功夫非常好，那么，你为何不多捕一点呢？"商人有点困惑的问。渔夫笑了起来："我干嘛要那样做呢？我需要多余的时间做点别的事。比如，跟孩子玩耍，陪老婆睡午觉，和朋友喝喝小酒，唱唱歌。"商人抛出名片："依我的看法，你应该每天多花一点时间打鱼，用赚的钱换一条大一点的船。不出多久，你可以买了几艘船，顾更多的渔夫，然后自己做生意。"商人一边说，一边拿出纸笔画着图表，"与其把鱼卖给中间人，不如直接卖给加工厂，最后你可以自己开罐头厂，"他继续说，"当然，你还必须撤离这个小渔村，在市中心找个合适的地点，然后不断地扩大你的市场占有率……"。商人忙着按计算机和在纸上做笔记，然后回答说："哦，大概……十五到二十年吧。"他说的有点上气不接下气，兴奋地等着渔夫对他的意见表示采纳和感激。"先生，这然后呢？"渔夫思考了一会说。商人笑着说："问的好，我会很高兴给你建议，你可以把公司上市，然后出清你手上的股票，你就会变得很有钱。你可以赚上几百万，甚至上千万。""先生，几百几千万吗？"渔夫揉着脸颊问道："那么接下来呢？"商人说："等你有钱了你就可以退休了，选择一个你和家人想要的生活环境，你爱做什么就做什么，陪孩子玩，陪老婆睡觉，陪朋友喝个小酒，唱唱歌，你就可以有个美满又充实的生活。"渔夫有些不解的说："先生，谢谢你给我的建议，不过我现在不就是过着这样的生活吗！"

显然，这是一次彻底失败的沟通。不可否认，商人是个精明的经营者，提出的奋斗目标和发展策略都很高明，但在本次沟通中却是个失败者，侃侃而谈半天，却最终被一个问题堵死，以致整个自认为精美的策划沦为徒劳。究其原因，关键就在于沟通：他只说要达成什么样的目标、如何达成这样的目标、达成之后会有什么好处，但忽略了最重要的一点，那就是首先通过沟通来激发渔夫内心深处对于改变现状的动力。显然，对于一个安于现状的人，再美好的目标，再有效的手段，再可行的路径，也不会有什么吸引力。毕竟，目标本身并不能发挥引导作用。

这个例子说明，要想实现有效的沟通，光有沟通意识、沟通愿望和沟通行动是远远不够的。大量的经验也表明，管理上出了问题，往往不是由于没有沟通，而是因为沟通不当,例如沟通目的的模糊、沟通对象的误判、沟通方向的倒置、沟通时机的不当、沟通渠道的不妥、沟通方式的无效,等等。可以说不会沟通,就达不到沟通的目的和效果,管理中就会出现这样那样的问题。

从行政部门管理实际来看,沟通往往是管理中的薄弱环节。实践也证明,在推行标准化绩效管理过程中,沟通不畅往往成为一个重要障碍,是造成绩效计划制定不合理、绩效监控实施不充分、绩效考评操作引质疑、绩效改进效果不理想等问题的重要成因。具体来讲,表现在以下几个方面:

第一,沟通因流于形式而无效。有些人认为做绩效沟通是浪费时间且没有什么成效的事情,不必费人费时,就给干部职工的表现打个分数,或者填些表格就应付了事了。有些人觉得沟通是一项十分困难的工作,对于沟通内容、沟通技巧等都不太明确,甚至想当然地认为沟通会产生一些正面冲突,从而逃避绩效沟通,使绩效沟通流于形式。

第二,沟通因蜕变为监督而无效。这是行政机关沟通中最常见的问题,有些人特别是领导干部,容易将绩效沟通单纯地理解为对单位(处室)、岗位(个人)工作的日常监督。这会导致一些干部职工认为标准化绩效管理只是为了监督他们而采取的强硬措施,于是产生反感情绪,管理也就失去相应的激励和改进作用。实际上,绩效沟通除了监督功能,更重要的意义在于辅导、激励、提醒,使各方就绩效目标达成共识,帮助广大干部职工更好地完成工作,帮助他们提高素质能力。广大干部职工特别是领导干部,都应该树立一种极端负责的理念和态度,时刻注重彼此间的共同交流,共同发现问题、分析问题、解决问题,共同实现组织和个人绩效的双提升。

表 7-1 标准化绩效管理中"不会沟通"的常见表现

表现	问题
沟通目的的模糊	(1)沟通沦为走过场 (2)没有明确的沟通主题或议题 (3)没有明确的沟通效果要求 (4)为了和气而不解决问题 (5)只提问题而不提改进
沟通对象的误判	(6)以上级替代下级 (7)以下级替代上级 (8)以单位替代个人 (9)以个人替代单位
沟通方向的倒置	(10)自上而下的误用 (11)自下而上的误用
沟通时机的不当	(12)超前沟通 (13)滞后沟通
沟通渠道的不妥	(14)书面与口头的颠倒使用 (15)传统与电子的颠倒使用

第三,沟通因缺乏人文性而无效。一些人能够认识到绩效沟通的重要性,但在绩效沟通的过程中却缺乏必要的沟通技巧。他们常常用传统的管理思维定式来理解,认为绩效沟通就是上级给下级下命令,很少听取他们的意见和建议。这就容易导致两种后果:一是下级并没有真正理解上级管理意图,对自身的工作目标和努力方向处于迷茫状态;二是干部职工对自身承担的绩效目标指标、考评结果等有异议,但缺乏沟通的渠道和机会,最终导致认同度不高,标准化绩效管理工作开展困难。

在标准化绩效管理中,因“不会沟通”导致管理失败的常见表现,比比皆是,可总结如表7.1。这些问题在实际工作中应时刻注意避免,只有沟通到位、沟通高效,才能确保管理水平不断提升。

三、有效沟通,事半功倍

沟通是信息的共享、情感的交流、智慧的互补。由于分工的需要而对组织进行部门化分割、对任务进行岗位化分解之后,组织所呈现的碎片化,必须依靠粘合剂来保证在分工的基础上还能实现合作,让队伍不散,让组织有力。沟通就是这种不可或缺的粘合剂,它是保证整个政府部门整体性、协调性的无法替代的活动,是凝聚力的重要来源,标准化绩效管理中的沟通尤其如此。

一个非洲人一直有一个梦想,就是可以周游世界。积攒了一定的资金后,他终于上了路,这是他第一次离开自己的国家。非洲人的第一站就是经济大国美国,他从来都不知道外面的世界是这么的漂亮,周围的一切都让他感到大开眼界。一天傍晚,在街上闲逛时,非洲人看到好多人都在排队,不知道是在等什么东西。“请问,你们再买什么东西吗?”非洲人挤过去问排着队的人。“哦,我们想要看电影,只有花钱买上电影票,才能进去的。”一个人答道。非洲人从来没有看过电影,于是,他也排队来到售票处,买了一张电影票便进去了。不一会,非洲人气呼呼地走出来又买了一张电影票,又进去了。可是,不一会,非洲人又出来了,到了售票处。售票处的小姐很好奇的问道:“哦,先生。请问你遇到亲戚或是什么人了吗?为什么你老是来买票呢?电影都已经开始了。”非洲人很生气的抱怨说:“我哪有什么亲戚啊,每次我要进去的时候,就有一位小姐把我手里的票给撕掉了。我只好再出来买票了。”售票小姐一听,扑哧笑了:“先生,那是在检票,只有把票撕掉,你才可以进去。”然后,售票小姐亲自把非洲人送了进去。虽然电影是很好看,但那张电影票的事,非洲人到现在还铭记在心。他说:“外面的世界虽然很漂亮,但是他们和我们什么都不一样,我再也不出去旅游了。”

将这个例子联系到我们的标准化绩效管理，如果把买票看电影作为绩效目标的话，可以说，非洲人已经做出了锲而不舍的努力来实现它。然而，一方面由于自己没去主动询问沟通，另一方面也由于影院工作人员缺乏主动沟通服务，导致折腾了好几轮、费劲周折、浪费成本才终于实现了目的，令人身心疲惫。

在标准化绩效管理的实际工作中，也不乏这样的鲜活案例。有些干部职工，无论是对业务工作，还是对绩效管理体系，都处于一知半解的状态，存在问题但是不提，自己虽然费了不少功夫，下了不少力气，但成效不高，既影响效率，又代价高昂。上级领导、本单位（处室）领导也不能给予及时、充分、有效的主动性沟通与服务，致使疲于奔命但效果徒劳者并非个案，这是很典型的事倍功半。如果进行有效的沟通，则能避免和解决这些问题，达到事半功倍的理想效果。

第二节 做好全程沟通

前文已经指出，做不好绩效沟通往往是推行标准化绩效管理的一个重要障碍，是造成绩效计划制定不合理、绩效监控实施不充分、绩效考评操作引质疑、绩效改进效果不理想的重要成因。那么，这些情况出现之际，也就应是开展绩效沟通之时。换句话说，必须把绩效沟通贯穿整个管理“四环节”，才能确保管理取得预期成效。

一、绩效计划阶段

制定绩效计划的过程，本质上就是部门、单位（处室）、广大干部职工进行双向沟通的过程。这一阶段绩效沟通的主要任务就是，就目标指标、评价标准和评价方法反复沟通，形成共识。首先，要明确目标，通过对目标本身的沟通，使广大干部职工明确自己的具体工作目标是什么。其次，要确定方法，需要对使用什么方法和措施来实现目标而进行沟通，以避免在后期执行过程中因方法和措施不当，出现方向偏差、效率低下的情形。最后，通过沟通知晓为完成目标需要哪些资源和支持。只有通过深入沟通，就目标指标、方法措施、资源支持等问题达成一致，标准化绩效管理才能更加有针对性、更加有效，广大干部职工才能更加富有成效地工作，才能与组织的整体发展保持一致，从而保证各级绩效目标的顺利实现。

河北省财政厅的实际应用中，绩效办与厅内各单位、各单位负责人与工作人员之间根据三定规定、岗责体系、业务流程、年度工作要点，对绩效目标指标内容进行反复沟通。沟通内容主要包括如何确定绩效目标,如何将绩效目标逐级分解为厅、单位(处室)和岗位(个人)三级指标,如何确定指标的“八要素”,怎样明确指标的时间、质量和数量维度,如何确定指标的数据来源等。经过深入的沟通交流,最终达成一致意见,编制出绩效计划,形成目标共识。

二、绩效监控阶段

绩效监控环节的沟通主要是针对绩效计划执行过程中出现的新情况、出现的问题进行指导、帮助和提醒。虽然在绩效计划阶段管理双方就具体的工作任务和标准达成了一致意见,但在执行过程中仍会不断地有新问题出现,因此需要通过持续不断的有效沟通,对出现的问题进行纠偏,帮助干部职工在既定的规则内沿着正确的方向开展工作。

各级领导干部、绩效办等应随时关注单位(处室)及其工作人员的绩效进程,才能促进绩效目标执行过程的顺利进行。首先,要进行辅导性沟通。当干部职工在目标完成过程中出现困难,一些目标任务难以执行或者难以达到既定目标的时候,各级领导干部应当主动帮助他们分析问题和原因,提出合理化建议。对广大干部职工提出的问题进行耐心解答辅导,帮助他们提升绩效执行能力,做好绩效执行道路上的领路人。其次,要进行关键节点沟通。在绩效计划执行的关键环节,需要着重监督沟通,看看计划执行进度怎样、完成效果怎样。如果遗漏了关键节点沟通,一旦出现问题,不仅单位(处室)、岗位(个人)目标完不成,更有可能严重影响到组织目标的完成进度。最后,就目标实现手段沟通。要时刻关注干部职工实现目标的方式方法,防止为达目的采取短视行为,出现损害他人甚至是危害组织长远利益的情况。

河北省财政厅在实际应用中,以标准化绩效管理信息系统为依托,通过查看单位(处室)和岗位(个人)的周记录、月计划和月小结情况,可精确地从时间、数量、质量等不同方面的控制节点,了解每个单位(处室)、每个人每项指标的完成情况,在执行中存在哪些问题。针对单位(处室)和岗位(个人)绩效计划执行情况及存在的问题,厅领导、绩效办和厅内各单位负责人可以通过系统提示、面谈、邮件等方式,进行实时提醒和综合提醒。对于需要帮助和支持的,绩效办通过业务培训、会议传达等方式,对计划执行中的共性问题进行统一辅导;或者通过平台交流、工作面谈、电话、邮件等方式,对个性问题进行即时辅导。适时沟通完成后,绩效办填写《绩效沟通情况表》,记录沟通结果,录入绩效管理系统。

三、绩效考评阶段

考评结果既是对单位（处室）及其工作人员上一阶段工作完成情况的综合评价，也是下一步改进标准化绩效管理工作的坚实基础，因此在绩效考评阶段进行持续有效的沟通，主要为了实现两个目标。其一，利用绩效沟通减少分歧，提高单位（处室）及其工作人员对考评的认可度。其二，利用绩效沟通，帮助单位（处室）及其工作人员分析不足，为绩效改进奠定基础。

绩效考评的目的是客观公正地反映阶段性的工作努力程度。通过沟通，可以让广大干部职工清楚考评结果是怎么来的，依据哪些标准，有什么证明材料；通过分析比较，可以让其清楚自身有什么不足，产生不足的原因有哪些，该如何为下一步改进做准备。对考评结果有异议的，还应该认真听取单位（处室）及其工作人员提出的异议及理由，仔细核查其提供的证明材料。如若确实存在误判，应根据实际情况对考评结果进行适当的修正，但这一修正必须采取公开透明的程序进行，并报经有关职能单位审核。通过这一系列的沟通，让广大干部职工感受到考评结果是有理有据、客观公正的，而考评本身也是对他们提升自身能力的一种激励。

河北省财政厅在实际应用中，绩效沟通贯穿于绩效考评的三个关键环节。首先，生成原始得分环节。当各考评主体将单位（处室）、岗位（个人）指标考评数据录入系统，系统软件按照指标考评标准及评价方法自动生成厅内各单位（处室）和岗位（个人）的初始得分后，绩效办将原始得分通过绩效系统进行公布，以供被考评者及时了解自己工作完成情况，自身有哪些不足。其次，生成考评得分环节。被考评者如若对原始得分有异议，可以通过申辩申诉的方式向绩效办反馈，绩效办会根据核实的结果对原始得分进行修正，生成最终原始得分，以确保考评结果的客观真实，增加被考评者对考评结果的认可度。最后，换算得分环节。换算得分是为了保证考评结果的公平公正可比，需要由绩效系统在后台进行复杂的数据运算。为让被考评者了解换算原理，绩效办通过举办培训班、会谈等方式，并接受电话和邮件的持续沟通，帮助被考评者理解接受分数换算过程，达成结果认同。此外，在组织特别加扣分评审过程中，至少也进行三轮以上的沟通，通过厅领导、单位（处室）、岗位（个人）之间的深入沟通，选出大家公认的创新项目和突破项目。

四、绩效改进阶段

绩效改进既是本轮标准化绩效管理的终点，又是下轮管理的起点，起到承上启下的作用。管理双方通过绩效沟通，分析上一周期存在的成效与不足，总结管理中的成功做法和经验，为下一轮管理提出明确有效的改进计划，以实现单位（处室）及其工作人员能力和绩效的双提升，部门管理水平持续发展的目的。

对于未按绩效计划要求完成的目标，需要管理双方共同分析原因，看看是制度环境等外因问题还是单位（处室）、岗位（个人）自身的内因问题。如果是外因，就要调整和优化不合理制度流程，尽力扫清“拦路虎”。如果是内因，就要分清楚是“想做不能做”还是“能做不想做”的问题。“想做不能做”属于能力问题，要加强培训和锻炼，提升工作能力。“能做不想做”属于态度问题，要考虑是组织的激励措施不好，还是干部职工自身认知有问题。如果无合理理由的抗拒工作，导致工作任务无法完成，就需要进行辅导培训，甚至批评教育。总之，对于所出现的问题，组织和个人、上级和下级都要共同深入探究、细致分析，努力找出背后的真正原因，并采取相应的解决措施，否则会将问题带入下一绩效管理环节，对整体绩效的运行、改进、提升产生严重影响。

对于按绩效计划要求完成的目标，要分析目标是如何完成的，是单位（处室）及其工作人员通过个人努力完成的，还是有外部原因导致其轻易完成的。如果是前者，着重通过交流总结经验，看看有无可借鉴推广的工作方法。如果是后者，则要考虑指标设置的规则和标准是否有问题，是否需要调整和修改等。

在河北省财政厅的实际应用中，年度考评结束后，考评小组针对未达到绩效目标或存在不合格项的工作，向相关单位（处室）提出工作方面的绩效改进建议和标准化预防改进建议；单位（处室）依据考评中发现的问题，向工作人员提出绩效改进建议，帮助工作人员分析原因，制定提升计划。具体到绩效管理系统中，就需要单位（处室）或个人编写不符合项的绩效分析报告，由绩效办和单位负责人负责审核把关并填写诊断报告，改进人根据诊断内容编写提升计划，待提升计划经单位负责人和绩效办审核通过，整个沟通过程结束。

总之，绩效沟通贯穿于绩效管理过程的始终，在标准化绩效管理的所有关键环节中，都应该开展卓有成效的沟通活动，这是管理体系得以持续运转、各项工作得以持续改进的必要手段。

第三节 沟通是门艺术

沟通,作为一种专门的管理活动,是有规律可循的,如果遵循沟通的规律,一般会收到良好的沟通效果,比如选择科学的沟通方式、渠道和手段,遵循主动沟通、适时沟通、平等沟通等原则等。然而,尽管规律是可以总结的、固化的,但试图获得一种所谓的"有效沟通模式"或"成功沟通的标准化规范",则近乎是一种空想。事实上,沟通的效果不仅取决于是否遵守规律,更在于如何艺术地运用规律。

一、有效沟通,从"心"开始

要想实现良好的沟通效果,不仅心中要有对沟通效果的向往与追求,愿意沟通、想沟通好,更要用一颗真诚的心,真正站在沟通对象的角度思考问题,才能做到有效沟通。

有一个男人平时有睡懒觉的习惯,每天早上都要妻子喊他才能起床。一天晚上,男人和妻子吵架了,他俩谁也不搭理谁,谁也不愿意先说一句话。男人明天有个重要的会议,但他又不好意思张嘴提醒妻子,直到睡觉前,他才想出一个办法。于是,他拿出一张纸来写了个纸条:明早 7 点钟别忘了叫醒我!男人把纸条放到妻子的梳妆台上,什么话也没有说。妻子看了一眼,也没有吭声。第二天,男人一觉醒来发现已经 8 点了,就大声质问妻子:"你怎么不叫醒我?我有一个很重要的会要开!"妻子一脸无辜的说:"我已经提醒你了啊,7 点钟的时候我给你写了条子,是你没有看而已。"男人一看枕边,果真有一个纸条,写着:现在已经 7 点了,你快起来吧!男人有些生气的说:"这也算提醒我起床了吗?"妻子说:"昨晚,你给我的不也是纸条吗?"男人一听,无奈地笑了。

俗语说,种瓜得瓜,种豆得豆。在这个事例中,无论是头一天丈夫请妻子第二天叫醒自己的沟通目的,还是次日早上妻子有意达成的沟通无效,都没能站在对方的角度,也不是立足于解决问题的沟通,因此沟通失败就成为一种必然。

在绩效沟通中,要想实现良好的沟通效果,并以此带动绩效改进,沟通双方均应立足解决实际问题,树立良好的沟通心态:一方面,各级管理机构、各级领导干部应以正确的心态,科学地认识到自己在绩效沟通中的角色定位,不应扮演审判官的角色,一味刻意批判沟通对象的不足,致使对方虽摄于权威,但口服心不服;不应出现老好人倾向,为了不得罪人,维持愉悦的沟通氛围,宁肯让沟通沦为过场;不应心胸狭隘,处事不公,致使矛盾重重,等等。另一方面,干部职工也不应抵制上级针对自己开展的沟通,特别是要认识到标准化绩效管理不是为管人、约束人，而是一个全员参与的良性循环，每个人的努力都会体现在全局工作中，每个人的意见也都会得到充分的尊重和考虑。在绩效沟通中，不要空发牢骚，一味夸大自己的优势而弱化自己的不足；也不要故意沉默，任凭上级说什么就是什么，说完之后没有功效。

二、没有平等，就没有真正的沟通

美国加利福尼亚州立大学专家通过对组织内部沟通进行研究后得出的了“沟通的位差效应”。他们发现，来自领导层的信息只有20%—25%被下级知道并正确理解，而从下到上反馈的信息则不超过10%，平行交流的效率则可达到90%以上。进一步的研究发现，平行交流的效率之所以如此之高，是因为平行交流是一种以平等为基础的交流。为试验平等交流的可行性，他们试着在整个组织内部建立一种平等沟通的机制。与建立这种机制前相比，在组织内建立平等的沟通渠道，可以大大增加领导者与下属之间的协调沟通能力，使他们在价值观、道德观等方面很快地达成一致；可以使上下级之间、各个部门之间的信息形成较为对称的流动，业务流、信息流、制度流也更为通畅，信息在执行过程中发生变形的情况也会大大减少。这样，他们得出了一个结论：平等交流是组织有效沟通的保证。

当前，很多沟通专家都在倡导“加强平行沟通，促进横向交流”，平等的横向沟通的效果，要胜于依托权力等级而进行的纵向沟通。传统行政管理中，最大的问题就在于言路不畅，当管理层次增加以后，基层的声音就很难传达到高层那里。要解决这些问题，最好的方法就是打破上下级之间的等级壁垒，实现尽可能的平等交流。

三、用好方法，才能做好沟通

有效的管理者，一般是那些能够艺术性地运用管理科学的人。沟通活动有其自身规律，不以人的意志为转移，不能凭主观判断和好恶来开展沟通。但规律又是抽象的、宏观的、指导性的，在沟通过程中，我们遇到的障碍往往不是不懂得规律，而是不知道如何将其具体化、可操作化，这就需要艺术地来遵守科学的沟通规律，根据沟通目的、沟通对象、沟通时机等具体情况，选择适用的沟通技巧。

关羽在镇守荆州的时候，听说大哥刘备已经说服马超归顺蜀军，他心中甚为刘备高兴。不过，当关羽听到营中有人传言，马超武艺高强，英勇能敌，简直就像当年的吕布一样时，他就不高兴了。关羽心想：我是何等的无敌，你马超要想成为万人敌，也要先过了我这一关才行。于是,关羽给刘备写了一封信,信中表示自己想要和马超比试一场。刘备看完信后,不禁长叹,陷入了进退两难的地步。刘备只好找诸葛亮,商量对策:“关羽是我的义弟,马超又刚刚是我收的大将,甚爱之。如果让他俩约战,必有一失。可是,如果我不答应关羽,又担心会伤了兄弟间的情谊。我该怎么办才好?”诸葛亮沉默了一会,拿出纸墨来,便给关羽写了封信:“马超这种将领和吕布并驱争先,但是和你比起来还是差很远呢!不要相信传言,我最清楚这里人的实力,没人能胜得过你。你好好的镇守荆州,要是出了乱子,我可要找你算账啊。”关羽收到来信后,哈哈大笑:“知我者,还是大哥啊。”于是,他便把书信传到军营中给大家观看。一信多意,不同的人采取不同的沟通策略,恰恰体现了诸葛亮高超的沟通艺术。

在标准化绩效管理过程中,必须高度重视沟通的方式方法。沟通的方式方法多种多样,有口头方式、书面报告方式、正式会议方式、网络沟通方式等,所有这些沟通方式总结起来,可以分为正式沟通方式和非正式沟通方式。

> 正式的沟通方式一般都是事先计划和安排好的,适用标准化绩效管理组织实施机构与单位(处室)及其工作人员之间咨询关键问题。在日常的绩效沟通过程中,主要包括定期的书面报告、“一对一”的正式面谈、会议沟通等三种形式。不同的沟通形式都有各自的优缺点。

* 定期的书面报告。表现形式是使用文字或图表等方式,定期向上级报告绩效计划进度、遇到的问题、需要的支持等情况。这种沟通方式有固定的书面报告格式,可以培养单位(处室)及其工作人员系统性地思考问题,提高逻辑性和书面表达能力,同时沟通内容可提供记录查阅。但大量的文字工作易使单位(处室)及其工作人员感到厌烦,同时限于单向交流的形式,缺乏沟通的互动性,不利于发挥沟通交流的原本作用。

* “一对一”的正式面谈。这种沟通方式要求绩效管理各方在规定的时间内,针对绩效计划的执行情况进行沟通交流,最终就某一问题达成共识并制定解决方案。好处是可以进行比较直接深入的交流,及时发现单位(处室)及其工作人员存在的问题与不足,及早消除出现的不利因素。同时面对面的交流,可以使单位(处室)及其工作人员有一种受到尊重和重视的感觉,有利于各方建立融洽的关系。但是如组织或准备不充分,容易耗时间,对单位(处室)及其工作人员的交流技巧要求较高。

* 定期的会议沟通。这种方式更加直接,可以满足团队交流的需要,使他们相互掌握工作进展情况,组织也可以借机向单位(处室)及其工作人员传递有关组织战略和文化的信息。但是定期的会议沟通耗时耗力,如果时间安排不好会影响业务工作的开展,

组织不够理想,也会使会议形式化。

> 非正式沟通适用于就日常疑问及时进行沟通咨询。非正式的沟通方法,形式丰富多样、灵活,如电话沟通、邮件沟通、QQ群、微信群、开放式讨论等,不需要刻意准备,也不易受到时间、空间的限制,问题出现后马上进行沟通,从而使问题得到最快解决。

在沟通中更重要的是艺术地运用上述方法,才能取得更好的效果。例如,该如何提出单位(处室)及人员工作不足、又不至于激发其强烈反应呢?这就需要沟通艺术,可以运用汉堡原理(Hamburger Approach),按照以下步骤进行:一是先表扬特定的成就,给予真心的鼓励;二是提出需要改进的"特定"的行为表现;三是最后以肯定和支持结束。汉堡原理的作用在于提醒管理者,绩效沟通的作用在于帮助员工改善绩效,而不是抓住干部职工的错误和不足不放。因此,表扬优点,指出不足,然后肯定和鼓励,才是最佳的绩效沟通方式。

本章小结

本章主要介绍绩效沟通的基本理念、主要内容、方式方法及其应用技巧。主要内容和结论如下:

1. 绩效沟通指公共部门绩效管理组织实施机构与单位(处室)及其工作人员之间在绩效管理过程中就相关事项进行的协商和反馈,并就应对之策达成一致意见,为当前绩效管理有效开展及后一阶段绩效改进提供持续服务的一种管理方法。广义的绩效沟通还包括上下级之间、考评主体与被考评对象之间在绩效管理过程中就相关事项进行的沟通。

2. 绩效沟通的作用:有利于形成目标共识,就实现战略目标达成一种契约;有利于及时把握方向,在绩效计划执行过程中不断纠偏;有利于考评结果认同,为绩效改进环节打牢坚实基础。

3. 绩效沟通贯穿于绩效管理的四个环节,共同构成了一个有机、完整的绩效管理的渐进式循环系统。绩效沟通在各个环节的目标任务、沟通内容各不相同。

4. 绩效沟通的技巧包括沟通地位要平等,沟通目的要明确,沟通方式要细致,沟通过程多鼓励。在绩效沟通中需注意沟通流于形式、沟通误认为监督、沟通缺乏人文性等问题。

5. 绩效沟通的方法多种多样,有口头方式、书面报告方式、正式会议方式、网络沟通方式等,所有这些沟通方式总结起来,可以分为正式沟通方式和非正式沟通方式。正式的沟通一般都是事先计划和安排好的,适用咨询沟通关键问题。非正式的沟通方法,形式丰富多样、灵活,如电话沟通、邮件沟通、QQ 群、微信群、开放式讨论等,不需要刻意准备,也不易受到时间、空间的限制,问题出现后马上进行沟通,从而使问题得到最快解决。沟通中必须注重沟通艺术,灵活运用这些方式方法,才能取得更好的沟通效果。

第八章 用好绩效结果

长期以来,结果应用都是各级管理难题中的难题,一方面是考评结果的“束之高阁”,另一方面是干部任用、评先创优、公务员考核等缺乏客观依据。考评结果不够客观公正或者无法排队,是对结果应用心存顾虑的主要原因。标准化绩效管理相对客观、可比较、可排队的考评结果,为结果应用提供了坚实基础。将单位(部门)和岗位(个人)的绩效考评结果同各种奖励、评先评优、选拔任用、年度考核、学习培训等紧密挂钩,建立“位子、面子、票子、板子”四位一体的全方位激励约束机制,是标准化绩效管理体系必不可少的配套举措。

第一节 结果应用很关键

如果绩效考评结果得不到合理有效的应用,不仅会大大降低标准化绩效管理体系的作用,更严重的是将打破组织和个人的目标共识。因此,合理有效地应用考评结果至关重要,只有建立起规范的结果应用制度并落在实处,才能为标准化绩效管理体系的良性循环提供强大动力,也才能真正凝聚起干事创业的动力活力。

一、结果客观公正自然可用

传统行政管理在干部考核和选用上存在不少难以从根本上解决的问题。比如,考评边界不清晰,“一项政绩多人用,多项政绩一人用”;考核结果和干部使用脱节,激励作用有限;对干部的日常表现掌握不够,缺乏可操作性强的办法等等。标准化绩效管理从机制上、根本上解决了这些问题。绩效计划阶段,每一项任务目标按急难险重分成等级,加大重点任务的权重;每一项指标,按照明晰的边界落实到每个单位(处室)、每个人头上,做到工作任务不混淆、责任人员不交叉。绩效监控阶段,建立了周记、月结、季评的过程管理模式,把管理做到了日常,并且即时留痕,随时掌握干部日常表现,形成了对干部品德、能力综合研判机制。绩效考评阶段,在考评程序上坚持规范严密、公开透明,在考评方法上坚持科学合理、客观公正,从工作基础、客观条件、重要程度、工作难度和工作量等多个方面,经过换算、加权转化测算出绩效得分,综合评定出每名干部职工的工作努力程度,尽最大限度、最大努力追求客观公正,使考评结果与人们心中“那杆秤”八九不离十,奠定了广大干部职工对标准化绩效管理的信任基石,从而大大提升考评结果的可用性。

二、结果用好管理才有生命力

标准化绩效管理讲求在管理中达成广大干部职工的目标共识,在这一过程中,兑现组织对广大干部职工努力工作的承诺至关重要。一方面,如果绩效考评结果应用性很差,或者考评结果不能有效应用,传统行政管理中“干多干少、干好干坏差不多”的问题将还是“悬而未决”,不仅会使标准化绩效管理流于形式,长此以往还会导致广大干部职工对管理体系的漠不关心和不信任,使标准化绩效管理仅仅成为书面化的“走过场”。另一方面,如果不考虑工作实际,对传统管理矫枉过正,将绩效考评结果滥加应用,或者奖优罚劣一步到位,很可能使广大干部职工对标准化绩效管理产生疑惧和抵触,最终也将导致整体绩效不升反降。因此,必须合理有效地应用绩效考评结果,兼顾组织和广大干部职工的利益和发展要求,把握好结果应用的力度和步骤,特别是在初始阶段,应坚持正向激励为主,辅以有效的绩效提醒、绩效改进,不断强化广大干部职工对管理体系的认可,激励他们关注绩效、学习绩效、用好绩效,提高主动参与的积极性,并确保让他们认识到自己的差距并主动改进,为个人努力提供方向,从而使得整个管理体系保持旺盛的生命力。

三、结果用好才能树立正确导向

组织看重什么、鼓励什么,依据什么用干部、用什么样的干部,这些都是一个部门(单位)风气正不正的晴雨表。导向正确能够使广大干部职工摒除杂念,一心扑在工作上。而只有用好绩效结果,实现正向激励,才能确保正确导向一步步树立起来,才能逐步形成单位(处室)与单位(处室)之间、人与人之间比工作劲头、贡献大小,彼此看重人品、能力和工作业绩的良好氛围,进而形成崇尚实干的工作环境,激励广大干部职工不断追求更高的目标、不断创造更新的业绩。需要说明的是,这种正向激励不仅包括根据绩效结果开展评先评优、选拔任用等,还包括单位(处室)对岗位(个人)绩效不同方式的认同、表扬、鼓励和个人的自我肯定。

第二节 怎么用好绩效结果

标准化绩效管理实施两年多来，河北省财政厅始终十分重视绩效考评结果应用的导向性，坚持正向激励为主，不断拓展结果应用方式和范围，逐步建立起"位子、面子、票子、板子"四位一体的全方位激励约束机制，大力提拔实干能干的、奖励工作业绩突出的、惩戒工作后进不为的，切实营造出了一种干事创业、蓬勃向上的氛围。

一、实绩突出有位子

将绩效考评成绩应用于干部选拔任用，确保实绩突出有位子，是结果应用最有效的手段，更是结果应用必不可缺的手段。实际工作中，河北省财政厅建立了"以德为先、绩效导向、综合评价"的选人用人机制。以德为先，就是将政治坚定、对党忠诚作为干部任用的首要条件；绩效导向，就是重实干、重实绩，把工作实绩作为选人用人的重要依据；综合评价，就是全面、历史、民主、科学地看待干部，真正让能干事的有舞台，干成事的有位置，兢兢业业有出路，老老实实不吃亏。推行绩效初选、能绩评定、综合评价、党组研究的干部选拔任用程序：第一步，绩效初选。在符合任职资格条件人员中，根据近三年绩效分值，按照选配职位数量 3—5 倍的比例，确定绩效初选人员进入能绩评定环节。绩效分值按推行绩效管理后年限记分。2015 年绩效分值为 2014 年绩效成绩得分，2016 年绩效分值为 2014 年、2015 年度两年绩效成绩，均按 50% 权重计算；2017 年以后绩效分值为前三年绩效成绩，分别按上一年度 40%、前两个年度 30% 权重计算。如果认为在符合提任资格条件但未进入绩效初选范围的人员中，还有其他合适人选的，也可以提名推荐，同时还包括援疆、援藏、挂职、锻炼、扶贫等未能包括在绩效管理体系中的特殊人选。第二步，能绩评定。能绩评定由绩效基础分值和加分项分值两部分组成。绩效基础分值一般是近三年绩效成绩，分值计算方法与绩效初选环节计算方法相同。加分项分值由资历、学历、突出贡献、特殊人才、笔试、面试、其他特殊加分项七部分分值组成。厅党组根据绩效基础分值差，确定加分项分值具体换算系数，单项加分项分值乘以换算系数后加入绩效基础分值。最终，能绩评定总成绩 = 绩效基础分值 + ∑（单项加分 * 换算系数）。第三步，综合评价。根据能绩评定结果排序，按照选配职位数量 1∶2 的比例确定进入综合评价人选。综合评价包括会议投票推荐、个别谈话推荐、所在单位民意测评、酝酿等环节。会议推荐票为定额民主推荐票,推荐票分 A、B 票,厅领导为 A 票,其他参会人员为 B 票。参加个别谈话推荐范围包括厅领导,各处室、单位主要负责同志。由人事教育处、纪检监察室等部门共同组成工作小组,在人选所在单位进行民意测评。人教处将能绩评定得分、会议投票推荐、个别谈话推荐、民意测评情况作为重要参考,充分考虑岗位需求及人岗相适情况,充分考虑优化干部队伍结构需要,充分听取厅领导意见,最后形成人选初步方案,在征求纪检监察室、厅机关纪委意见后,报厅党组书记、副书记审定。第四,党组研究。人事教育处将初步人选建议提交厅党组会,厅党组研究确定考察对象。

2014 年,按照绩效初选、民主推荐、能绩评定、党组研究的程序,选拔了 20 名处级干部,这些同志不负众望,创造出了骄人的业绩。一名当时未被提拔的机关干部心服口服地说:"虽然我入围了,但还是因为绩效排名靠后,没有最终胜出。与新提拔的干部相比,我们之间确实有差距。主要在工作实绩。我要再加把劲儿,争取更好的绩效成绩。"在一年的时间里,这名同志静下心来钻业务,加班加点干工作,全年的绩效成绩有了明显提升。今年,河北省财政厅按照上级要求,进一步完善了选人用人机制,又选拔了 15 名处级干部,这名干部名列其中。

二、排名靠前有面子

除将考评结果应用于干部选拔任用外,让干好工作的干部职工有面子、有成就感,是激励作用更好发挥的重要方法。具体来讲,就是将单位(处室)绩效结果作为评先评优、年度考核和其他奖励以及实施惩戒的重要依据,将岗位(个人)绩效结果作为轮岗交流、评先评优、年度考核、学习培训和其他奖励以及实施惩戒的重要依据。一是评先评优。将考评结果作为评选先进单位和先进个人的主要依据。二是公务员年度考核。将考评结果作为公务员年度考核等次评定的主要依据,其中列为嘉奖以上奖励等次的一般从绩效考评成绩靠前的人员中产生。三是学习培训。区分考评结果好坏,分别作为培养业务骨干和补齐能力素质短板的依据,有针对性地组织相关培训。

河北省财政厅每年公示绩效考评排名前 60% 的单位(处室)和个人,实质上形成了工作业绩"光荣榜",特别是在干部职工同职级排名方面,排在前面的都是勤勤恳恳、锐意进取,无私奉献的人,每年的排名公示对他们都是组织的肯定、群众的认可,激励着广大干部职工对标先进。同时,在推行标准化绩效管理之后,相应修订了单位(处室)和公务员年度考核规则、优秀党支部和优秀党员评价规则,每年从绩效排名前 60% 的单位

(处室)和个人中确定评选对象,再由各单位(处室)通过民主评定的方式确定,让那些兢兢业业、实绩突出的干部职工能够脱颖而出。

三、干好工作有票子

依据考评结果,给予绩效目标经济奖励,是结果应用最直接的方法。实际工作中,河北省财政厅根据上级绩效目标奖励办法,进一步细化了本部门(单位)绩效目标奖励标准、程序和方法。具体来讲,就是打破传统管理按职务、按职称划分不同奖励标准的办法,以年度绩效结果作为奖励的主要依据,完成年度绩效目标的才可以获得绩效目标奖励的资格。同时,为全厅干部职工确定一个平均奖励标准,年度绩效考评成绩排名靠前的干部职工,按照一定比例调高绩效目标奖励标准;年度绩效考评成绩排名靠后的,相应调低奖励标准。

四、名次落后挨板子

传统考核目的是通过对工作业绩进行考核,评出先进或者议定奖励,而绩效考评的目的不仅仅局限于此,实现干部职工能力的不断提高以及管理水平持续的上升,才是标准化绩效管理结果应用的根本目的所在。因此,虽然绩效结果应用也是主要以正面激励为主,但同时也强调对绩效考评结果较差的单位(处室)和岗位(个人)逐步实施必要的惩戒,形成对后进人员的一种鞭策。更为重要的是,通过结果的反馈,使各级领导与干部职工及时进行沟通,使其发现自己工作中的短板、认识解决当前存在的问题必要性,从而达到扬长避短的效果,形成"抓两头、促中间"的效应,最终促进工作水平和干部职工自身素质能力的同时提升,为组织目标的实现奠定坚实的基础。

2015 年,省财政厅依据标准化绩效管理体系的日常监控数据,认真核实工作失误和问题产生的原因,根据工作实际,对 5 名处级干部进行了诫勉谈话,对 3 名一般干部进行了通报批评,在干部职工中引起很大震动。同时,上级领导有针对性地跟这些干部职工共同分析差距、制定整改方案,共同推进工作改进,实现了工作水平的明显提升,这些干部职工也体会到了标准化绩效管理结果应用的必要性,自身解决问题的能力也得到了有效提高。

本章小结

本章主要介绍结果应用的基本理念、主要内容和操作流程。主要内容和结论如下:

1. 标准化绩效管理相对客观、可比较、可排队的考评结果，为结果应用提供了坚实基础。将单位(部门)和个人的绩效考评结果同各种奖励、评先评优、选拔任用、工作人员考核、学习培训等紧密挂钩，建立“位子、面子、票子、板子”四位一体的全方位激励约束机制，是标准化绩效管理体系必不可少的配套举措。

2. 坚持正向激励为主，拓展结果应用。河北省财政厅始终十分重视绩效考评结果应用的导向性，逐步建立起“位子、面子、票子、板子”四位一体的全方位激励约束机制，大力提拔实干能干的、奖励工作业绩突出的、惩戒工作后进不为的，切实营造出了一种干事创业的蓬勃向上的氛围。

3. 将绩效考评成绩应用于干部选拔任用，确保实绩突出有位子，是结果应用最有效的手段，更是结果应用必不可缺的手段。实际工作中，河北省财政厅建立了“以德为先、绩效导向、综合评价”的选人用人机制，推行绩效初选、能绩评定、综合评价、党组研究的干部选拔任用程序，两年的实践取得了突出效果。

第九章 破除标准化绩效管理的"误区"

从标准化绩效管理的实践来看，这一管理模式实现了行政管理理念和方式的根本变革，随着推行的不断深入，其功能和成效一年比一年好。但对广大干部职工来说，标准化绩效管理是一项全新工作，推行过程中特别是在推行之初也必然会遇到一些问题，诸如个别干部职工有抵触心理、管理中对关键技术和环节缺乏有效掌握等。梳理、分析这些问题，不难发现大多并非出自标准化绩效管理体系本身，而是源于推动者和执行者理解上的偏差。这些问题不解决，标准化绩效管理很可能做成"夹生饭"。因此，有必要溯本清源，深挖产生误区的根源，提前采取有效措施加以避免。

第一节 "钻木取火"要不得

从基层调研情况看，行政管理机制、模式和方法的改革创新始终在不断推进，也取得了不小成效。但大多属于原有管理体系的修修补补，特别是在基层行政部门，不少还在把一些老做法当作探索和创新，在低水平上重复。导致这种情况的原因，主要是认识上的差距。比如，有的认识不到从战略上、根本上、机制上解决问题才是出路，还在一味"钻木取火"，将一些传统管理中的技术方法稍作改造后，应用在实际工作中；有的认识不到标准化管理、绩效管理等现代管理理念、技术和方法不仅一样适用于行政部门，而且是实现行政管理质效提升的必然道路；有的把绩效管理当做目标管理或者是绩效考核。推行好标准化绩效管理，必须首先解决好这些思想认识层面的问题。

一、惯性思维

有些人认为，标准化绩效管理是企业管理常用的模式，理念过于超前，技术方法过于繁琐，与行政工作难以接轨，是自己给自己戴枷锁、找麻烦；有的人还认为，绩效管理是额外的、附加的工作，不仅对先进的现代管理模式视而不见，甚至产生抵触情绪。这类问题的产生，大多是传统管理的思维定势在“作怪”，一些干部对新形势新要求认识不透，对传统管理方式存在路径依赖，不愿意接受和适应新的管理模式，有的人甚至不愿意打破“干多干少一个样，干好干坏一个样”的生态。这些思想认识导致从一开始就不愿意去深入学习、理解现代管理理念和方法，对标准化管理、绩效管理等现代管理模式一知半解，甚至连基本的术语和方法都没有掌握，更别说它的实质和内涵了。

正如西格纳联合企业的CEO劳伦斯·博斯迪所说：“靠呵斥、喊叫和敲打迫使人做出优良绩效的日子早已经结束了”[①]。实践证明，传统的指令式、经验式管理模式已经越来越难以为继，摆在眼前的只有两条路，或者转变理念，跟上现代管理的发展步伐；或者被时代所抛弃。那么，怎样转变管理理念呢？首先，要把标准化绩效管理看作是一种综合的、最基本的管理模式，用绩效管理的理念、方法来指导各项工作的开展，检查、验证各项工作的效果。其次，要把标准化绩效管理作为提升管理技能的有效手段。有的领导干部擅长专项业务，但缺乏基本的管理知识和技能，不知道怎样管理，只有不断学习、熟练运用绩效管理的理论和方法，才能迅速达到提高管理技能的目的。最后，要牢固树立抓标准化绩效管理就是抓工作的理念。无论是搞业务管理，还是搞后勤服务，还是做其他工作，如果利用不好标准化绩效管理这个工具，提高管理水平、提高工作效率、提高部门执行力就会成为“口号”和“空谈”。

二、照抄照搬

不少基层部门简单“复制”标准化绩效管理，或生搬硬套，或稍作修改，在一些管理技术、方法上不去揣摩，拿捏力度不准，管理结果不符合预期，就大呼“标准化绩效管理行不通！”；有的部门觉得标准化绩效管理太过复杂，只针对解决单个问题选取其中一个环节、一种方法应用，解决效果不明显，就认为标准化绩效管理没用。这种问题的产生，或是因为对本部门职责、机构、干部队伍等考虑不充分，同是行政部门，但管理基础、机构设置、干部职工能力和水平等不可能完全一样，特别是领导干部管理能力肯定存在差异，盲目模仿只能导致水土不服；或是因为不理解标准化绩效管理是一个环环相扣、持续改进的管理体系，以为拆散了也能用，但事实是片面简单化，其结果往往南辕北辙。比如，离开科学合理的绩效计划，日常管理就没有对象，绩效考评更不可能开展，将标准

---

① 转引自：方志峰：《绩效沟通中存在的误区及应对策略的探讨》，《江汉石油职工大学学报》2007年5月，第62—64页。

化绩效管理"拆散"应用,必然达不到预期效果,甚至带来更大的管理弊端。

在管理中没有"最佳"的实践,只有"最契合"的实践。同样,在标准化绩效管理中,只有对本部门的管理基础、战略目标、价值观、干部队伍等进行充分的诊断,才能"对症下药",找到能解决绩效问题的"千金妙方"。比如,绩效计划的制订,一定是在部门战略目标引领下设置绩效目标指标,也一定是在深入研究分析各项工作的基础上,确定指标评价标准和评价方法,即使是同一项工作,在不同部门的标准也肯定是不一样的。同时,管理中必须因时而动,因势而动,因事而动,拿捏好各个环节、各种技术方法的力度,才能确保管理不偏差,结果不走样。比如,创新性工作和突破性工作的数量和分值、指标的权重、工作负荷系数的大小等等,都需要根据部门实际,合理确定、准确拿捏,这考验的是各级领导干部的管理能力和管理艺术。

三、重考评轻管理

重结果、重考评是推行标准化绩效管理中最普遍的误解。有的人认为,标准化绩效管理就是绩效考核,就是要个结果。因此,只注重结果排序,没有将标准化绩效管理当作过程的控制和管理,更没有着眼于人的管理、人的提升、人的发展。

如果学生只关注考试结果,忽视平时学习和知识积累,那肯定不会有什么好成绩。费迪南·佛尼斯在《绩效!绩效!》一书中指出,"没有人可以完全掌握最后的结果,管理者必须将管理重心放在职工会产生结果的行为上"①。标准化绩效管理是一套完整的现代管理体系,包括绩效计划、绩效监控、绩效考评、绩效改进和绩效沟通等"四环节、一主线",是一个动态的管理过程。它通过充分沟通设定绩效目标指标,并明确完成目标时的激励,组织与个人就目标形成契约,达成目标共识。然而,目标是否能达成还取决于许多因素:比如干部职工自身的努力和投入、知识和能力、工作过程中的障碍等。因此,标准化绩效管理通过绩效监控持续跟踪和关注干部职工在绩效周期内的工作情况,并设计了绩效辅导、过程管理和绩效提醒等各种方式方法,帮助干部职工实现既定目标。尤其是各级领导干部不再做"甩手掌柜",而是身兼咨询师、教练、后勤主管等多重角色,及时就工作过程中的偏差和错误,和指标具体承担人员共同商讨解决办法,为改进干部职工的绩效水平提供支持,从而最终达成或超越既定的绩效目标指标。绩效考评和奖惩兑现并不是绩效管理周期的结束,还需要针对绩效周期内出现的问题对业务工作和

---

① [美]费迪南·佛尼斯:《绩效!绩效!》,丁惠民,游琇雯译,中国时政经济出版社2003年版。

管理体系提出改进措施,以期在新的绩效周期中工作水平得到进一步提高,管理体系得到进一步完善,干部职工素质得到进一步提升。

因此,标准化绩效管理和绩效考评是整体和部分、流程和环节的关系。标准化绩效管理的计划、监控环节为绩效考评的实施提供前提和依据;绩效考评为标准化绩效管理的目标实现提供保障,为绩效改进提供方向。绩效考评是对标准化绩效管理前期工作的总结和评价,具有滞后性、阶段性,是反馈控制;绩效管理则具有前瞻性、整体性,是包括前期控制、事中控制、反馈控制的全过程。如果只是盯在绩效考评上面,必然会偏离标准化绩效管理的初衷。

四、忽视组织和个人目标的融合

实践中,有些人认为标准化绩效管理就是目标管理,片面地将标准化绩效管理当作实现组织目标的手段,忽视了实现个人目标的重要性,部门和干部职工之间没能达成目标共识。比如,在绩效计划阶段,之所以采取“两上两下”的深入沟通,目的就是建立组织和个人间的契约关系,达成目标共识,但是在实际操作中,有些单位(处室)和干部职工并不重视这一过程,其根源就是对标准化绩效管理的片面理解。

目标管理是通过建立目标体系,利用目标制定、目标实施及目标完成情况的评价等一系列步骤引导和控制个人行为。目标管理和标准化绩效管理在管理方法上有很多相通之处。例如,目标分解、考核评价等术语在目标管理和标准化绩效管理中都被大量使用。可能是这一点,使得一些人认为绩效管理就是目标管理。但是,二者的管理理念完全不同。首先,目标不同于绩效,目标强调的是工作的结果,绩效的内涵则更为丰富。目标管理具有强烈的结果导向,比较注重组织短期目标的实现,个人容易出现短期行为。除了结果导向,标准化绩效管理还有显著的能力发展导向,注重组织战略目标的实现,但组织目标的实现过程是通过个人目标的实现达成的,强调组织和个人的长期持续发展,注重实现组织和个人的双赢。其次,目标管理突出目标责任对个人的约束作用。标准化绩效管理则要求管理者和个人实行合作和持续沟通,目标的实现是上下级共同努力的结果。再次,在目标实现情况评价上,目标管理十分注重定量评价,但方法较为简单。标准化绩效管理则有专门针对组织、部门和个人的绩效考评方法,方法的系统性较强。

第二节 摆正心态看问题

标准化绩效管理讲求全员参与,共同促进组织目标的实现和管理体系的完善,并在具体环节和管理技术方法的设计上,突出了对个人的正确引导。因此,标准化绩效管理要求广大干部职工特别是各级领导干部摆正心态,认真按照管理规则参与管理、努力工作。但在参与过程中,有的人难以摆正心态,出现了一些短视行为、“小聪明”,导致绩效结果出现偏差,个别甚至出现努力工作结果反倒不好的极端现象。

一、“弯腰捡柿子”

某事业单位,编制2015年度绩效指标时,把感觉完成有难度或者不可控的重要工作,刻意压低指标标准;又为了显示单位的工作量大、任务重,将一些“躺着”就能完成的日常琐碎工作列入指标,以增加指标数量和指标得分率;同时,图省事将二级(部门)指标直接继承给了三级(岗位)指标。年底考评时,该单位所承担的绩效指标初始得分都是满分,自认为工作完成得好,稍微一“弯腰”就捡到了“满框柿子”。但是,公布最终排名成绩后却排到了事业单位分类的中游。单位负责人很不服气,就去找绩效办“理论”。绩效办工作人员通过分析该单位的绩效指标后,对其进行了解释。指标满分是原始得分,换算后的才是最终得分,由于标准尺度设置偏低,指标都完成很好,但同样标准和尺度的同类指标都是满分,看似皆大欢喜,但体现不出工作努力程度,换算后自然就是平均分了。

其实上述案例就是典型的占小便宜吃大亏,其根源还是曲解了绩效计划设计的初衷。怎么正确理解绩效计划呢?第一,绩效指标设计的实质,是将各项工作量化或者细化。每项指标都对应着实际工作,指标的评价标准则是该工作需要达到的程度。对各级管理者来说,抓住了绩效计划这个环节,就抓住了整体工作的“纲”。第二,编制好绩效计划是做好各项工作的重要前提和基础。从标准化管理流程来说,相当于PDCA循环中的计划环节,科学合理的绩效计划可使全年工作有依据、有标准、有节点,能起到“事半功倍”的效果,但指标标准必须是“跳一跳、摘得到”,全年工作努力程度靠指标标准及其完成情况来体现,标准过低的指标,完成起来容易,但体现的工作努力程度也不高。第三,单位(处室)指标和岗位指标的用途是不同的。单位(处室)指标是厅领导班子用来管理单位的,岗位指标是单位负责人用来管理工作人员的。因此,从各级领导干部到每一名干部职工,都必须强化“研究指标就是研究工作”意识,按照“跳一跳,摘得到”的原则,严格认真地研究每一项绩效指标的评价标准、评价方法,只有这样制订出的计划才是有效的绩效计划,也才能在年终考评时体现出工作努力程度。

二、个人英雄主义

小陈是某业务处室的业务骨干,已具备被提拔的资格,因而经常把周围的人视为竞争对手,于是只是埋头把自己的工作做好,争取得单位(处室)领导的认可。但是绩效考评后他发现,虽然个人承担的绩效指标完成得非常好,最后的绩效成绩却不理想,因此向绩效办提出了质疑。绩效办通过对该名业务骨干考评结果的分析,发现其个人承担指标虽然完成的很好,但是所在的单位整体指标完成的较差,工作负荷系数也较低,最后得分偏低也就不言自明了。

标准化绩效管理是一个全面的系统工程,不仅从职责分工、任务多少、责任大小、工作负荷、突出贡献、工作失误等多方位对每个人的工作努力程度给出综合评判,而且引导个人关注团队、关注他人。在这一管理体系下,一个人在绩效考评中取得好成绩的秘诀是“努力做最优秀的自己,努力为团队做贡献,并得到大家的认可”。只有这些条件在一个人身上发生共振时,这个人才能在同级别大排名中处于领先地位。那么,怎么做才能有最好的结果呢？首先,要努力提升自我,争取承担部分标准适当高一些的绩效指标,这样工作完成的好,才有机会在同类有难度的绩效指标换算得分中,因高于“平均分”而受益;争取成为单位或协作单位的创新工作、突破性工作成员,通过突破创新,争取在特别加分中有所收获。其次,要增强团队意识,由于单位(处室)得分占个人得分的一定比重(在河北省财政厅,这一比重达到了40%),只有团队工作完成的好,才能水涨船高,个人才会受益,这就要求日常工作中不仅注重个人工作完成情况,也要注重同事间的合作与提醒,不能让一个人掉队,这样单位(处室)年终考评得分才能高,团队中的个体才能“一荣俱荣”。最后,还要得到广泛认可,通过努力工作、团结同事、互帮互助,用自己良好的表现获得大家一致的认可,打下坚实的群众基础。

三、平均主义

2015年,某单位(处室)“一把手”在分配指标时精打细算,在责任系数上找“平衡”,各副职的责任系数都接近平均数,基本干多干少一个样;在工作负荷系数上搞“平均主义”“轮流做庄”,将每个季度最高档次均匀地打给各个工作骨干。年终考评后,由于该单位每个人分数都差不多,导致没有一个人在全厅大排名中绝对占优,使得在“单挑”中缺乏竞争有力“种子”型选手。人为导致绩效结果与真实工作情况出现偏差,不仅干得多、干得出色的业务骨干心里有意见,干得不太好的心里也不服。

客观公正是标准化绩效管理的基本要求。为什么标准化绩效管理要引入工作负荷系数、责任系数等技术方法?标准化绩效管理是建立在岗位平等、分工不同的基础上,每名干部职工的绩效基础分值都是双百分。但是,为区分不同工作人员之间的工作量和工作难度差异,也就是为解决“干多干少一个样”、“干的多错的多”等问题,引入了工作负荷系数、责任系数等方法,目的就是实现过程和结果的公平。因此,正确理解和使用负荷系数、责任系数等技术方法,是实现绩效结果客观公正的重要保证。用一颗公平公正的心用好这些技术方法,结果自然就公平公正;用不好,结果就一定会出问题,各种“后遗症”也会纷至沓来。之所以出现上述那些问题,原因就在于一些干部职工尤其是一些单位(处室)的主要领导没有真正理解绩效管理的先进理念,没有真正学会使用先进的管理方法,惯性思维依然占据主导地位,传统管理中的“老好人”思想、平均主义思想、按资排辈思想仍在左右工作,影响了绩效考评结果的客观公正。

第三节 关键节点别失误

标准化绩效管理是一套以“全程管理、全员参与、闭环运行、持续改进”为主要特征的系统工程,通过绩效计划、绩效监控、绩效考评、绩效改进等四个基本环节的紧密相连、环环相扣,来实现持续运转、不断提升。因此,对管理过程中每个环节的正确掌控是标准化绩效管理能够高效运转、不断深入人心的根本所在。实际工作中,有几个关键节点“牵一发而动全身”,必须重点关注,避免出现“差之毫厘谬以千里”的状况。

一、精准才有好成效

精准制订绩效计划是提高工作质效的重要基础。但在绩效计划阶段,设置绩效指标及评价标准是比较容易出问题的环节。比如:有些单位(处室)和岗位(个人)绩效计划设定不科学,指标导向性不强,对实际工作支撑不够,量化程度不高;个别指标设定的评价标准偏低,与实际情况存在差距,且数据来源较为模糊;部分指标录入不完整,缺项漏项,指标编号对应不规范等等。出现上述问题的原因大致可归结为三种:第一,不理解绩效指标与实际工作的关系,造成二者严重脱节;第二,没有完全掌握绩效指标编制的原则,靠“拍脑袋”设计指标和评价标准;第三,对本职工作缺乏深刻的理解和分析,不清楚历史数据、上级要求和同行业先进水平,甚至连本职工作都不了解。

那么,怎么制订出精准的绩效计划?至少要做到以下“两方面精准”:一方面,指标标准要精准。评价标准是衡量某一类绩效指标完成好坏的“尺子”。尺子设置过高,完成该项工作就没有了信心,有的人甚至会产生“破罐子破摔”的心理,反正完不成,索性随它去;尺子设置过低,不用努力就能完成很好,工作质效自然高不了。体现在考评结果上,这两类指标最后得分都不会高。这就要求“尺子”高度适当,只有“跳一跳”,才可以“摘得到”。首先,深入研究分析工作,工作分析是绩效指标设定的基础,要想设计出科学合理的绩效指标和评价标准,就必须对本职工作有深刻的理解,掌握历史数据、上级要求和同行业先进水平。其次,清醒认识全局工作,特别是各级领导干部要明白整体目标的构成、要求、标准、进度以及本单位(处室)各项工作在全局的位置,这样才能避免单位(处室)指标权重出现畸重畸轻的问题。再次,认真开展双向沟通,各级领导干部必须在深入分析各项工作的基础上,对单位(处室)指标、个人指标及评价标准进行严格的审核,并与个人进行深入细致地沟通,才能确保达到“跳一跳、摘得到”的原则要求。另一方面,指标分配要精准。首先,绩效指标与业务能力要匹配,讲求“大马拉大车”、“小马拉小车”,分配工作要与业务能力相匹配,做到人事相宜,否则会造成工作的各种不畅。其次,绩效指标与承担人员要相匹配,由从事相对应工作的工作人员来承担,不能没干的来凑热闹,随便搭便车,也不能干了的没指标。

二、坚持才有好习惯

帮助广大干部职工培养良好的工作和生活习惯,是标准化绩效管理的重要目标之一。其中,最重要的技术和方法是过程管理,也就是周记录、月计划和月小结。但这一环节最普遍的问题是重视程度不高,惰性或多或少存在,有的单位(处室)和个人周记录、月计划、月小结录入不及时、不完整、不规范,有的甚至认为周记录、月计划、月小结等没有必要。

周记录、月计划、月小结等过程管理方法蕴含了多重意义。第一,绩效沟通是绩效管理的灵魂和主线,沟通的质量和水平,决定了绩效目标的实现和绩效的提高。不仅绩效目标制订阶段需要密切的双向沟通,绩效管理的实施过程也是一个互动沟通和提升过程。周记录、月计划和月小结就是上下级之间实现日常沟通的重要工具,上级不仅可及早发现、及时解决目标执行中的问题,还可以随时肯定、表扬、激励干部职工,实现有效的绩效监控。第二,过程管理是实现标准化绩效管理科学规范、客观公正的重要工具。在绩效管理系统中,对周记录、月计划和月小结的内容作了规范,工作留痕与绩效指标联系更为紧密,其内容将作为绩效考评的重要依据。同时,由负责周记录、月计划、月小结的审核主体履行绩效预警职责,采取工作面谈、系统录入等统一规范的方式进行绩效预警,实现日常工作即时纠偏。第三,过程管理的主要目标之一是培养广大干部职工良好的工作习惯,做事有计划,过程有记录,一定的时间节点有总结,这样才能实现持续改进。周记录、月计划和月小结就是实现这一目标的重要载体,它可以帮助个人养成良好的思维习惯和工作习惯,促进个人能力的提升。只有持续不断地坚持,才能形成好的习惯,才能显现其实际效果。

三、公平才有好结果

在绩效考评阶段,很容易出现三种不利倾向。一是晕轮效应,美国心理学家爱德华·桑戴克根据心理实验的结果发现,考评者在对一个人进行考评时,往往会凭主观印象行事,从而使评估结果有偏高或偏低的倾向,这种现象被称之为晕轮效应。它表现为在绩效考评过程中,往往将某一优点或缺点扩大,以偏概全,一好百好或一无是处,尤其是在使用工作负荷系数时,晕轮效应会表现得更加明显。实际工作中,河北省财政厅将工作负荷系数由2014年的按照年度评价改进为2015年的按照季度评价,一定程度上避免了晕轮效应。二是人际关系化倾向,指把被考评者与自己的关系好坏作为考评的依据,或作为拉开档次的重要因素,实际工作中这种情形较为容易发生。三是个人偏见,在进行各种考评时,可能在个人特征,如民族、性别、年龄、性格、爱好等方面存在偏见,或者偏爱与自己的行为或人格相近的人,造成人为的不公平,比如对于自己关系不错、性格相投的人会给予较高的分数,与自己关系较差的给予较低的分数等。

考评时的这些误区必须引起高度重视,为了考评结果的客观、公正、真实,每名干部职工特别是领导干部都必须充分意识到上述问题的严重性并尽量加以避免。

本章小结

本章主要介绍标准化绩效管理中常见的问题和误区,并对问题和误区产生的原因、解决的方法以及注意的事项进行了讲解。主要内容和结论包括:

1. 在思想认识层面主要误区。绩效管理理念过于超前,绩效管理就是绩效考核,直接照搬绩效管理,重考评轻管理,忽视组织目标和个人目标的融合等等。针对以上问题,进行了深入分析,并进一步指出了解决的方法。

2. 在对绩效管理程序设计、技术方法理解上的误区。在绩效计划环节,有人认为编制绩效计划过于繁琐,有人认为制定绩效计划就是上级给下级下达任务指标,有些单位直接复制上级绩效计划,有些将部门计划直接拆解分配计划等等。在效监控环节,最普遍的问题是忽视过程管理,不理解过程管理的设计初衷,有的月计划、周记、月小结录入不及时、不完整、不规范,有的甚至认为周计划、周记录、月小结等没有必要。对技术方法上的理解,主要表现为对绩效得分调整公式、工作负荷系数、绩效得分调整系数等理解程度不深。

3. 在操作层面出现的问题。主要表现为指标设置能力不足,考评时出现个人主观倾向等,需要在实际工作中加以注意和克服。

第十章 结 语

构建好以标准化绩效管理为核心的内部管理体系和运行机制,无论对于一个部门的事业发展,还是对每一名干部职工,都会产生极其深刻的影响。这一点,在实践中已经逐步得到了印证。同时,这也是一项难度很大的开创性工作,不仅要打破原有的思想观念和思维模式,还要改变每个人的工作方式和行为习惯,需要广大干部职工的共同努力和付出,特别是需要各级管理者的全身心投入。展望这一管理模式的远景,作为推进国家治理体系和治理能力现代化的具体探索和生动实践,标准化绩效管理的未来充满希望,在这个从理论到实践,再从实践到理论的不断探索、不断完善的过程中,必将日益彰显出更强大的生命力。

第一节 几点经验

绩效管理是世界公认的一道管理难题。在行政部门推行标准化绩效管理,更是一个复杂的系统工程,有一些必须突破的瓶颈和难点。比如:目标难融合、绩效难界定、评价难量化、横向不可比、结果难应用等等。只有立足本部门管理实际,较好地发挥传统管理优势和现代管理的先进性,才能确保顺利推进。几年来的实践,河北省财政厅逐渐摸索出一些切实可行的经验,对这一管理模式也逐渐有了更清晰的认识和更深刻的体会。

一、"一把手"具有决定性作用

标准化绩效管理不仅是一次管理机制和管理方式的变革,更是一次思想观念和传统习惯的改变,涉及到工作的方方面面,更触及到每个人的切身利益,推进过程中肯定会有阻力、有压力、有困难。这项改革能否顺利推行,不仅取决于科学完备的制度设计、正确合理的路径选择,更取决于领导干部的信心、决心和恒心。实际推行中,各级领导干部必须要有全局的胸怀、长远的眼光，敢于直面矛盾，敢于担当责任；还要坚持稳妥、谨慎的原则，尽量照顾到大多数人的利益，尽量考虑到每名干部职工的感受和要求；更要掌控好整体方向，把握好推进节奏，拿捏好关键环节的力度，在工作中和大家一道创造性地解决各种矛盾和困难，才能真正把标准化绩效管理落到实处。尤其需要强调的是，在管理框架和体系设计中，既要做到科学严密，确保管理规范高效，又要有足够的弹性，为各级一把手留下制度内的管理空间，确保"一把手"牢牢把握方向、掌控全局，确保在实际工作中能够突出战略重点，树立正确导向。比如，在上级部署指标和全年工作要点指标的确定上，由"一把手"最终审定；在特别加扣分的确定上，要让领导干部有一定的裁量权，可为"一把手"设定高一点的权重等等，具体操作规则需要在实践中反复权衡、反复调整。

二、全员参与是扎实推进的重要保障

标准化绩效管理不是某个单位（处室）、某个人的事，而是广大干部职工共同的事业，需要凝聚集体的智慧和力量，需要共同的努力和付出，不仅需要全体干部职工从设计到操作全员、全过程的参与，更需要大家结合各自的实践和体会，不断完善制度、办法和操作规程。同时，标准化绩效管理也不仅仅是个人被动地编写文件、录入数据，而是全体成员主动设定工作目标、自觉审视工作表现、自愿提升工作绩效的管理过程。可以说，离开全体成员的主动参与，标准化绩效管理就会流于形式，就会成为应付性的无用劳动，自我管理、自我提升、全面发展的目标也将难以实现。因此，标准化绩效管理关乎每一名干部职工，没有任何人是旁观者、局外人，必须鼓励和引导广大干部职工积极投入到标准化绩效管理的各项具体工作，开放式沟通、广泛性参与，在实践中不断强化思想认同，进而培育出绩效文化，逐步使标准化绩效管理的价值理念内化为每一个人的自觉行动。

三、目标共识是激发内生动力的源泉

什么是目标共识？目标共识就是人们对所期望达到目的、境界的共同认识和一致看法。目标共识是团结一心、干事创业的思想基础，是共同奋斗、攻坚克难的动力源泉。历史经验证明，人们思想的统一、行动的一致、力量的凝聚，各方面积极因素的调动，都需要以取得目标共识为前提。

作为一种科学有效的管理工具，绩效管理意味着组织和个人之间持续的双向沟通过程,这个过程是通过管理者和管理对象就绩效目标指标达成契约、形成共识来保证完成的。在这一过程中,组织战略目标被层层分解为个人目标,组织和个人之间在对组织和个人绩效的期望问题上达成共识,并由个人对自己的工作目标做出承诺;与此同时,组织也通过制度的不断完善对个人做出相应的承诺。因此,目标共识是组织愿景和个人愿景的有效融合,它使个人有了明确的工作预期和成长方向,能够有效调动和激发个人的主动性和创造性,促使个人把对组织的价值认同转化为自觉行动。绩效管理也因此成为个人主动设定工作目标、自觉审视工作表现、自愿提升工作绩效的参与性管理过程。因此,只有形成目标共识,才能激发内在动力,形成强大的推进合力。

四、实践中不断创新发展是成功推行的关键

立足行政管理实际,有选择、有批判地借鉴各类组织标准化管理、绩效管理的理念、模式和方法,并在实践中不断创新发展,是标准化绩效管理推行成功的重要因素之一。比如,针对标准化管理和绩效管理单独推行中容易遇见的问题,将二者融合为标准化绩效管理,实现了扬长避短、优势互补。再如,相对于企业,在量化的、机械的管理体系中融入人文理念,着力培养个人积极进取的精神和良好的思维、工作、生活习惯,激励人的社会道德追求、精神追求,追求个人素质的提升、境界的提高,有效避免了企业的"绩效主义"。又如,企业绩效管理的激励机制大多是基于某一确定经济目标的、孤立的激励,考虑当前利益较多,精神层面较少。而标准化绩效管理更加注重广义上的薪酬激励,即包括绩效工资为主的经济激励,又包括地位形象、荣誉等在内的精神激励,特别是与干部选拔和交流挂钩,全面提升了激励的深度和广度。

五、合理应用先进技术才能实现有效支撑

行政部门推行标准化绩效管理面临许多瓶颈,比如行政工作难量化、结果不可比、操作程序繁琐等等。在管理实践中,一方面,要注重先进技术和方法的引入,有效破解上述难题,全面提升管理的科学性、客观性、公正性、适用性、人文性。比如,整合关键绩效指标法(KPI)、目标管理等绩效管理工具,科学设计目标指标体系;引入工作负荷系数、责任系数、调整公式等应用数学、统计学技术和方法,确保考评结果客观公正、横向可比;坚持精细化设计、便捷式操作,总体框架和制度经过一定时期运行定型后,一般不做大的调整,每年按照固定的程序规范化运作,同时研发集办公系统、业务系统和绩效管理为一体的信息化平台,做到"过程留痕"、信息化操作,实现"事倍功半"到"事半功

倍”的转变。另一方面,还要避免片面地强调先进技术,标准化绩效管理的实质不在于采用什么样的形式,不在于采用什么的方法、工具,标准化绩效管理的技术、方法有很多种,不一定先进的就是好用的,关键在于采用适用于本部门实际情况的形式和方法,能够很好地解决实际问题,提高整体绩效,这样才能更好地促进大家做好标准化绩效管理工作。比如,河北省财政厅在选择绩效指标权重确定方法时,创造性地运用“五星法”,而不是选择更复杂、更先进的其他方法,既便于广大干部职工接受,又与管理实际非常契合,取得了很好的效果。

六、相对客观公正是标准化绩效管理追求的目标

正如前文所言,绩效管理是世界公认的一道管理难题,再加上政府部门绩效内涵的复杂性、参与主体的多元性以及利益诉求的差异性,实现“完美”管理显然是一项“无法完成的任务”。实践中,河北省财政厅尝试了多种现代技术和方法,破解了不少行政机关推行标准化绩效管理的难题和瓶颈,逐步实现了管理过程、绩效结果的相对客观和公正。但两年多的实践经验也再一次证明,管理从来都是一个不断探索、不断改进、不断完善的过程,管理结果和部门实际的“八九不离十”已经是相对“完美”的结果,在改革初始阶段甚至只能做到“八九不离七八十”。因此,相对的客观公正是标准化绩效管理追求的目标。在实际推行中,必须端正心态,正确看待、妥善处理管理过程中出现的各种问题,做到管理水平和管理效果的持续提升,才能逐步迈向这一管理目标。

第二节 发挥好各级管理者作用

绩效管理是各项工作的总抓手和重中之重。因此,各级管理者必须全面掌握实施过程中的动态情况,手把手地指导广大干部职工如何去实施标准化绩效管理,一起研究分析和解决推进中遇到的各种具体问题,消除疑惑,扫清障碍,尤其是要把握好工作导向、机会均等、公平公正等关键问题,才能确保标准化绩效管理顺利实施。

一、统一思想认识,形成推进合力

标准化绩效管理是一项全新的工作。如果广大干部职工没有一个正确的思想认识,实行标准化绩效管理就是一句空话。因此,如何解决好思想认识问题,是各级管理者在推进标准化绩效管理中面临的头等大事。

一是加强思想引导。要反复讲明一个道理,开展标准化绩效管理不是为了管人、约束人,而是为了让每一名干部职工更加清楚自己的目标任务,更好地发挥自己的主动性、创造性,逐渐养成一种良好的行为习惯、工作习惯。让每一名干部职工认识到,绩效管理对自己有什么好处,对组织有什么好处,从而营造一种良好的绩效氛围。

二是抓好绩效培训。保证标准化绩效管理的有效实施,形式多样、行之有效的培训必不可少。重点是分层次、有重点的加强绩效知识和操作技能培训,而不是一刀切、一窝蜂式的培训。比如,各级管理者要掌握绩效管理原理及绩效管理体系架构,熟练运用绩效指标体系和评价体系;绩效沟通的方法和技能;绩效分析和改进的技能等等。一般干部要了解绩效管理的作用和意义,会编制绩效指标和评价标准,会记录绩效过程,会绩效沟通和改进等等。同时,要不断创新培训载体和培训的方式,不单是要掌握一些基本知识,更重要的是学会如何来实际操作,如何来解决实际问题。培训的时候不能单单采用听讲的方式,还可以采取分组讨论、案例分析、情景模拟等形式,增强培训效果。

三是共同做好绩效管理。社会心理学研究发现,当人们亲自参与了某项决策的研究和制定,并在这一过程中做出了公开表态,他们一般会倾向于坚持自己所表明的立场,并且不易因受到外界力量的影响而发生改变。各级管理者要积极引导广大干部职工参与绩效管理各环节工作,特别是要和干部职工一起,围绕战略目标、年度任务的实现,并结合每个人的工作职责,一起制定绩效计划,通过耐心细致的双向沟通,对部门目标、单位(处室)目标、个人目标达成一致的认同,这样就把个人愿景和组织愿景有机统一起来,形成统一的思想认识。同时,要及时了解干部职工在工作过程中遇到的困难和取得的进步,以正向引导的方式给予必要的支持,增强干部职工的自信心和动力。

四是培育良好的绩效文化。在广大干部职工中激发主动改进个人工作、提升个人素质和能力的强烈欲望,逐渐养成经常进行工作观察和分析的习惯。同时,立足部门实际,不断完善制度体系,形成正确的制度导向。另外,还需要通过多种形式的宣传,营造良好的标准化绩效管理氛围,倡导向上向善、弘扬正能量的价值理念,形成互信互助的绩效伙伴关系,使绩效理念深入人心,绩效文化逐步形成。

二、加强理论学习,当好绩效老师

各级管理者不仅自己要熟练掌握和运用绩效管理的基本知识,还要能给广大干部职工当老师、作辅导。怎样才能达到这个要求?

一是弄明白。标准化管理、绩效管理理论,都是公共管理理论的分支,既有传统的管理理论基础,还融入了一些新兴的学科门类,这些知识具有一定的关联性,内容很多,范围很广。应该系统学习、全面掌握这些理论知识,首先从基础理论、基本原理、主要方法等内容学起,原原本本,学深学透,不仅要知其然,还要知其所以然。同时,标准化管理和绩效管理不是科学管理的全部,还需要行为科学、领导艺术、沟通技巧,以及决策、调查等多种理论和方法,也应当注重学习和掌握。另外,绩效管理还是一门操作性很强的管理方法,各级管理者在掌握理论知识的同时,要把每一个操作中的细节,彻彻底底地搞明白,知道从哪儿着手,怎么动手。不能仅停留在理论知识上,与实际操作脱节。

二是讲清楚。必须把标准化绩效管理的相关知识掰开了、揉碎了不厌其烦地给广大干部职工讲清楚。重点是要把基本原理讲透彻,标准化绩效管理的内涵、实质作用是什么?把意义讲清楚,标准化绩效管理不只是一种管理工具,也是一种价值理念。其追求的本质是实现自我管理,从"要我做"到"我要做",最终实现自我提升、全面发展。把主要观点讲清楚,推行标准化绩效管理是大势所趋,对事业、对组织、对个人、对家庭都有好处;要把主要方法讲清楚,有什么可使用的工具、方法、措施,有什么作用,解决什么问题等等。对于这些绩效管理中的重点问题,一定要反复讲、具体讲。

三要会沟通。抓住各阶段重点,切实做好沟通。在绩效计划阶段,要和每位干部职工对目标指标和评价标准反复沟通、达成一致、形成契约。在绩效监控阶段,要根据每个人的周记、月结,对实际工作与指标计划之间出现的偏差进行及时纠正。在绩效考评和改进阶段,和干部职工围绕考评期内的工作是否合理公正进行开放式沟通;还应当就工作中出现问题的原因进行深入分析,共同确定下一期改进的重点。同时,在沟通过程中要注意方式方法,确保沟通效果。

三、掌控实施过程,把握前进方向

各级管理者,特别是"一把手"的根本职责是把方向、抓大事、谋全局。在推行标准化绩效管理中,各级管理者必须牢牢掌控实施过程,特别是要切实把握好工作导向、客观公正等关键问题,确保标准化绩效管理正确前行。

第一,在绩效计划阶段,重点是制定出科学合理、切实有效的绩效计划。和干部职工一起,在深入分析、全面了解组织目标、年度重点任务的基础上,结合各自岗位职责,科学设定绩效指标和评价标准。特别是要解决指标制定过程中,战略重点不明确、导向性不强、评价标准过高或过低等问题。要防止这些问题的出现,作为一把手既要正确把握组织目标、重点工作,还要全面掌握每一项工作的具体情况,包括领导要求、同行水平、历史水平三个维度,工作的目前情况怎么样,要达到什么水平,关键的指标有哪些,上下级之间指标有何联系,怎么去把握各个事项之间的关系等等。

第二,在绩效监控阶段,重点要做好过程管理。绩效监控是标准化绩效管理核心流程中的关键环节,其质量直接影响着标准化绩效管理的成败。从实际情况来看,这一环节往往容易被忽视或流于形式。在这一阶段,各级管理者要学会运用绩效指标指导工作、调动工作,引导和帮助每个人作好月计划、周记录、月小结,确保每个人的记录真实可靠,真实反映具体工作情况。其次,要做好绩效辅导,加强督促检查,好的提出表扬,发现问题及时改进,提高管理效率。

第三,在绩效考评阶段,重点是实现考评结果的客观公正。客观公正体现在两方面,一是考评结果较好体现工作努力程度,二是考评结果较好体现工作导向。一方面,考评结果是否体现努力程度,影响因素很多,但关键取决于各级管理者是否具有客观公正的心态,是否能以公正的心,正直的心,平等地对待每一个人,用好负荷系数、责任系数等方法。实践证明,只有以公正公平的心用好这些方法,结果才会客观公正,让人信服,自己也会赢得大家的尊重。如果管理中迁就和偏袒个别人,相应也会得罪大多数人,自然也就丧失了在大家心目中的公信力。公信力没了,管理也就无从谈起。另一方面,要把握好导向问题,关键是用好加扣分手段,特别是要通过创新性工作和突破性工作的评审,让广大干部职工清楚,组织的导向是什么,组织弘扬什么,怎样抓好工作才能取得好成绩,才能得到组织认可。

第四,在改进和应用阶段,重点是用好绩效结果。绩效结果不仅能体现工作努力程度,也体现着工作差距,决定着下一步工作的努力方向。因此,用好绩效结果的含义,包括两个方面:一方面,实现正向激励。这种正向激励不仅包括根据绩效结果开展评先评优、选拔任用等,还包括部门对个人绩效不同方式的认同、表扬、鼓励和个人的自我肯定。各级"一把手"要肯定个人的进步,肯定个人为单位绩效和组织绩效提升中的贡献。同时,还要引导大家积极开展纵向比较,总结成绩,发现进步。另一方面,实现工作改进。要综合绩效结果和干部职工一道诊断存在的问题及原因,制定整改措施,实现个人和组织绩效的不断优化。

第三节 未来展望

在推行标准化绩效管理的这几年时间里,河北省财政厅总结出了一系列制度改革和机制创新的成果。通过实施绩效计划、绩效监控、绩效考评和绩效改进四环节闭环管理,周期性总结提升,建立了螺旋式持续改进机制;通过工作流程全方位动态监管,把内部防范和外部监督寓于管理之中,建立了风险防控机制;通过达成目标共识和关爱个人的成长进步,激发全体干部职工的内生动力,建立了活力激发机制;通过明确客观公正的用人标尺,规范选用干部流程,建立了科学的选人用人机制。这些机制的建立,巩固了标准化绩效管理改革的成果,使整体工作水平有了质的飞跃。

通过实行标准化绩效管理,旨在创建客观公正的制度环境和自强不息的人文环境。因此,标准化绩效管理不只是一种管理工具,也是一种文化价值理念。这种理念,内化于心,就是每个人的价值取向以任劳任怨、勤勤恳恳、履职尽责、追求卓越为基础,融入思想,化为立场;其外化于形,就是要求我们热爱自己的岗位,明确自己的目标,制定自己的计划,并与组织达成"契约",主动而为、自觉而为,从"要我做"到"我要做",向上向善,积极进取,激发内在动力,最终实现自我管理、自我提升、自我发展。

绩效文化的形成需要经历一个由认知、接受、习惯、自觉,到自我管理、自我提升的发展过程。河北省财政厅标准化绩效管理经过两年多的实际运行,已经初步建立起了客观公正的制度环境,以"履职尽责""自觉而为""追求卓越""积极向上"为核心价值理念的绩效文化雏形也已逐步显现。

履职尽责——共同的工作基准。在标准化绩效管理设计之初,就考虑到战略性与民主性,以标准化为依托,全面梳理岗责体系,制定标准化作业指导书和程序文件,为每个岗位明确职责,避免岗位交叉,使每个人员都清晰自己该干什么,该如何与其他岗位无缝衔接,保障整体流畅运转。同时将组织的战略目标贯穿于日常,结合岗位职责,通过层层分解,充分沟通,将组织目标与个人目标紧密结合,使每个人都有清晰的目标方向,明确的工作着力点。在这一模式下,组织目标与个人目标达到了高度契合,组织与个人的发展意愿也达到了高度统一,规范的工作程序、明确的责任分工增加工作人员的责任感与使命感,清晰的工作路径、高效的运行流程让工作人员干起活来更加顺畅舒心,履职尽责已成为每个人的最基本的工作准则。

自觉而为——共同的行为习惯。每个人的每项工作任务通过年初制定绩效计划,都已转化为有明确时间节点、数量质量要求的具体指标,然后通过周记、月结、季考、年评的方式,帮助工作人员及时按质按量的完成既定目标。经过两年多的运行,干部职工实现了由从抵触、接受到主动使用、形成习惯的转变,普遍认为标准化绩效管理是一个好工具,从年初制定指标开始就对全年工作有了清晰的任务清单,具体到什么时间、该干什么、干到什么程度一目了然,使个人工作起来更加有条理、有效率;同时再加上有效地奖惩措施,个人工作起来更加有动力、有激情,以前是领导追着派活干,而现在追着领导要活干已成为自觉行为。

追求卓越——共同的努力目标。“干好活不如把活干好”已成为河北省财政厅广大干部职工的共识。传统的管理方式下,通常不对个人的工作做出明显的量化区分,人们往往愿意挑选一些工作任务轻松自由、不用承担责任的“好活”。而标准化绩效管理有着一整套科学严密的管理评价体系,从制定绩效计划开始,就按照“跳一跳,摘得到”的原则量化指标考评标准,引导干部职工追求更高的目标,同时结合负荷系数、责任系数评价方式,谁干活多干活少都晒在了阳光下,客观公正的反映个人工作量;为了鼓励个人和单位主动承担上级领导及厅领导关心的大事要事,勇于担当重大改革任务,积极争取实现工作的突破、创新,激发干部职工干事创业、增比进位、事争一流的动力,专门设立特别加扣分项。在这种制度环境下,人们不再寻求轻松自由的“好活”,而普遍去想方设法把活干好,努力争抢完成重活、难活等重大工作任务,在工作中追求卓越、实现创新突破成为人们的共同努力目标。

向上向善——共同的动力源泉。标准化绩效管理通过制度设计,引导干部职工积极进取,主动而为,自强不息,激发人们向上向善的内在工作积极性和主动性。通过标准化绩效管理,建立一种从目标共识,到全程参与,再到结果公平的管理机制。在绩效计划环节,通过开放式沟通、广泛性参与,让每个人都清楚地认识自己的岗位和环境,明晰自己的目标和职责,明确个人的工作预期和成长方向;在过程管理环节,通过绩效沟通,做好绩效辅导,帮助干部职工总结优点、调整偏差;在绩效考评环节,将个人成绩与单位成绩向结合,鼓励团队合作,培养协作精神、增强集体凝聚力;在绩效改进环节,通过考评结果反映出的成绩差别,帮助单位和个人共同改进完善。以此为基础,干部职工在每个管理循环中不断得到成长与提升,这激发了干部职工干事创业的内生动力,反过来对整个组织的进步与发展起到积极推动作用。

自我管理是绩效管理追求的境界,这需要在不断优化管理体系的同时,精心培育自强不息的文化价值理念,进一步激发广大干部职工自觉自愿的工作欲望,并逐步内化为自觉行动,养成经常进行工作观察和分析的习惯,最终实现自我管理、自我提升、全面发展。在这个过程中,组织与个人、个人与个人之间逐渐建立互信互助的绩效伙伴关系,在更高层次上形成目标认同、价值认同、思想认同,共同实现组织、团队和个人目标。实现这样的愿景,虽然还有很长的一段路要走,但展望未来,一条充满希望的道路正在不断延伸。

本章小结

本章对标准化绩效管理实施过程中的一些经验进行了总结,并系统介绍了各级"一把手"怎么掌控好实施过程,并对标准化绩效管理的未来进行了展望。主要内容和结论如下:

1. 主要经验。几年来的实践,河北省财政厅逐渐摸索出一些切实可行的经验,对这一管理模式也逐渐有了更清晰的认识和更深刻的体会,主要包括:"一把手"具有决定性作用、全员参与是扎实推进的重要保障、目标共识是激发内生动力的源泉、实践中不断创新发展是成功推行的关键、合理应用先进技术才能实现有效支撑等等。

2. 发挥好各级管理者的作用。各级管理者必须从统一思想认识、做好绩效老师、掌控管理全程等各个方面入手,真正把标准化绩效管理抓在手上,才能把标准化绩效管理推行好,才能确保标准化绩效管理实现良性循环、取得预期效果。

3. 标准化绩效管理是行政管理制度的一次重大创新,是国家治理体系和治理能力现代化的具体探索和生动实践,对行政管理体制机制改革产生的深远影响将日益显现。精心培育自强不息的文化价值理念,进一步激发干部职工自觉自愿的工作欲望,在更高层次上形成目标认同、价值认同、思想认同,共同实现组织、团队和个人目标,是标准化绩效管理的"理想彼岸"。

附 录

河北省财政厅标准化绩效管理体系评析

河北大学、河北师范大学联合评估小组

标准化绩效管理体系是一项复杂的系统工程。在详细了解和掌握了整个系统的状况之后，通过建立的第三方系统评估体系，对绩效管理体系的框架设计、模式构建及运行的整体状况进行综合评测，给出全面、客观的分析和判断，对于改进完善管理体系、发现解决实际问题、找到固化一般规律，进而形成可推广可复制的行政部门现代管理模式有着重大的理论与现实意义。

第一节 系统评估概述

对绩效管理系统进行评估，是一项重要的技术性工作，需要建立一套科学的评估指标和标准体系，综合运用各种数据采集技术、数据分析技术、定性或定量评估技术等科学方法，为行政部门量身定做出完整、规范的统计分析模型和评估流程。

一、系统评估的概念

系统评估是系统建设、执行过程中不可或缺的重要内容，是提高决策科学性、避免决策失误的有效途径。所建系统的科学性和有效性如何，需要通过评估来检验。一般来讲，系统评估是指评估主体根据一定的评估标准和程序，对系统构成、运行过程和结果的质量、效益、效果等方面进行评价或判断的一系列活动，其目的是改善系统运行，提高管理及决策质量，保证系统目标实现。评估过程主要由系统及其目标的定位、评估内容及其目标的确立、评估指标及其性能标准的选择、评估指标的测量及其指标的聚合、评估结果和改进建议的提出等环节组成,这就构成了系统评估过程模型。根据评估主体活动形式,可将系统评估划分为正式评估和非正式评估;根据评估主体的地位,划分为内部评估和外部评估;根据评估过程在政策执行中所处的阶段,又划分为事前评估、事中评估(或称执行评估)和事后评估。

标准化绩效管理系统评估,是指在标准化绩效管理系统实施一段时间以后,根据其实际运行情况,包括取得的成效、存在的问题等,对其进行调查研究和综合评估的一套方法和体系,其目的在于从中总结经验,摸索规律,为更好地实施、完善绩效管理体系提供客观依据。对绩效管理系统进行评估分析,主要是将系统的各项功能与任务要求综合比较,应用定性与定量相结合的分析方法,评价系统满足特定任务要求的程度和综合效能。结合公共绩效管理体系的建设运行过程,对其所进行的系统评估属于正式评估,是由第三方评估主体所主导的外部评估,是对当前绩效管理体系执行状况的事中评估。

二、系统评估的内容

标准化绩效管理体系采用的是边建设、边应用、边完善的开发应用思路,面临着建设和应用的双重任务。根据绩效管理体系的复杂性特征,其系统评估主要包括技术评估和业务评估两方面内容。

(一)技术评估

标准化绩效管理系统的技术评估,是对在构建绩效管理体系中所采用的方法、模型进行评估。按照系统设计要求,可分为三个层次的评估:第一层次,完备性评估。按照通用的系统构建的评判标准,从一般意义上评估所构建的标准化绩效管理体系是不是一个完整的系统。第二层次,适应性评估。按照通用的系统应用的标准,从系统的数据获取、计算过程及结果应用等方面,评估标准化绩效管理所采用的方法、模型是否与所应用的行政部门的实际情况相适应。第三层次,先进性评估。按照通用的现代管理的标准,主要评估所构建的绩效管理体系是否与现代的公共治理方向、要求和框架模式相吻合。可见,标准化绩效管理系统技术评估符合从一般到特殊、从简单到复杂、从低级到高级、由浅及深的逻辑规律,是从系统构成到功能作用最终到是否符合现代治理模式要求的评估,体现为一个逐步深化的过程。

(二)业务评估

标准化绩效管理系统的业务评估,是对标准化绩效管理体系运行所实现的功能效果进行评估。根据系统发展不同时期的要求,可分为三个阶段的评估:第一,建设和试运行阶段业务评估。这一阶段的主要任务搭建体系、初步运行,主要评估标准化绩效管理系统的初步功能是否能实现,判断是否得到认可、成功应用。第二,完善阶段业务评估。这一阶段的主要任务完善推广、形成特色,主要评估标准化绩效管理系统的主体功能是否能实现,判断是否运行平稳、作用凸显。第三,定型阶段业务评估。这一阶段的主要任务优化提升、成熟定型,主要评估绩效管理系统的全部功能是否能实现,判断是否功能完备、影响深远。可见,标准化绩效管理系统业务评估符合评判一个事物发展成长的一般规律,是从部分功能到主要功能再到全部功能的评估,体现为一个逐步实现的过程。

三、系统评估的方法

(一)指标体系构建法

按照系统评估的内容,从技术评估和业务评估两个方面合理设计标准化绩效管理系统评估指标体系。这一指标体系立足于从单项指标向复合型指标转变,从单纯的具体指标评价向技术指标与业务指标管理相结合转变,既能够与现代公共治理理论接轨,体现行政部门的一流管理水平要求,又符合标准化绩效管理体系建设目标、规划的要求,反映体系运行状态和效能。据此,所构建的系统评估指标体系是由一系列相互联系、相互制约的指标组成的科学的、有机整体,从不同方面反映复杂系统运行状况。其遵循以下主要原则:一是全面性原则。指标体系必须具有广泛覆盖性,应能够反映标准化绩效管理体系所涉及的结构、功能、适用性以及实现目标程度等各个方面。二是简明性原则。指标简洁明了,便于解释和理解。三是相关性原则。指标之间具有一定联系,从而使各指标形成一个有机整体。四是实用性原则。指标要易于数据收集,具有较强的可操作性。五是层次性原则。指标体系的构成体现出层次性,能够从不同层面反映评估对象的水平、程度。

（二）调查数据获取法

调查数据获取法就是按照标准化绩效管理系统评估统计任务的要求，运用各种科学的调查方法，有计划、有组织地搜集行政部门运行相关的资料数据的过程。它是标准化绩效管理系统评估过程中的基础环节，数据调查质量如何，资料是否全面将直接决定后续评估结论的科学性。在实际应用中，常用的调查法有普查、抽样调查、重点调查和典型调查。其中普查是对全部对象所进行的调查，具有成本较大、耗费时间较长的特点。因为高层次的行政部门人员众多，对其采用全面调查的方式不现实，也没必要。但为了提高体系评估的科学性，在工作满意度调查方面根据科学抽样的要求，采用分部门、分工作性质的分层随机抽样。除此之外，对于行政部门中业务量比较大，权限比较重要的单位，辅助于重点调查，搜集更全面的信息；对于绩效考评过程中，存在问题较多、对考评结果意见较多的部门，进行典型调查，深刻挖掘标准化绩效管理系统中存在的问题。

（三）指标数据标准化处理法

1. 定性指标数据标准化处理法

对于系统评估过程中的定性指标，如相关群体满意度等，这类指标较难量化，是评估过程中需要克服主观因素的一大难题。为了实现定性指标的定量化，通常作法是：首先给定性指标以明确定义，再根据指标定义和实际情况，可按很好、较好、一般、较差、很差，分别规定评分值，并作为指标标值。

2. 定量指标数据标准化处理法

对于系统评估过程中的定量指标，如绩效考评过程中的扣分率、加分率等指标。对于这类指标可按其定义式，根据基础统计数据计算出指标标值。具体处理方法可采用线性评分函数法。

线性评分函数法，一般可将指标的最优值（X_{ij}^{g}）定为 100 分，最劣值（X_{ij}^{b}）定为 0 分，建立线性评分函数，即：

$Y^{ij}=[(X_{ij}-X_{ij}^{g})/(X_{ij}^{g}-X_{ij}^{b})]$。

另外还有的采用改进型线性评分函数。如：升半梯形评分函数（见图 1）。

$$y_{ij}=\begin{cases}1 & X\geqslant a_2\\ \dfrac{X-a_1}{a_2-a_1} & a_1\leqslant X\leqslant a_2\\ 0 & X\leqslant a_2\end{cases}$$

降半梯形评分函数(见图2)。

$$y_{ij}=\begin{cases}1 & 0\leqslant X\leqslant a_1\\ \dfrac{a_2-X}{a_2-a_1} & a_1\leqslant X\leqslant a_2\\ 0 & X\geqslant a_2\end{cases}$$

式中:a_1,a_2 分别是评分函数的上、下界(定量指标集合的最大、最小值)。上、下界的选取对评分函数值的确定有一定影响,在实际应用中应结具体情况及评价指标的性质研究确定。

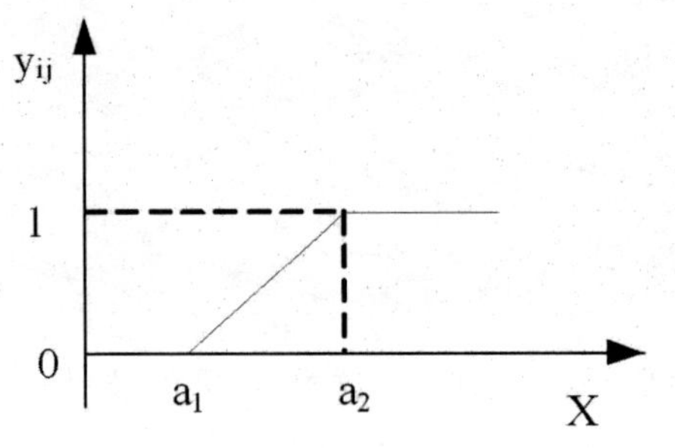

图1 升半梯形评分函数示意图

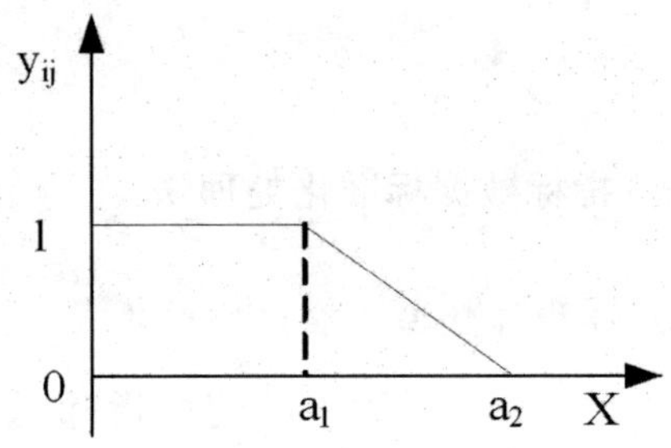

图2 降半梯形评分函数示意图

(四)模糊层次综合评价法

采用科学的方法,对标准化绩效管理系统运行状态和效果进行评估是政策执行过程中的重要内容。层次分析法(analytic hierarchy process,AHP)通过建立清晰的层次结构分解复杂的问题,用相对标度将人的判断标量化,通过求解判断矩阵的权重得出指标的综合权重。但 AHP 忽略了人为判断的模糊性,当不确定性和模糊性等因素较多时,AHP 易受到打分者主观判断的影响。模糊综合评价(Fuzzy Comprehensive Evaluation,FCE)就是根据模糊数学的隶属度理论把定性评价转化为定量评价,即用模糊数学对受到多种因素制约的事物或对象做出一个总体的评价。模糊综合评判可以做到定性和定量因素相结合,具有结果清晰,系统性强的特点,能较好地解决模糊的、难以量化的问题。

综合层次分析法和模糊综合评价法的优点，采用 AHP 确定评价指标体系的权重，然后采用专家打分法和关键人员调查法根据指标属性确定评价对象的隶属度函数，最后通过综合评价指标体系，将专家经验与定量计算相结合，能够合理地处理标准化绩效管理系统评估中决策因素的不确定性问题。模糊层次综合评价法可分为五个步骤进行：第一步，建立描述系统功能或特征的内部独立的递阶层次结构。其中包括目标层、准则层、指标层。第二步，两两比较结构要素，构造出所有的指标间的权重判断矩阵。第三步，解权重判断矩阵，得出特征根和特征向量，并检验每个矩阵的一致性。若不满足一致性条件，则要修改判断矩阵，直至满足为止。计算出最底层指标相对于评估目标的组合权重。第四步，建立最底层评价指标的隶属函数，求出隶属度。第五步，对待评估对象进行模糊综合评价。下面着重介绍指标权重确定和综合评价方法。

1. 层次分析法确定指标权重

（1）建立层次递阶模型。这是层次分析法的关键步骤，根据评价指标体系中各指标所属类型，将其划分成不同层次。

通常的形式如下所示：

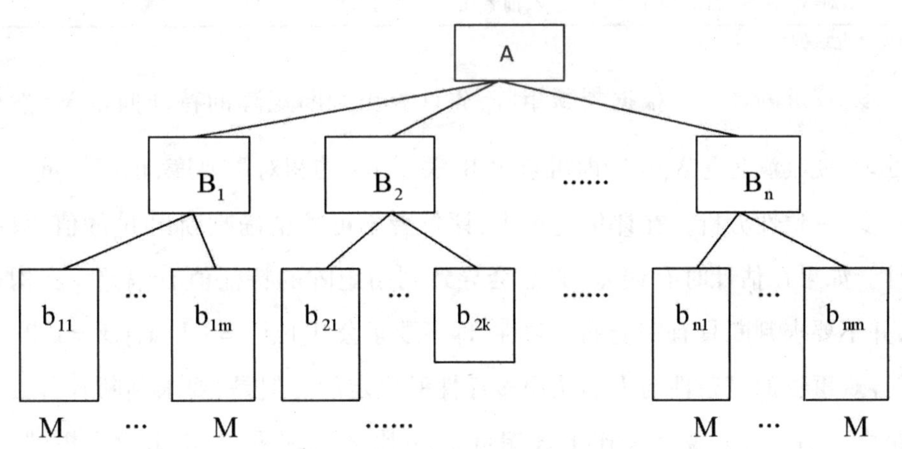

图 3　递阶层次结构图

（2）确定各评价指标的权重。确定各个评价指标的权重是模糊层次综合评价法中的重要步骤，其确定过程包括建立权重判断矩阵、权重的计算和一致性分析等。

第一步，建立权重判断矩阵。通过决策者或专家系统，对评估指标进行两两比较，即相对于准则来说，其下层元素和哪一个更重要，重要多少给出定量化判断，得出单个指标的相对重要性判断矩阵 A。

$$A=\begin{bmatrix} C & A_1 & A_2 & \cdots & A_j & \cdots & A_n \\ A_1 & a_{11} & a_{12} & \cdots & a_{1j} & \cdots & a_{1n} \\ A_2 & a_{21} & a_{22} & \cdots & a_{2j} & \cdots & a_{2n} \\ \vdots & \vdots & \vdots & & \vdots & & \vdots \\ A_j & a_{j1} & a_{j2} & \cdots & a_{jj} & \cdots & a_{jn} \\ \vdots & \vdots & \vdots & & \vdots & & \vdots \\ A_n & a_{n1} & a_{n2} & \cdots & a_{nj} & \cdots & a_{nn} \end{bmatrix}$$

一般都引用 Satty 提出的 1－9 的比例标度法。表 1 为常用的 1－9 比例标度法则。

表 1 评价指标相对重要度比例标度

判断尺度	含义
1	表示对 A_m 而言,因素 B_i 和 B_j 相比较,同等重要
3	表示对 A_m 而言,因素 B_i 和 B_j 相比较,前者比后者略微重要
5	表示对 A_m 而言,因素 B_i 和 B_j 相比较,前者比后者明显重要
7	表示对 A_m 而言,因素 B_i 和 B_j 相比较,前者比后者明显重要的多
9	表示对 A_m 而言,因素 B_i 和 B_j 相比较,前者比后者绝对重要

注:相反情况取倒数

第二步,权重的计算。根据判断矩阵,先计算出判断矩阵的特征向量 W,然后经过归一化处理,使其满足 $\sum_{1}^{n} W_i = 1$,即可求出 B_i 关于 A_m 的相对重要度,也即权重。

第三步,一致性分析。在评价过程中,评价者不可能精确判断出 b_{ij} 的值,只能对它进行估计。如果在估计时有误差,必然会导致判断矩阵的特征值有偏差。在构造判断矩阵时,并不要求判断具有完全的一致性,即不要求公式 $b_{ij}b_{jk} = bik(i,j,k=1,2\cdots,n)$ 成立,这是客观事物的复杂性与人们认识多样性所决定的。但是,要求判断具有大体的一致性却是应该的。若客观上 X 比 Y 极端重要,Y 比 Z 极端重要,Z 比 X 又极端重要,这种情况显然是违反常识的。因此,在求出 λ_{man} 后,要进行一致性校验,这是保证结论可靠的必要条件。其步骤如下:

1)计算一致性指标。

$CI = \lambda_{man}/(n-1)$

2)为了度量不同阶判断矩阵是否具有满意的一致性,引入判断矩阵的平均随机一致性指标 RI 值。

由已知的矩阵阶数 n，确定随机一致性指标 RI。对于“1 ~ 9”阶判断矩阵，n 与 RI 的关系如表 2：

表 2　随即一致性指标 RI 取值表

阶数(n)	1	2	3	4	5	6	7	8	9
RI	0.00	0.00	0.58	0.90	1.12	1.24	1.32	1.41	1.45

3）计算一致性比例。

CR = CI/RI

当时，一般认为判断矩阵 A 的一致性是可以接受的，否则就需要调整判断矩阵，并使之具有满意的一致性。

(3)组合权重计算。在计算了各级指标对上一级指标的权重以后，即可从最上一级开始，自上而下的求出各级指标关于评价目标的组合权重，其计算过程如下：

设 A 级有 m 个指标 $A_1, A_2, \cdots, A_m$，它们关于评价目标的组合权重分别为 $a_1, a_2, \cdots, a_m$。A_i 级的下一级又有 n 个子指标 $B_1, B_2, \cdots, B_n$，他们关于指标 A_i 的权重向量为 $bi = (b_1^i, b_2^i, \cdots, b_n^i)^T$，则子指标级的指标 B_i 对于评价目标的组合权重为：

$Wj = b_j^i a_i (j = 1, 2, \cdots, n)$。

即某一级指标的组合权重是该指标的权重和上一级指标组合权重的乘积值。组合权重的计算公式表明，要计算某一级的组合权重，必须先知道其上一级的组合权重。因而组合权重总是由最高级开始，依次往下递推计算。

2. 模糊综合评价

(1)确定指标隶属度。进行模糊综合评估的首要任务，就是建立“模糊综合评估模型”，具体步骤和方法如下：

设集合 $U = \{U_1, U_2, U_3, \cdots, U_m\}$

$V = \{V_1, V_2, V_3, V_4, V_5\}$ = {很好，较好，一般，较差，很差}

其中：为指标集；为评语集，即评价等级的集合。

设 R 是由 m 个指标构成的总评价矩阵，$R = (r_{ij})_{m \times n}$

即

$$R=\begin{bmatrix} r_{11} & r_{12} & \cdots & r_{1n} \\ r_{21} & r_{22} & \cdots & r_{2n} \\ \vdots & \vdots & \vdots & \vdots \\ r_{m1} & r_{m2} & \cdots & r_{mn} \end{bmatrix}$$

其中：r_{ij}为相对于指标 U_i 给予评语 $V_j(j=1,2,3,4,5)$的隶属度。

对于定性分析指标，采用模糊统计方法或逐级估量法确定其对评语集的隶属关系。模糊统计是请参与评价的各位专家（假设f个专家），按划定的 5 个评价等级（很好、较好、一般、较差、很差），给各评价指标确定等级，然后依此统计各指标评价等级 V_j 的频数 m_{ij}计算各指标的隶属度 r_{ij}：

$$r_{ij}=\frac{m_{ij}}{f}$$

式中：m_{ij}表示 U_i 属于 V_j 的频数；f表示参与评价专家的人数。

可得相对于指标 U_i 的单因素模糊评价：

$$R_i=(r_{i1},r_{i2},r_{i3},r_{i4},r_{i5})$$

对于可定量的指标，根据其具体性质确定指标的模糊分布函数，再根据实际指标值，对应指标隶属关系图，即可得出相应的隶属度，由此得出各定量指标的单因素评价矩阵 R_i。

（2）综合评价。权重集合 $A=(a_1,a_2,\cdots,a_m)$是指标 U 集上的模糊子集，它反映各项指标的重要程度，其中 a_i 为指标 U_i 的权值，并且各指标的权值应满足归一化的要求，即有$\sum_{i=1}^{m}a_i=1$。模糊综合评价 B 是评价集 V 上的模糊子集，则有模糊综合评价模型：

$$B=AR=[a_1,a_2,\cdots,a_m]\begin{bmatrix} r_{11} & r_{12} & \cdots & r_{1n} \\ r_{21} & r_{22} & \cdots & r_{2n} \\ \vdots & \vdots & \vdots & \vdots \\ r_{m1} & r_{m2} & \cdots & r_{mn} \end{bmatrix}[b_1,b_2,\cdots,b_n]$$

式中：

A—权向量，$A=(a_1,a_2,\cdots,a_m)$；

a_i—第 i 个评价指标在总评估目标中所获得的总权重值$(i=1,2,\cdots,n)$，$a_i\in[0,1]$且$\sum a_i=1$；

R—由 m 个评价指标构成的总评价矩阵，$R=(r_{ij})_{m\times n}$；

r_{ij}—专家对第 i 指标的隶属度(相对满意程度),$\in[0,1]$;

B—综合评价矩阵,$B=(\ ,\ ,\cdots,\ )=$;

b_j—综合评价值,b_j 值越大越好,表明标准化绩效管理系统的良好运行效果;

$b_j=\sum a_i r_{ij}, j=1,2,\cdots,n$。

(3)数据分析与总结。综合评价得分 $T\geqslant 0.6$,可以认为该系统为良性运行系统。同时,分析各项指标的得分情况,找出较低得分产生的原因,提出改进意见和建议。

四、系统评估的流程

一般来说,系统评估主要包括评估方案设计、评估方案实施和评估终结三阶段。而在标准化绩效管理系统评估过程中,根据工作需要和具体要求,将评估划分为三个阶段七个环节:第一,准备阶段,包括制定评估方案和落实组织体系等环节;第二,实施阶段,包括收集资料和数据审核等环节;第三,反馈阶段,包括综合评价、绩效诊断和持续改进等环节。

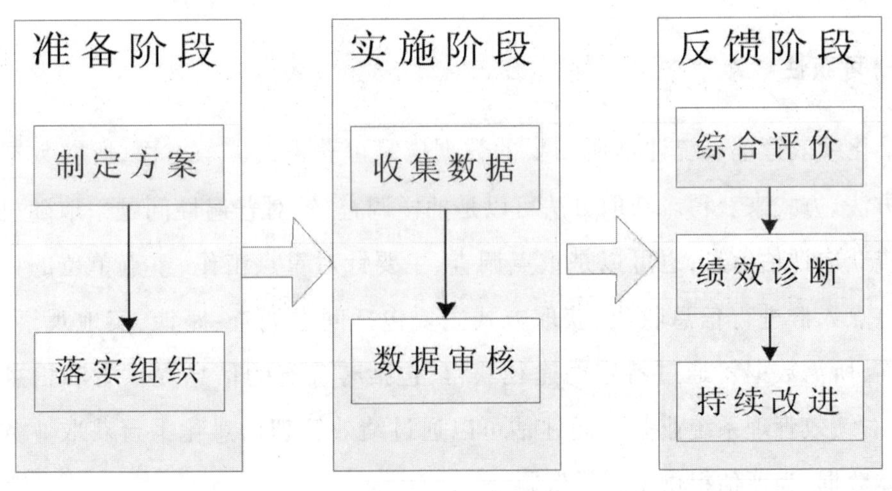

图 4　标准化绩效管理系统评估流程图

从评估流程图中可以看出,评估是一个不断完善的过程,由最初的制定方案到最终的评估结果反馈、绩效管理系统改进等是一个不断提升的过程,从而进入到定性定量分析相结合、自我提升完善的评估。

在系统评估的各环节中,制定方案、组织落实步骤由绩效考评组织机构具体制定,综合评价步骤可由综合评价模型实现。在其余环节中,数据搜集及处理成为评估成功与否的关键。

收集翔实、全面的数据信息是评估顺利实施的前提条件。在数据收集过程中,根据构建的评估指标体系,明确数据收集范围与途径,确保数据收集全面,收集途径与来源清晰。在数据收集过程中,可通过建立评估数据收集填报流程,规范数据收集操作过程,保证数据收集质量。

考虑到各指标可能存在有正逆不同、量纲不同、量级不同、性质不同等差别,不便于进行项目的综合评价。因此,对所收集的数据经审核合格后,还需按照以下要求进行科学处理,保证满足评估的需要。具体办法包括:通过制定评分标准、进行指标数据标准化处理,将正逆不同的指标转化为正指标;用分数办法,使量纲不同的指标具有相同的量纲;采用人们习惯用的百分制办法,把量级不同、性质不同的指标变成量级相同的定量指标等。

五、系统评估的要求

(一)可获性

标准化绩效管理系统评估所需要的数据应是可获得的。一方面,所需数据可通过特定的方法、方式来获得。获取方法可以是抽样调查,针对普遍性问题采取随机抽样的方法调查获取评估信息;也可以是重点调查,主要针对重点工作、重点单位的特殊情况或者是重点人群进行信息收集,获取方式主要包括问卷调查、座谈、实地观察等形式。另一方面,所需数据可通过特定的途径获得,包括有确定的信息提供者和信息来源渠道。如:对绩效管理系统业务方面评估可以通过绩效管理信息化平台获取业务改善情况的具体数据,为评估提供第一手资料。

(二)客观性

绩效管理体系的评估结论应是建立在真实、准确的数据基础上的,评估组成员需要按照要求收集评估所需数据,不得有任何伪造、虚构和篡改行为,做到数据来源有据可依和数据处理有章可循,保证数据收集的完整性,尤其是对定性量表数据,易受调查对象主观因素影响,更应注意评分原则的一致性。评估过程中,应本着客观、公正的态度正确处理各类信息。在此基础上,才能形成客观、准确的评估结论。

(三)适应性

标准化绩效管理系统的构建是一个循序渐进的过程,既要做到“一年一个台阶”,逐步完善绩效管理系统,稳步提升绩效管理水平,又要考虑到各个年度之间的关联性,每一年的系统运行都以上一年的运行为基础,而不是“推倒重来”。这就要求标准化绩效管理系统的评估指标和标准体系应具有相对稳定性,以便于各个年度系统运行评估结论的纵向比较。同时,也要根据每年的实际变化情况,进行相应的动态调整,体现出绩效管理水平的螺旋式上升。

(四)独立性

为了保证对标准化绩效管理系统运行状况进行科学评估,除由标准化绩效管理组织实施机构所开展的内部评估之外,还需聘请由系统评估和统计分析专家组织的第三方评估主体进行客观的外部评估。第三方评估主体所开展的外部评估会根据标准化绩效管理系统运行条件、功能、目标和制度建设等方面作出判断。行政部门应摒弃“命题式”评估和“倒推式”评估,不暗示、诱导系统评估人员,以平常心接收第三方评估主体的合理化建议,使该项评估成为内部评估有效的补充。

(五)实用性

标准化绩效管理系统评估的目的在应用。通过系统评估,发现绩效管理系统运行过程所存在的问题和功能提升的空间,并将评估结果应用于绩效改进、标准化管理、人岗适配等领域,有利于全面提高行政部门的现代管理水平。

六、系统评估的作用

通过对标准化绩效管理系统的科学评估,能够对当前系统状态、存在问题进行分析评价,并且可根据问题诊断和整改意见,对未来系统的发展趋势进行判断,实现信息反馈、综合评价、增质提效和明确方向等多重目的。

(一)反馈

标准化绩效管理系统评估的数据,很大一部分来源于相关各单位(处室)及其工作人员对该系统实际运行情况的反馈,通过广泛吸纳全系统广大干部职工提出的意见,可以增强价值认同，形成目标共识，使绩效管理内化为自觉行动。

（二）评价

标准化绩效管理系统评估是采用调查问卷、定性分析、定量分析等多种方式，对绩效管理系统的实际运行效果进行评价，从中可以"肯定成绩，找出不足"。肯定成绩，看到实施绩效管理对行政部门业务工作的促进作用，从而增强行政部门干部职工继续进行绩效管理的决心和信息；找出不足，则为下一步的绩效管理工作指明方向。

（三）完善

标准化绩效管理系统评估应在绩效考评之后、绩效改进之前进行，体现为绩效考评的延续和绩效改进的前奏。根据评估结果，找出系统在技术上和业务上的不足之处，为下一步的绩效改进提供客观依据。

（四）预测

在对标准化绩效管理系统的运行现状作出评估的基础上，对该系统未来的发展做出相应的预测，从而提出能够保障系统可持续发展的后续方案。如标准化绩效管理系统已经实现哪些功能，未来还将实现哪些功能，应采取哪些方面的措施来保障这些功能的实现。

第二节 系统评估的应用

对标准化绩效管理系统进行综合评估就是对受到多个因素制约或由多个因素构成的系统作出一个总的评价，以反映该系统整体运行状况或目标实现程度。由于从多方面对系统进行评估往往带有主观判断性，采用模糊数学的方法进行综合评估将使结果尽量客观，从而取得更好的实际效果。下面，以河北省财政厅为例介绍标准化绩效管理系统的评估过程。[①]

一、技术评估的过程

标准化绩效管理系统的技术性评估，主要由绩效评估专家和行政部门中掌握全面信息的绩效管理人员进行，并以工作满意度调查为辅助。工作满意度调查主要针对行政部门各单位(处室)的一般工作人员，通过调查分析绩效管理系统对其所带来的影响以及工作满意情况。

(一)技术评估体系构建

对绩效管理系统进行技术评估就是充分评价和估计绩效管理系统对行政部门的影响，着重于研究该系统是否具有一般系统的基本特征，能否与具体业务相适应，能否达到管理先进性的要求。通过技术评估，对绩效管理系统进行全面分析，有助于发现管理中存在的问题和风险，使行政部门能够采取相应对策、修正方案保证绩效系统的正常运行。绩效管理系统的技术评估主要是从系统性、适应性和先进性等方面评估该体系的运行状况。

1. 系统性评估

系统是由两个或两个以上相互联系的要素所构成，且具有特定功能、结构与环境适用性的整体。标准化绩效管理系统作为一项管理过程中的软系统，亦是由各项管理制度、相关人员和管理信息平台等所构成的复杂系统，能够实现对行政部门具体业务进行绩效计划、绩效监控、绩效考评、绩效改进和有效沟通的全过程管理。在这个过程中，绩效管理系统与行政部门的具体业务有机结合，促进业务工作的有效开展和行政部门管理水平的提升。

一般系统的属性特征有 15 个之多，如群体性、个体性、关联性、结构性、层次性、模块性、独立性、开放性、发展性、自然性、实用性、模糊性、模型性、因果性和整体性特征。但其关键特征主要包括模块性特征、结构性特征、层次性特征、关联性特征、独立性特

---

① 河北省财政厅为应对经济大转型、改革大推进、作风大转变的新形势新挑战，于 2013 年末提出了“改革统揽、绩效导向、科学规范、善治有为”的总体思路，尝试将绩效理念引入财政管理全过程，省级先行，试点带动，市县分步有序推进，并提出了力争用三年时间形成科学规范、技术先进、特色鲜明的绩效管理新模式，变“管理”为“治理”，用组织和个人共同的目标愿景，凝聚干事创业的正能量。按照规划，目前已走过了紧张的设计推行阶段，现已达到运行中期，可按照规范化的评估流程，从技术和业务两个方面展开评估。

征、开放性特征、发展性特征和实用性特征等。

系统性评估主要考察某系统是否具有或满足这些特征。在对标准化绩效管理系统进行评估的过程中,主要围绕这 8 个关键方面特征构建评估指标体系。因为主要是对绩效管理系统是否具有这 8 个关键特征,所以在评估过程中,主要是由专业第三方人员根据相关标准对该系统进行考察评估。具体指标释义及评估标准如下:

(1)模块性特征:主要是指系统由具有不同功能的若干子模块构成,各模块之间有机结合,能够发挥 1 +1 >2 的功能。

对标准化绩效管理系统的模块性特征进行评估,主要是考察该系统是否由能够完成绩效管理的四个基础模块和两个辅助模块构成。其中四个基础模块是指绩效计划、绩效监控、绩效考评、绩效改进;两个辅助模块是指绩效沟通和管理信息平台。该系统特征的评估主要是有无的评估,由第三方人员根据绩效管理系统的一般构成标准进行评估。

(2)结构性特征:主要是指绩效管理系统内相互关联的各部门、各环节和各工作是按照一定的结构框架存在的。

对标准化绩效管理系统的结构性特征进行评估,主要考察该系统能否将不同部门、工作环节和相关人员协调配合,使之成为一个覆盖全面的、纵横交错的科学管理体系。这主要是根据财政文件的转发流程、各工作的衔接、业务信息的流转途径等客观事实,由第三方专业人员对标准化绩效管理系统的结构合理性进行评估。

(3)层次性特征:主要是指绩效管理系统运行过程中,各构成部分之间体现层次性。具体到标准化绩效管理系统,主要体现为:第一,指标分解。计划指标制定过程中,由组织目标分解为单位指标,单位指标分解为部门指标,部门指标分解为个人指标,是一个逐渐、逐层分解的过程,这样能够达到人人有指标,人人有目标,基本指标的实现保障了组织最终目标的实现。第二,分类别考评。为了体现工作差异,部门业务的不同,在绩效考评工程中,不同性质的部门分别考评,不同级别的个人分别考评,注意了工作、部门性质的差异性。并且在省对市县考评过程中,也注意设区市与县级单位的差别,市县分别进行,并仅对单位考评,不对各级单位内部进行考评,其内部考评由单位自己组织完成。

(4)关联性特征:主要是指绩效管理系统内的各构成部分是相互关联的,通过要素的相互关联,使部分构成一个有机整体。对标准化绩效管理体系的关联性特征进行评估,主要是考察该体系的四个构成环节,计划、监控、考评、改进等是否形成一个完整的绩效管理闭环,是否能够通过沟通将考评后的结果反馈到相关环节的关键人员或部门,是否能够使绩效管理体系成为一个螺旋上升的过程,促进业务工作的改善与提高。

(5)独立性特征:主要是指绩效管理系统作为一个有机整体是相对独立的,正常推行过程中,有关绩效管理方面的合理制度、标准制定、考评结果是客观的,不以某个人的意志为转移。对标准化绩效管理体系的独立性特征进行评估,主要是考察绩效管理过程中,考评的依据是否客观,数据来源、证明材料是否真实;绩效管理系统的操作是否是自动完成,有无存在人为调分的情况;考评结果是否真实可信,经得起推敲。该属性特征的评估主要由第三方人员对该系统的运行过程、历次考评结果进行全方位审查,给出合理意见。

(6)开放性特征:主要是指标准化绩效管理系统作为一个有机整体与其它系统、外部环境等相互关联、相互影响。

对标准化绩效管理体系的开放性特征进行评估,主要是考察绩效管理系统是否与行政部门具体业务工作相协调,是否随着业务工作的变化而完善;绩效管理系统是否有利于业务工作的改善,工作效率的提升;是否更有助于组织战略目标的实现。

(7)发展性特征:主要是指标准化绩效管理系统是随环境变化而演变的,是与行政部门的业务相协调的。

对标准化绩效管理体系的发展性特征进行评估,主要是考察绩效管理系统自创立之初到逐步推行的过程中,是否实现了由不成熟到成熟,由不完善到完善的质变历程。在绩效管理过程中,该系统发生了哪些重大的改进,是否与业务工作更加契合,是否更加有助于对工作完成情况的绩效考评。

(8)实用性特征:主要是指标准化绩效管理系统是可以被研究、优化和利用的,能够改善业务工作水平。标准化绩效管理系统的适用性主要体现为以下五方面:

第一,督促业务工作。通过绩效管理系统能够实现对业务工作的质量控制,提高工作效率,对工作过程中的不当发挥提醒、告诫、沟通的功能。

第二,工作纠偏。对工作过程中发现的偏差,通过绩效管理系统的监控能够实现报告纠偏的功能,如通过月计划月小结可以实现计划执行过程中的小幅度调整,提醒员工控制工作节奏,把握工作进度,保证工作质量。

第三,评价工作业绩。一是综合评价,二是客观评价,三是实现不同个人、单位之间的可比性问题,对某人承担工作的负荷,对处室分工可以进行客观评价。

第四,业务改进。绩效管理系统具有诊断功能,通过撰写工作分析报告发现问题,能够为业务工作提供改进建议,并督促其落实。

第五,为激励、约束、使用工作人员提供客观依据。

2. 适应性评估

适用性评估主要是对绩效管理这一先进的科学管理工具在财政系统是否得到成功应用进行评估。在公共管理部门的发展过程中,有效的政府绩效管理一般须具备6方面的基本要素:全面的考评内容、科学的考评指标、高效的管理途径、严密的权限控制、完善的安全保障和开放的系统接口。根据此6方面的基本要求,主要是从绩效管理系统的融合度、匹配度、关键度和简捷度等4方面进行评估指标设置,对该系统的适用性进行全面评估。

(1)融合度。

融合度是指绩效管理系统与行政部门业务工作的结合情况。对标准化绩效管理体系的融合度进行评估,主要是考察绩效管理系统是否能够对各项业务工作做到全覆盖;是否能够将工作流程全部纳入绩效监控之下;是否能够实现干部职工的全员参与;对工作内容能否做到360度全方位考评。通过对绩效管理系统全覆盖、全过程、全员参与和全方位考评实现程度的评估,判断绩效管理系统与行政部门业务工作的融合程度。

(2)匹配度。

匹配度是指绩效管理系统的功能、作用能否达到行政部门业务工作的要求,能否有助于组织战略目标的实现。主要从绩效管理系统与行政部门业务的供需匹配、当前需求与长远需求的匹配、绩效管理系统能力大小与行政部门业务范围的匹配等方面进行评估。

第一,供与需的匹配,主要是指当前行政部门所面临的形势是否需要绩效管理系统这一科学管理工具。通过列举当前行政部门所面临的经济社会发展新形势、新常态以及对科学管理工具所提出的新需求出发,评估绩效管理系统能否解决行政部门的具体问题,实现服务经济社会发展的目标。

第二,当前与长远需求的匹配。当前的需求主要是在新常态下,行政部门如何做到、做好与外部经济社会发展的适应;对内部个人发展如何提供公平公正的环境。长远需求主要体现在绩效管理系统的可持续发展能够满足行政部门的业务需要,能够在组织内部建立积极向善向上的人文环境,可以满足组织内部成员的自我发展、自我管理的需要。

第三,大与小的匹配,主要是指绩效管理系统能力大小与行政部门业务环节、范围的匹配。行政部门的业务涉及众多环节，众多类型，包含不同的内容，绩效管理系统能否涵盖全部业务范围，能否解决业务工作过程中的不同问题，实现绩效管理系统与业务的有机结合，协调发展。可通过列举行政部门业务发展过程中面临的问题、形势和需求，评估绩效管理系统的能力大小。

(3)关键度。

关键度主要是评估绩效管理系统能否抓住财政工作中的关键业务；是否体现财政工作的重要性、难度和工作量；是否能够推动厅领导关注的重要业务的开展。主要从关键内容、关键环节和关键问题等三方面进行评估。

第一，关键内容，主要是指绩效管理系统中的绩效指标能否体现行政部门年度工作要点，能否涵盖全部重点工作等。

第二，关键环节，主要是指绩效管理系统的进口，即绩效计划能否将年度工作要点细化为具体指标；出口，即绩效改进能否实现业务工作的提升；在这期间，绩效监控能否抓住关键环节实现全程管理。

第三，关键问题，主要是指通过绩效管理系统能否使行政部门的工作效率提高、质量提升，并保质保量的完成工作指标；绩效管理系统能否保证行政部门社会服务、社会管理职能的发挥，使行政部门的效能充分显现；绩效管理系统能否显著提高员工主观能动性，使之实现自我管理、自我发展的良性过程。

(4)简捷度。

简捷度主要是指绩效管理系统的信息平台能否快捷、高效的完成计划录入，能否准确的进行绩效考评，其操作是否便捷，系统是否安全等。

第一，操作容易度，主要是指信息平台的操作界面设置是否友好，菜单设置是否清晰，功能键解释是否准确。

第二，操作便利性，主要是指绩效管理系统及其信息平台建设是否有完善的操作手册，制度汇编是否满足工作需要，绩效辅导能否达到系统要求，绩效沟通能否有助于实现系统的顺畅运行，绩效查询是否快捷、准确。

第三，操作工作量，主要是指信息平台的管理运行是否增加工作量，若增加工作量是否在可接受范围内。运行绩效管理系统主要是通过将月计划月小结导入信息平台，将工作证明材料录入系统，最终实现考评过程的信息自动提取、指标自动运算，监控自动完成的全自动过程。

第四，操作安全性，主要是指信息平台的操作是否有安全设置以保证绩效管理系统的正常运行。安全性评估主要是对信息平台的身份登录设置、工作负荷系数设置、数据留存备份、操作留痕、权限设置等是否满足系统安全需要。

3. 先进性评估

国家治理现代化是一个全新的概念,它与一般意义上的管理、治理、国家治理是有区别的。俞可平认为,衡量一个国家的治理体系是否现代化有五个标准。其一是公共权力运行的制度化和规范化,它要求政府治理、市场治理和社会治理有完善的制度安排和规范的公共秩序。其二是民主化,即公共治理和制度安排都必须保障主权在民或人民当家作主,所有公共政策要从根本上体现人民的意志和人民的主体地位。其三是法治,即宪法和法律成为公共治理的最高权威,在法律面前人人平等,不允许任何组织和个人有超越法律的权力。其四是效率,即国家治理体系应当有效维护社会稳定和社会秩序,有利于提高行政效率和经济效益。其五是协调,现代国家治理体系是一个有机的制度系统,从中央到地方各个层级,从政府治理到社会治理,各种制度安排作为一个统一的整体相互协调,密不可分。虞崇胜撰文指出,衡量国家治理体系和治理能力现代化的标准中至关重要的有:(1)民主化、(2)法治化、(3)制度化、(4)科学化、(5)效能化、(6)公平化。

标准化绩效管理作为现代公共治理模式的具体体现,应与现代公共治理模式的要求相一致,应能够体现现代新行政管理精神的10大理念,即法治精神、理性精神、契约精神、公信精神、程序精神、服务精神、创新精神、责任精神、公开精神、廉洁精神。对标准化绩效管理系统的先进性进行评估应体现以上众多要求,并符合行政部门的具体实际。在评估过程中,主要从平等精神、公平公正、人文关怀、契约精神、向上向善、合作与共赢等6方面展开。

(1)平等精神,主要是指绩效管理过程中,管理主体能否达到多元化的要求,体现民主化的要求;在指标制定、监控、考评和改进方面能否做到双向沟通;在绩效计划制定过程中能否很好的实行两上两下的机制等。

(2)公平公正精神,主要是指在绩效管理过程中是否体现了公平公正的精神。其中,公平主要是指机会均等,在绩效考评过程中能够提供多渠道的申诉申辩途径;公正主要是指绩效考评的标准是否统一,考评口径能否做到一致,工作负荷系数等标准的制定能否体现工作难易程度、努力程度等;绩效考评过程是否将工作能力作为唯一标准。

(3)人文关怀,主要是指绩效管理系统作为一项管理制度能否体现对员工的关心,能否促进员工的成长,是否能够最终实现员工的自我管理,自我发展。

(4)契约精神,主要是指绩效计划能否体现为一种具有约束力的文本文书,计划指标签字认可后是否能够完全遵守。

(5)向上向善,主要是指绩效管理系统能否实现行政部门业务工作的改善提升,能否达到对员工的正向激励,能否对工作偏差产生反向约束。

(6)合作与共赢,主要是指在绩效指标逐级分解过程中,能否实现团队与个人目标的一致性,能否使组织与个人之间形成紧密结合的利益共同体;能否通过共同努力,最终实现团队与个人的共同发展;能否在组织内部形成良好的工作氛围,有序的竞争环境,使人们相信绩效考评高分秘诀就是在优秀团队中努力做最好的自己。

(二)技术性综合评价结果

1. 实现着现代管理理论从一般——特殊——一般的实践过程

绩效管理理论是一种先进的管理方式方法,包括绩效计划、绩效评估以及关键绩效指标、平衡记分卡等手段和方法,国内外在使用,政府和企业在使用,证明此现代管理方式方法是科学的,成体系的,是可以得到广泛应用的。但这种一般通用的技术,要用到行政部门就需要解决将一般技术、通用方法与特定领域、特定发展阶段、特定具体需求结合的问题,这是一个以问题导向为主的应用。要解决结合过程中的难题,就需要将一般的通用技术方法与实际的行政部门管理情况嫁接,在解决实际问题中让大家切实感到现代管理方式方法的重要作用、强大用途。通过实践效果提升大家认识,最终形成行之有效的特定管理模式。

这种嫁接式应用需要与中国人的思维模式、行为模式结合,需要与中国传统的优秀文化结合,符合中国特色社会主义的要求。这种嫁接式应用需要与中国行政部门的组织氛围、文化建设结合,只有将先进的管理方式方法融入到实践中,融合到组织建设和人员素质培养中,内化为自觉行为才能最终产生重大作用。这种嫁接式应用需要与特定部门的业务结合,如与财政业务结合,在使用中有助于发现、解决业务难题,使工作中取得的成效看得到、摸得着,让大家感觉到有用,不是累赘,即便付出一定艰辛、时间成本也是心甘情愿的,在大家的共同努力和协调配合下推进绩效管理的进程。

如果这种特定部门、特定应用成功了,在所有的行政部门推广,成为可复制、可推广的模式,还需要在样本分析的基础上提炼出标准化绩效管理的通用做法,总结在推进绩效管理先进模式中的经验、体会和具体思考。只有这样,当其他行政部门也想推行绩效管理的时候,就可以应用我们这种科学的、通用模式,再与本部门的具体情况结合,实现特定的、一般性标准化绩效管理模式与部门实际的结合,从而实现广泛应用。

2. 先进绩效管理理论与具体行政部门结合成功的体现

绩效管理理论在财政系统中的成功应用证明了该理论强大的适用性。政府部门绩效管理的着眼点是效率与公平,出发点是科学与民主,落脚点是管理水平和服务质量提升。在行政部门推行绩效管理体系实际就是将部门功能、价值与作用充分发挥的过程,就是将绩效管理与工作实践有效整合的过程,这个过程是保证实践发展能够圆满完成从着眼点到出发点、从出发点到落脚点,以落脚点实现着眼点价值目标的有效途径。

通过建立科学的绩效管理体系,财政部门的人员考核、评优评先、人员晋升提高了客观公正性。河北省财政系统运行的绩效管理体系通过对战略目标的逐层分解,并根据上级要求、本系统任务制定出年度目标、月度计划,将目标、计划进一步分解到各个处室、部门和个人,实现人人有责任、人人有任务、人人有目标的局面,单位目标的细化过程也是人人参与组织管理的民主化过程。改进后的绩效管理体系使组织目标明确,部门和个人的工作条理化、重点突出,并在程序中引入了申辩复议环节,使绩效管理系统更富人性化。针对绩效考评结果,一方面用于评先评优、公务员考核、学习培训,使人员晋升有据可依、有史可查,能够做到公平公正的选人用人。另一方面,通过沟通、反馈,将有效的建议及改进措施传达到具体责任人和部门,使考评结果发挥应用的指导性作用。这些工作改进,使各级领导和干部职工增强了责任意识、有了方向感,在绩效管理体系内,每个人都能够找到自己明确的位置,知道自己的责任和任务,创新了管理办法,为财政系统战略目标的实现提供了有力的保障。

在绩效管理体系与行政部门具体实践相结合的过程中,不是单纯地追求科学,还需讲究政治;不是单纯追求效率,还需促进公平;不是单纯追求内容合理,还需保证程序合理;不是单纯自我决策,还要执行上级指令;不是仅有例行事务,还有临时应急事务;不是单纯的程序性事务,还有改革创新性事务。在结合过程中,要注意诸多方面的融合,最终实现先进管理方式方法与具体实践的有机整合。

3. 创新了行政部门推行绩效管理的制度与技术方法

绩效管理体系为财政部门提供了一个科学长效的管理机制,通过不断改善内部制度环境和人文环境,为组织的持续发展创造更加有力的条件。在财政部门推行绩效管理体系,构建了完善的配套管理制度和工作方法,并且开发了绩效管理信息平台。通过目标层层分解的方法将全部工作安排纳入绩效管理系统,实现了标准化管理。这些硬件、软件与外部环境间形成一个协调的系统,支持和促进财政系统绩效管理体系的正常运转。

通过推行绩效管理体系,在组织内形成了一种自强不息的人文环境和追求高效的制度环境,改善组织心智模式,促进学习型组织的成长。绩效管理系统围绕战略展开,战略目标决定着绩效管理系统的方向。根据财政系统的工作职能和战略目标,通过将组织战略目标逐层分解的方式,形成组织年度目标,结合单位职责,形成绩效计划。这一过程可概括为“战略目标—年度目标—个人目标”的逐层分解式。这种层层分解的方式能够保证个人行动与组织目标的高度一致性,避免出现组织目标、组织计划与具体执行“两张皮”的问题;也能够实现“千斤重担众人挑,人人头上有指标”的良性工作机制,能够明显杜绝庸政、懒政、散政的思维模式。只要能够保证每个指标按时保质保量的完成,就最终一定能够确保组织战略目标的实现。

但我们应该注意到,绩效管理作为一门科学,是一种先进的管理方式方法,设计者、应用者都需要具备相关的基本知识、基本技能,熟练掌握、灵活运用绩效管理的方式方法。这就像人学骑自行车,需要反复练习才能学会骑车,中间休息的过程中也可能摔倒,爬起来再练习,掌握骑车的技术,最终享受骑车的快乐、骑行的便利。绩效管理也是这样,属于一门特殊技能,属于素质教育的范畴,这就决定了在行政部门推进绩效管理模式须进行培训、学习、共同研究,在实际应用中相互磨合,这是必不可少的环节和步骤。所以,在行政部门干部职工中初期出现抵制、消极对待、不配合,或者是应付等问题,这都是在学习掌握绩效管理中必须要付出的代价。只有付出辛苦,才有掌握这门绩效管理技能的喜悦,所以在推行绩效管理中,需经历一个不乐意到接受再到成为一种习惯的过程。在这个过程中,只有客观公正的结果,公开透明的操作,让大家一清二楚,像商鞅变法立木为信一样,通过公信力的提升,得到大家认可,最终接受先进管理模式。

4. 公共管理现代治理模式的有益探索

通过建立绩效管理体系及信息平台优化了组织科层模式,避免了科层组织信息传递的偏差性。在环境稳定的前提下,科层制组织结构能够达到反映迅速、组织连续性、严格服从、降低摩擦的最优状态。但当前,我国正处在经济大转型、改革大推进、作风大转变的关键时期,财政系统面临着重大的挑战。如果不辅助于科学的管理体系和先进的技术,善于处理稳定性环境中常规性问题或任务的科层制由于按照自上而下的命令链运行,同时由于人们信息搜集能力和理性水平的限制,必然面临功能失调的问题,严重影响公共服务和管理部门职能的正常发挥。绩效管理体系作为一种科学化管理工具,利用绩效管理信息化平台,能够实现信息的上下贯通。一方面组织战略目标的逐层分解,可以使每个部门和个人熟知自身工作任务及目标;另一方面,通过对绩效指标的考评,主管领导能够把握目标实现程度、任务完成状况,能够避免工作在汇报请示中的信息失真、走样。

绩效管理体系实践着全面系统干预管理方式,增强了组织精细化管理水平。绩效管理体系对单位的考评既包括目标完成情况、工作进度、工作结果,也包括党风廉政建设情况;对个人的考评主要从工作过程、工作结果和德勤廉等方面展开,将公务员考核要求全部纳入绩效管理范畴。在考评方法上,借助于绩效管理信息化平台,采取审核月小结附件的形式,对全部工作记录,按照质量、数量和时间节点控制的要求,实现对绩效指标完成情况的实时监测。这有别于其他单位所采取的以日常考评为主,集中抽查为辅的考评办法。这是一项借助于管理信息化平台、进行大数据思维的新的尝试,在考评内容上能够包括所有基础工作、重点工作和年度测评等项目;不仅涉及日常工作,还包括月计划完成情况,月小结节点控制情况,能够及时、准确掌握绩效指标的计划分解和实时进度,有助于全面监控、实时反映战略实施过程。

绩效管理体系促进财政系统学习型组织的成长,有助于提升全局观系统化思维水平。在知识整合与创新的背景下,政府组织应具有快捷高效的工作效率,能够快速应对突发的各类事情。在这种要求下,应该加强学习型组织的建设,改善组织心智模式,克服科层制的内在缺陷,促使组织在保持活力的状况下取得更好的发展。

绩效管理体系有效解决工作作风问题。在战略目标指导下的绩效指标体系构成一个全面的工作内容。每一部门、个人都是这盘战略实施棋盘中的有机构成主体。通过绩效管理体系,能够让每个部门、个人明确自己在组织体系中的地位、作用以及对其他部门或个人的影响。通过绩效管理体系,形成了完整的工作链条,带来的是人人有事做、事事有人管的工作作风,解决了不推不动,疲于应付的问题。

(三)技术性综合评价所发现的一些问题

但当前绩效管理系统仍存在一些有待完善的地方。(1)在自动获取有价值业务信息方面与财政业务系统不衔接。(2)在计算过程中标准不准,尤其是对完成工作质量的评判不准确。(3)工作负荷系数没体现严格标准以及业务要求对工作程度的评判,(4)责任系数造成人为拆解指标的问题,而没有统一科学的指标制定过程,指标与工作对应性不强。这主要还是系统功能开发利用不足的原因,如*KPI*、平衡计分法没有很好的在工作中贯彻执行。(5)指标考评结果应该是工作量、质量和难易程度的体现,但现在考评标准不严，有待科学制定考评结果，尤其是同行业先进水平、历史最好水平的评价因数据收集不全而停留在简单比较的阶段。(6)申辩申诉不严格执行。当出现扣分情况时会直接面对厅领导找借口，求情。而不是找扣分原因积极改进工作方法等。(7)计分方法中以创新工作为加分的标准，条件过严，并且不具有普惠性。而更多的是以扣分为主，所造成的结果就是正向激励不足。在操作过程中，应加扣分区别对待，对创新型工作采用加分方法，但有容错机制，积极鼓励正常的创新工作；对日常性工作采用扣分方法，避免出现失误。(8)如何更大的激发工作积极性。对工作中存在的达到指标要求就可以了，而不再努力的问题，是否考虑制定多级奖励标准，随着完成程度的提高，奖励级别逐渐增加。

二、业务评估的过程

标准化绩效管理系统的业务评估，主要通过从绩效管理信息化平台中提取绩效指标历史数据进行分析，评价绩效管理系统对行政部门业务进展影响状况。

(一)业务评估体系构建

业务评估主要是对绩效管理系统运行所产生的效果、发挥的功能等内容进行评估。该方面的评估主要通过业务审核、相关人士的调查以及工作满意度分析就行。

1. 成效评估

成效评估主要是指对绩效管理整体方案及其实施的效果进行客观地衡量和评价，主要评估绩效管理系统的运行是否达到预定的战略目标和评价标准，以及绩效管理实施后所取得的政治效应和社会效应。通过成效评估，一方面是对绩效管理执行效果进行评估。另一方面，通过成效评估，将有利于我们总结经验教训，并及时调整下一步的执行；有利于发现自身在执行中存在的问题，更好的改善绩效管理过程、提升系统运行效果。成效评估主要从以下方面展开：

(1)业务影响评估。有无绩效管理体系是否对行政部门业务开展产生重要影响。

(2)效率评估。绩效管理系统的推行是否使行政部门的工作效率发生改变。如果提高，工作效率提高的程度如何。

(3)质量评估。绩效管理系统是否有助于工作质量的提高，提高的程度如何。

(4)自觉性评估。绩效管理系统是否有助于员工工作主动性、自觉性的提高，提高的程度如何。

(5)导向性评估。绩效管理系统是否有助于工作导向性提高,提高的程度如何。

(6)能力提升评估。绩效管理系统是否有助于员工工作能力的提升,提升的程度如何。

(7)风险防控评估。绩效管理系统是否有助于工作风险防控,是否能够提升风险防控水平,提升的程度如何。

(8)个人发展评估。绩效管理系统是否对个人发展产生重大影响,影响的程度及方向如何。

(9)习惯改善评估。绩效管理系统是否有助于部门和员工工作习惯的改进,改进的程度如何。

(10)满意度评估。绩效管理系统推行过程中,员工的工作满意程度如何。

(11)责任感评估。绩效管理系统是否有助于员工工作责任感的提升,提升程度如何。

(12)战略性评估。绩效管理系统是否有助于组织战略目标的落实,如领导交办事项、上级要求、上级部署工作能否很好的完成。

2. 功能评估

功能评估主要是对绩效管理过程中其功能的实现程度进行评估。通过功能性评估,能够显现绩效管理过程的运行效果,其战略目标的实现程度。该评估主要针对绩效管理系统的实用性特征分三阶段进行,第一,绩效管理系统建立之初,其所取得的初步成效如何,以及基本功能的发挥程度如何;第二,绩效管理系统的全面推行阶段,能否实现创立所预想的主要功能;第三,绩效管理系统的成熟阶段,能否实现该系统的全部功能,达到绩效管理系统与行政部门业务工作的有机结合,促进行政部门单位与个人的充分发展。

(二)业务评估结果

1. 初步成效

(1)形成科学的工作机制。绩效管理体系采用标准化 *PDCA* 的管理方法,制定严格明确的节点控制规则,设计科学合理的绩效管理流程,在行政部门业务工作中形成了完整的管理闭环。工作过程中,以月计划、月小结、季考评、年总评的控管模式,强化过程控制,形成科学稳定的工作思路,通过改进提升工作效率;工作结束后,量化考评、综合评价,总结工作成效,并根据评价结果持续改进,形成螺旋上升的工作机制。

(2)增强工作热情。绩效计划阶段,通过目标分解,计划指标制定,每一个部门、个人能够明确自己的任务、工作安排,能够解决以往干工作责任不明,相互推诿,任务不清,干多干少一个样的问题。这种新的工作方式,对工作任务、工作过程以及要达到的预期效果有一个清晰认识,工作起来更明白,能够调动大家的工作积极性。激发大家的工作热情,在部门上下营造了风清气正、干事创业、自强不息的工作作风。

(3)提高工作效率。绩效管理可以理顺个人工作和单位的关系,使个人的工作目标和单位目标一致,实现两者的有机结合,从而避免个人的无用功、走弯路。在工作过程中,按照流程和节点去开展工作,不仅可以提高效率,而且可以对工作质量、进度以及可能遇到的问题了然于胸、有效掌控,达到少投入高产出的目的。

(4)解决了选人用人机制问题。通过绩效管理使承担着重要任务的部门、人员的工作成效通过特别加分的形式体现出来,使承担着重要工作的优秀人才脱颖而出,为人的转岗、轮岗提供了便利。绩效管理起到一种标杆和导向作用,带动了机关工作的改善。

(5)提升领导管理效率。绩效指标体系做到了全覆盖,有标准,全过程管理,为管理者组织协调工作提供了好的抓手。抓指标就是抓工作,分指标就是协调工作,解决了领导对工作全面掌控的难题,便于领导展开工作,使工作了然于心,为决策做好了准备。

(6)解决了组织战略目标的实现问题。目标层层分解为指标,分担到处室,分担到个人,进行过程跟踪和客观综合评价,从而实现目标管理向过程管理的转化,提高了工作质量。通过工作要点的分解,明确了责任使命,促进上下沟通,实现自我控制,为组织战略目标的实现奠定了基础。

2. 长期成效

在行政部门推行绩效管理体系,长期来看有助于实现组织战略目标,提高管理者组织协调能力和为个人职业发展创建良好平台。

(1)有效保证组织战略目标的实现。推行绩效管理,将战略目标层层分解,量化为可测量的指标体系,落实到具体工作、具体干部职工肩上,通过宣传、培训,提高每个人的战略使命感;通过有效的管控,确保目标的实现。

(2)提高管理者组织协调能力。推行绩效管理过程中,建立了完善的制度体系,实现了制度管人管事的目标。在这个体系内,管理者能够准确区分工作效果高低优劣,解决了人员考核、选人用人标准欠缺的问题。通过绩效管理中的民主化决策、沟通反馈,将组织目标内化于心,将良好的组织绩效文化融入思想化为一种立场,一种信念,积极进取,向上向善,在实现自我管理、自我提升、自我发展的过程中创新组织绩效。

(3)为个人发展创建良好平台。通过绩效管理体系的建立,引导行政部门通过绩效指标形成一种让马儿跑,看谁跑得快的工作机制,激发队伍活力;真正形成一种"跳一跳,摘得到"的工作设置原则,促进大家努力工作,达到自我管理、自我发展、自我实现的目的。

三、总体判断

2014 年以来,河北财政绩效管理改革取得了实质进展,绩效管理制度基本健全,绩效目标指标体系初步建立,绩效管理信息系统运行良好,整体实现了"搭建体系、初步运行"的预期目标。绩效管理推行以来,当前工作中的一些矛盾和问题得到初步解决,其作用和影响逐步显现。第三方评估专家撰写的《河北省财政厅绩效管理评价报告》,给出的结论是"方向正确,运作规范,效果明显,厚起薄发,可复制、可推广,正在经历着一个不断完善的过程。"

(一)方向正确

主要体现在三个方面:

1. 符合世界潮流

以绩效为导向的行政管理模式最早创始于上世纪初美国纽约市政府。上世纪中叶,西方各国几乎同时陷入了财政危机、信任危机和管理危机。为了摆脱危机,许多国家开始大刀阔斧地进行政府改革,最成功的是美国政府对公务人员的绩效评估制度。克林顿执政后,美国政府继续深化这一改革,1993 年美国国会通过了《政府绩效和结果法案》,以立法形式要求联邦政府部门提交关于绩效目标执行情况的评估报告,政府收缩了权力、放松了规制、强化了责任、提高了效率,政府改革不仅找到了正确方向,政治改革也取得事半功倍的效果,美国经济进入了全盛时期,国力大幅度增强。

如今在发达国家,绩效管理已经普遍成为政府应对治理危机、财政困难和公众满意度下降的重要手段和现代化管理模式。这一潮流从本世纪初开始在全世界迅速延展,已经影响到了包括我国在内的许多发展中国家。政府管理方法的重大革新,改变了政府的行政构架、组织和服务供给模式,并进一步提高了公众对政府的要求:政府不仅要做好事,而且要做更多的好事;不仅能够处理好问题,而且要尽快处理好问题;不仅要把好事作好,而且还要讲求效率和效益。现在,在西方发达国家的政府行政管理中,一般都接受了这样的事实:迟来的公正不是公正。各国政府都在承受这越来越大的行政压力,推进政府绩效管理是大势所趋,势不可挡。

2. 符合中央精神

我国政府绩效管理起步于20世纪80年代,真正大范围、深层次的实践探索是进入新世纪以来。甘肃、青岛、珠海等地及国家税务总局等都创造了一些比较成熟的运行模式。2011年6月,中纪委监察部在全国选择14个省市和部委,开展政府绩效管理试点工作,标志着我国政府绩效管理进入了全国性的制度层面的探索。我省政府绩效管理试点工作于2011年12月20日正式启动,首批试点单位共13个,包括省国土厅、环保厅等7个省直厅局,廊坊、邯郸2个设区市,南宫、迁西、正定、山海关区等4个县级政府。

党的十八大提出"推进政府绩效管理"。十八届三中全会提出要"推进国家治理体系和治理能力现代化"。传统治理模式的权力结构属于"中心—边缘"式,这样的权力配置模式是将政府作为唯一的核心权力享有者居于中央位置,管理对象都是作为受支配者。而政府绩效管理模式强调的是,由政府或行政部门员工和公民社会参与的一种权力的重新分配和组合,产生一种多元利益相关主体构成的网络化模式,即将权力分散化,多元主体掌控。它在权力配置上超越了其他旧有的治理模式,实行一种多中心的权力配置模式,在结构上将治理体系下相关的各种利益相关方纳入了体系内,这正是具有中国特色的民主政治的改革目标,也是国家治理体系和治理能力现代化所要达到的最终目的。政府绩效管理作为推进国家治理体系和治理能力现代化的重要内容和手段,已经进入了一个新的发展阶段。

3. 符合发展需要

2013年底,省财政厅成立了新一届厅党组,对当时财政面临的新形势新挑战作出了新的判断,认为我国经济社会形势正在发生深刻变化,概括起来就是,经济大转型、改革大推进、作风大转变。面对新形势新挑战,必须用新的理念改善行政行为方式与管理,要在思想观念、管理方式、落实手段、队伍建设等方面进行脱胎换骨的大转变,从根本上改变经验式、指令性的管理方式和方法,明确管理目标,提高行政效能。在这样的大背景下,2014年初,全省财政厅系统绩效管理改革正式拉开了帷幕。

厅党组书记、厅长亲自担任绩效管理改革领导小组组长,其他领导班子成员任副组长,办公室、人教处等相关职能处室是成员单位。先经过7个月的周密准备,又进行了2个月试运行,10月份正式运行。从一年多的实践看,实现了"搭建体系、初步运行"的预期目标,管理制度基本建立,指标体系基本健全,信息系统运行良好,改革取得了实质性进展。

(二)运作科学

省财政厅绩效管理办法广采国内外先进经验之众长,尽量避免别人走过的弯路,探索建立了一套完整科学系统,概括起来是“五体系、一平台”:一是权责协调的岗责体系。围绕财政改革发展,立足管理质量和效率提升,全面梳理和优化业务流程,规范操作环节和标准,细化了每一个岗位的工作任务和内容,建立了职责清晰、权责匹配的岗责体系,为绩效管理打下了坚实基础。二是系统完备的制度体系。制定了绩效管理办法及实施细则、党风廉政建设责任检查考核实施办法、德勤廉考核评价办法、市县财政工作绩效管理办法等制度文件,确定了绩效管理范围、内容、方法、程序和要求,力争绩效管理的制度化、科学化和规范化。三是科学合理的绩效指标体系。由上下级共同讨论,各部门充分论证,对厅内40多个部门和市县财政系统各工作岗位的质量高低的衡量标准进行重新调整,建立了与整体工作目标更趋一致、更加客观合理、具有一定挑战性的工作衡量标准,设计了上千个指标,建立了覆盖全员、全过程的绩效指标体系和科学合理、客观公正的评价体系,确定评价内容、评价周期、评价主体、评价标准和评价方法,实现目标明确、任务量化、指标可考、结果可用。四是标准规范的运行体系。落实这些标准,主要通过绩效计划、绩效监控、绩效考评、绩效改进等基本环节,各环节的主要任务、职责分工和技术方法也十分明晰,实现了管理工作流程再造,确保绩效管理运转顺畅高效。五是激励有效的结果运用体系。运用数理统计、运筹学原理和评估指标体系,对照统一的标准,按照一定的程序,通过定量定性对比分析,对各个岗位的业绩做出客观、公正和准确的综合评判。以正向激励为主,将单位绩效结果作为部门评先评优、年度考核的主要依据,将绩效考核结果与个人利益直接挂钩,作为选拔任用、轮岗交流、评先评优、年度考核、学习培训的重要依据,制定了选人用人等制度办法。六是高效运转的信息平台。开发了先进适用的计算机软件,搭建了能够及时进行数据采集、上传、预警的网络系统,实现了行政办公、标准化管理和绩效管理一体化,管理过程科学、简易、高效,绩效结果相对客观、真实、可信。这套系统之所以科学,是因为:

1. 解决了定性判断与定量分析结论“八九不离十”问题。全厅40多个部门共设计了几十个共性指标和上千个个性指标。个性指标越多,精细度越高,评估的准确度越高,共性指标的设定增加跨部门的可比性。在加上运用科学的计算公式,使每一项指标对每一个部门的考评尽量公平合理,并使部门之间具有可比性,既体现“一把尺子量到底”的公平性,又能兼顾评估对象的差异性。实际执行效果看,定量指标衡量的结果与定性判断得出的结论基本一致,八九不离十,说明了指标的科学性。

2. 解决了同一单位不同岗位、不同单位相同岗位人员的可比性问题。为了增强可比性,绩效指标分值由指标权重乘基础分得出,指标权重采用“五星法”确定,即依据工作的重要程度、难易程度和工作量,将指标分别确定为 1 至 5 星,其中财政部和省委省政府下达指标、年度要点指标对应 3 至 5 星,基础指标对应 1 至 4 星。绩效管理把上级的决策部署和要求细化、实化、量化为具体的管理指标,明确到处室,落实到人头,并用“上级要求、同行业先进水平和历史最好水平”三个维度进行考核评价,横向比、纵向比、上下比,使“没有最好、只有更好”的工作理念深入人心,激励了先进,鞭策了落后,推动各项工作有序推进,年年都上新台阶。

3. 解决了绩效管理过程被人为干预甚至弄虚作假问题。使用先进的软件技术,做到查阅留痕,避免数据被篡改。引入第三方评价机制,使评价从内部走向外部,一方面有效地提升评价的可信度,力求客观、公平、透明,尽量减少主观因素左右评价过程及评价结果;另一方面,第三方机构的参与,大大提高评价的质量,使得数据收集更加全面,分析更加彻底,考评结果能够服众。

4. 解决了考核评价结果应用问题。在结果运用上,以正向激励为主,将绩效结果作为评先评优、选拔任用、轮岗交流的重要依据,激发了正能量,激励人们向善、向上、向前。解决了“干与不干、干多干少、干好干坏都一样”问题,增强了干部职工的工作主动性和积极性。

(三)效果明显

一年多的实践证明,省财政厅绩效管理不仅是一套科学有效的管理方法,更是一套激励有效的管理机制。

1. 管理工作更加精准了。每一项工作任务,从研究制定具体的目标指标开始,经过过程管理,到最后量化考评,构成了完整的管理闭环,并且每个环节做到了有标准、有记录、有评价,从根本上改变了过去凭经验办事、靠感觉工作的做法,管理质效得到显著提升。

2. 工作主动性更提高了。大家对工作目标、工作过程和工作结果有了清楚的预期,每个人都能瞄准各自的目标要求,积极主动投入工作,工作意愿明显增强,广大干部职工主动而为、自觉而为,初步实现了从“要我做”到“我要做”的思想转变。

3. 工作好坏更有可比性了。按照严密的考评流程和科学的考评方法,依据事先设定的考评标准,从多个维度开展绩效考评,同时利用数学方法,实现了不同单位、不同岗位间的横向可比,确保了考评结果客观公正、群众信服。年初,在圆满完成年度绩效考的基础上,进行了同职级绩效排名,直观地反映了每个人工作的优劣情况。

4. 选人用人的依据更有说服力了。以绩效结果作为干部选拔的一个主要依据,找到了衡量干部业绩和能力的一把较为科学有效的标尺。今年上半年,运用"以德为先、绩效导向、综合评价"选人用人机制,按照绩效初选、民主推荐、能绩评定、党组研究的程序,选配处级干部 20 名,取得了良好反响。在有效解决上述现实问题的同时,从长远看,还为各级领导提供了有效的管理工具,为干部职工提供了公平的发展平台。

目前,省财政厅内部从上到下,都普遍接受认可了这一管理模式。系统运行正常,以此为依据提拔干部,大家都心服口服,正确的导向已经树立起来了。高标准、高效率、高起点,已经成为省财政厅的工作常态;讲规则、讲规范、讲规矩,已经成为全省财政系统的行为准则。有的干部形象地说:过去管理是悬头顶上的"鞭子",现在成了自我加压、自我挑战的"锥子"。比干劲、比业绩、比贡献在各处室和全省财政系统蔚然成风。

(四)厚积薄发

任何一项革新都是在否定之否定的螺旋式上升中走向成熟的,省财政厅绩效管理改革也需要一个不断提升的过程。今年是完善推广年,明年进入优化提升阶段,随着顶层设计的不断成熟和实践创新的不断深化,考评内容将更加完善,考评指标将更加科学,管理途径将更加畅通,权限控制将更加严密,系统接口将更加开放,系统运行将更加完备,运行机制将更加稳健,全省财政系统现代化管理水平将绽放异彩、结出硕果,不断迈上新台阶。

(五)可复制、可推广

1. 实现了一般绩效管理等先进管理理论在河北财政部门的实际应用问题。省财政厅从实际出发,探索了一套科学合理的管理模式和方法,其他单位只要结合本单位实际,很快能够运用到实际工作中,并能很快收到较好的效果。

2. 实现了特定部门成功应用到一般行政部门通用模式的提炼。财政系统有它工作的特殊性,这可以从上千个个性绩效指标得到体现。在具体实践中,最难做的一个环节是各个工作岗位的指标设定及其评估标准,只要从实际工作出发,经过反复探索就一定能摸索出一套科学合理的指标考评体系。在这方面,省财政厅做到了,成功经验是:一切从实际出发,锲而不舍反复探索,敢于自我革命不断完善。

3. 解决了其他行政部门应用这一先进管理方式的体制机制问题。国内外成功经验表明,政府绩效管理的成功有两大法宝,一是管理体制顺畅,二是运行机制科学。省财政厅在这两个方面都是成功的,因而具有可复制、可推广的价值。从管理体制上看,实行"一把手"工程,统一了决策者、执行者、介入者的意志和行动,这种外在推力不可或缺,这在全国也是鲜见的。从运行机制上看,建立了一套"科学合理、客观公正、有效管用、导向正确"的运作体系,涵盖全员、全方位,使参与者即使是决策者又是最大的受益者,这种内生动力更不可缺少。更重要的是,实际操作扎实稳健,每一个阶段、每一个环节,都注意吸收借鉴他人成功经验,结合实际创造性地开展工作,都注意广泛征求部门和基层意见,先试验再推出,都注意适时掌握运行动态,及时纠错纠偏,这是实现系统顺利运转的重要保证。

(六)几点建议

绩效管理是一个有机系统。绩效计划、绩效监控、绩效考评、绩效改进、绩效沟通等相辅相成,是一个有机的整体。因此,在具体运作过程中,如何实现相互协调是一个始终需要解决的问题。绩效管理是一个动态过程。确定管理体制、构建指标体系、制定实施方案、收集绩效数据、计算数据信息、确定评估结果等每一个环节都很重要,都需要在具体工作中结合实际情况不断探索、不断完善。公共行政变革的终极目标是建立民主行政模型,强调公共行政的顾客导向。真正把绩效管理这个工具推行好、利用好,形成精准规范的落实机制、公平有效的激励机制,推动整体工作开展,需要做到六个"精准":一是目标指标精准。要在深入研究工作的基础上,参考上级要求、历史水平和同行业先进,精准拟定各项工作要达到的目标,准确设定工作指标。二是工作措施精准。要明确工作阶段、步骤和需要采取的方式方法,做到有的放矢。三是节点控制精准。对工作的时间节点、质量节点定期检查,严格控制,确保工作质量。四是督导调度精准。要对照时间进度、完成标准、职责分工等方面存在的问题,有针对性的开展工作督导。五是考核评价精准。要对照完成标准,逐项核定、逐项评价,形成公平准确的考评结果。六是结果运用精准。一方面,要用于正向激励。这种正向激励不仅包括根据绩效结果开展评先评优、选拔任用等,还包括单位对个人绩效不同方式的肯定、认同和表扬、鼓励。另一方面,要用于工作改进。对绩效考评后未达到预期目标的内容,要组织大家进行客观分析,诊断问题,深查原因,制定整改措施,实现个人与组织绩效的不断优化。

绩效管理:“善治”激发干事创业的“正能量”

——河北地税推行绩效管理工作纪实

《中国税务报》11 月 27 日二版

前言:绩效管理是世界公认的一道管理难题。难就难在,它不仅是管理制度的一次变革,还是价值理念的一次飞跃。推行绩效管理,不仅要打破原有的思想观念和思维模式,还要改变每个人的工作方式和行为习惯。

虽然难,但一直以来,世界各地的企业和行政机关从未停止过对绩效管理探索的步伐。

在我国所作的众多探索中,河北地税视绩效管理为当代“善治”的理念新颖独特,其覆盖系统全员、渗透工作全程、囊括公务员考核全方位的做法在全国尚属首创。他们推行绩效管理,旨在营造客观公正的制度环境和自强不息的人文环境,推进团队和个人向上向善,最终实现自我管理、自我提升、自我发展。经过近两年的精心培育,“善治”理念犹如一颗种子,在全系统每一名地税人员的心中生根发芽……

现在,让我们共同走进河北地税,一起感受“善治”带来的蓬勃力量。

蓝色的大海,深邃宽广,蕴含着勇气和力量。

2013 年 9 月 11 日,位于中国东部沿海北端的渤海湾,万里晴空,风平浪静,海天一色。

这一天,渤海岸边的北戴河地税培训基地的会议室内座无虚席、气氛热烈,全省地税局长绩效管理培训班在这里举行。河北省地税局局长高志立担纲主讲,从绩效管理的基础理论到河北地税模式的实践,进行了全面、系统、深入地讲解和剖析,面对面地与来自全省的 200 多名地税局长进行深度的思想沟通。当天的培训,从早上 8 点开始,直到晚上 8 点才结束。这中间,除了 2 个小时的午饭和午休时间,讲座进行了整整 10 个小时。

一位省局局长用一天的时间讲绩效,对推行绩效管理的力度和决心不言而喻。这种力量传导、感染了培训班上的每一个人。大家一致表示,要以战略胆识和历史担当,抓住绩效管理这个总抓手,沿着正确的道路,朝着既定的目标,矢志不渝,锲而不舍,百折不回,勇往直前。

推行绩效管理,河北地税何来如此大的勇气和力量?

背景:地税面临的特殊困难,使绩效管理如箭在弦

在河北推行绩效管理的省直试点单位名单中,没有地税机关的名字。

在河北省内的媒体上,没有一篇关于地税机关实施绩效管理的报道。

所有迹象表明,河北地税推行绩效管理,不是上级部署的任务,也不是形象工程。河北地税推行绩效管理的动因,似乎扑朔迷离。沧州市地税局局长朱清郁的一席话,解开了人们心中的谜团和疑惑。

“近几年,经济下行,地税系统干部职工的奖金取消了,一方面完成组织收入任务的压力很大,一方面干部职工缺乏积极性,任务不好完成,队伍不好带。”朱清郁说。

地税系统面临的多重困难是催生绩效管理的内在原因。

2012 年,在河北地税的发展进程中,又一次面临新的难题和挑战:收入方面,在地方税费收入多年高速增长和近两年全省经济低位运行的共同影响下,收入增长空间越来越小。征管方面,原有的征管体制和工作模式不能适应形势发展需要,与纳税人经营方式多元化、信息化的程度相比有些滞后,税收管理的难度和执法的风险越来越大。服务方面,随着经济的发展,纳税人的需求日益多样化、个性化,对地税服务的要求越来越高。内部管理方面,制度体系不完善,业务流程不规范,职责不清晰,工作随意性大,行政效能低下。干部选拔方面,缺乏客观公正的评价尺度,论资排辈的现象比较普遍,不正之风难以有效杜绝。队伍管理方面,受待遇降低、激励手段缺乏、晋升渠道狭窄、动力机制缺失等因素影响,干与不干、干多干少、干好干坏一个样,干部队伍的工作热情下降,干劲不足,活力不够,庸、懒、散等“机关病”大有流行之势。特别是津补贴规范之后,地税人员的收入明显下降,工作热情大大受挫,干劲一时难以调动。

面对严峻形势,如何破题发展?河北省地税局党组审时度势、深入研究,在遵循客观规律、把握发展趋势的基础上,确立了“三优两促进”科学发展新坐标,即组织优质税收、提供优质服务、打造优秀团队,促进经济科学发展、促进社会和谐稳定。

历史和现实证明,人是生产力中最活跃的因素,在发展中起着决定性作用。激发干部队伍活力,是破解难题的根本,是落实“三优两促进”的保障。那么,干部队伍的活力从何而来?

人性本善。“善治”能使团队和个人向上向善。激活每一名地税人员心中向上向善的原始能量,何愁队伍没有活力?在“善治”理念的引导下,河北地税本着打基础、利长远的原则,引入现代管理理论,举全系统之力,全面构建和推广绩效管理。

一场深刻的管理变革在河北地税悄然兴起。

瓶颈:关键是能否实现部门与个人之间横向可比

绩效管理的理论和实践一再证明,合理有效地应用绩效考评结果至关重要。如果绩效考评结果不能得到有效运用,则绩效管理形同虚设、劳民伤财,甚至适得其反。

规范津补贴后,在对税务人员的奖励无法与物质利益挂钩的情况下,如果绩效考评结果再不与干部选拔任用联系起来,推行绩效管理就只是一场形式的盛宴,注定要以失败收场。正是基于对这一点的深刻认识,河北地税在推行绩效管理之初,就在全系统叫停了干部选任工作,同步开始着手建立"以德为先,绩效导向"选人用人机制。这对绩效管理又提出了更高的要求,必须实现部门与个人之间横向可比。

可是,部门与个人的工作性质、工作内容等并不相同,要具有可比性,且公平、公正,难度可想而知。

带着这道必须破解的难题,承载着众多期望和要求的绩效管理在2012年年初终于启动了。河北地税与全国政府绩效管理研究的权威机构——上海复旦大学取得联系,得到了绩效管理研究中心主任牛军钰博士的大力支持。经过讨论,该校绩效专家认为,运用科学有效的方法,通过消除部门与个人职责分工的差异,实现横向可比是完全可能的。于是,该校一方面组织专家,为河北地税专门定制核心公式。另一方面选派徐远方教授全程参与到体系创建中来,随时给予指导。由绩效专家和税收业务骨干组成的工作组,认真分析地税系统垂直管理的特点,发挥顶层设计的优势,首先在省、市、县、分局各级绩效指标之间建立起上下承接关系,然后又引入责任系数、负荷系数,运用平均值、标准差、平方差、离散系数等数学方法和统计学原理,对考核的原始得分进行统一换算。为确保公平、公正,他们还为各项工作设定了一个公认的参照物,将不同工作的绩效得分与参照物比较,计算指标得分的含金量。这样,经过多轮运算、多次调整得到的最终分值,有效消除了各岗位间职责分工的先天差异,把原始得分兑换成可比的绩效得分。有人把换算绩效分值形象地比喻为各种货币兑换美元的过程。

通过引进复旦大学绩效管理研究中心的最新研究成果,绩效结果的可比性难题终于破解。

可利用这套原理实施的2012年绩效考评,结果一出,就引起了轩然大波。是分值计算有误,还是大家认识上有偏差?省局党组不回避矛盾,对绩效考核的过程和结果进行了集中讲解和说明,并成立督查组,对干部群众反映的问题进行逐一核查和答复。通过督查组人员一对一的分析和讲解，大家弄清楚了每个人绩效得分的计算过程，对结果纷纷表示接受和认同。核查结果显示，大家之所以对自己的最终绩效得分和排名有异议，关键是对分数计算过程不了解、对自己的绩效成绩估算不准等原因造成的。全方位公开迅速平息了争议，消除了大家的疑虑。

与公布绩效考评结果后引起轩然大波形成鲜明对比的是，2013 年的干部选任过程异常平静。

得到大家一致认可的绩效考评结果，为干部选任打好了基础、铺平了道路。今年以来，运用 2012 年的绩效考评结果，全省地税系统已选配处级干部 44 名、科级干部 1012 名，树立起干部选拔的绩效导向，让能力和业绩突出的优秀干部脱颖而出，颠覆了不跑不送就不提拔的观念。一名未被提拔的机关干部心服口服地说："因为绩效排名靠后，我没有入围。与新提拔的干部相比，我们之间确实有差距。现在靠喝酒拉关系、跑官要官没有用了，关键看实绩，我今后唯一的出路就是干好工作。"

体系：顶层设计与民主决策相结合，倾力打造河北地税模式

绩效管理这一现代管理模式，必须按照客观的规律、正确的方法稳步实施，必须以规范化的管理体系为基础、作支撑。河北地税着眼于战略目标实现，采取顶层设计和民主决策的方法，以现代管理理论为依据，以激发内生动力为追求，以建立职责匹配、客观公正的评价尺度为核心，以创新机制、制度为保障，以先进技术手段为支撑，着力构建目标引导、过程控制、持续改进的内部管理机制和运行体系。

层次分明的组织架构、清晰明确的岗位职责、标准规范的业务流程是实施绩效管理的重要基础。2012 年，河北地税对全系统省、市、县、分局四级地税机构 1265 个部门进行了调整，强化了税源监控、纳税服务等职能，设置了专门的绩效管理部门，解决了职责交叉问题，理顺了上下关系，突出了核心业务。在此基础上，编写了省、市、县、分局四级机构 395 类、17220 个岗位的任职资格和标准，实现了岗位全面覆盖、标准规范统一。这一年，河北地税还实施了税收业务重组和流程再造。以纳税人为中心，以提高行政效率为目标，全面梳理业务事项，逐个优化工作流程，对 141 项涉税事项先办后审，下放审批权限 5 项，减少审批环节 44 项，涉税业务操作更加规范。这一年，河北地税还在全系统导入 *ISO*9000 质量管理体系，系统梳理各项工作的法律依据、工作内容、流程标准，规范了机关运行流程。

在打牢基础的同时，省地税局从各级、各部门抽调骨干力量，投入到绩效管理体系的构建中来。按照“目标导向,指标支撑,标准可行,方法科学”的原则,他们从省局部门及个人、市局及领导班子成员、市局部门及个人、县(市、区)局及领导班子成员、县(市、区)局部门及个人等5个层面着手,构建起覆盖省、市、县、分局四级地税机关和2万余名干部的绩效管理体系。在制定绩效管理的制度办法时,省地税局引导广大干部职工积极参与,反复讨论,集思广益,三上三下,数易其稿,最大限度地整合了集体智慧。经过一年多的努力,建立起包括1个实施意见、5套管理办法、5套职责流程和2285个考评指标的制度体系,形成了“一条主线、四个环节”,即以绩效沟通为贯穿全过程的主线,以绩效计划、绩效监控、绩效考评和绩效改进为基本环节,构建起具有河北地税特色的绩效管理体系。整个体系从管理内容上看,涵盖了地税工作的各个流程和各个环节;从管理对象上看,涉及全系统四级单位和2万余名干部;从考核方式上看,部门实行业务工作与党风廉政建设“双千分”、个人实行业务工作与德勤廉“双百分”,包括了公务员考核的全部内容。

实施顶层设计,有效避免了各层面自行其是、重复探索的问题,最大限度地整合了全系统的管理资源。通过民主决策,全系统共同研究绩效管理制度办法,共同制定绩效指标,共同参与绩效考核,共同进行绩效改进,构成了民主的绩效管理过程,增强了大家对绩效管理的认同感。

持续改进是绩效管理的活力所在。河北地税在推行绩效管理过程中,充分体现民主决策、全员参与,始终注重密切沟通、有效协调,着力实现思想统一、质效提升。在这个最广泛的积极因素有机聚合的良性循环中,使团队与个人的目标愿景达成共识,逐渐形成和营造了“善治”的价值理念、工作环境。

指标:组织与个人之间建立契约关系、达成目标共识

心理契约理论告诉人们,目标共识是组织愿景与个人愿景的有效整合,它能够促使个人把对组织的价值认同转化为自觉行动。实践也证明,目标共识是团结一心、干事创业的思想基础,是共同奋斗、攻坚克难的动力源泉。

河北地税在构建绩效管理体系时,组织各层面反复论证,并通过各种形式,广泛征求意见。特别是在制定各部门和个人的考评目标指标时,发动被考评主体按照统一的原则和标准,自行编写目标指标,再逐级汇总,统一评审,最终形成了组织与个人的“契约”,使共识达成的过程成为统一干部职工思想认识的过程。

目标和指标是一个相对概念,实际上一脉相承。河北地税把目标通过层层分解转化为指标，最终建立起一个层级分明、支撑有力的绩效指标体系。这个过程，既是组织战略目标被层层分解为个人目标的过程，又是个人对自己的工作目标作出承诺，与组织逐一建立"契约"关系的过程。

按照"一致、全面、细致、实用"的原则，河北地税将能够量化的工作，全部确定为量化指标；不能够量化的工作，依据标准化文件程序进行细化、流程化，明确工作流程各步骤的完成时限和质量标准。他们还从时间、数量、质量3个方面和上级要求、历史数据、省外同行先进水平3个维度，为每个指标确定了明确、具体、适度、可操作的标准。目前，该局各项工作经过层层分解和多次上下级沟通，全部明确到个人，形成了"千斤重担千人挑，人人肩上有指标"的工作局面，实现了工作不漏项、标准不含糊、责任不漏人。

通过引进"契约"管理理念，河北地税以干部职工的内生动力为着眼点和落脚点，用"契约"的形式，把领导责任和职工责任确定下来，通过几上几下、双向沟通，达成目标共识，找到了双方的最大公约数，有效激发了干部职工的持续性工作动力。

融合：绩效管理与标准化管理一体化运行

如果说绩效管理如同人的心脏和大脑，提供运转的动力和方向。那么，标准化管理就好比人体的骨骼和经脉，提供人体各项机能运转的架构和脉络。两者融合实施，能够在更高层次、层面构建起一个更加科学有效、持续产生活力的管理体系。

工作中，河北地税创造性地将绩效管理与标准化管理有机融合，一体化运作，形成了一个开放的、螺旋上升的良性管理闭环。

PDCA 循环是标准化管理的核心思想。河北地税绩效管理的核心流程充分吸收这一思想，以绩效计划、绩效监控、绩效考核、绩效改进为绩效管理的基本环节；合并绩效管理的沟通机制和标准化管理的反馈机制，以绩效沟通作为贯穿全过程的主线，整个流程环环相扣、协调运转。"标准化管理中严格的规则、明确的关键节点控制，为绩效管理提供了一套通用性较强的衡量标准。而绩效管理则以绩效改进为目的，以绩效考核为手段，其管理刚性为标准化管理的持续改进提供了制度支撑。"省局绩效管理处处长路坦由衷地说。

"标准化融入绩效管理后，我对自己的工作岗位和环境有了一个更加清楚的认识，不仅知道自己该如何做，还对相关联的工作链条做到了心中有数，与大家配合得更加默契了。"沧州市沧县地税局一名基层工作人员如是说。该局局长韩永庆介绍，绩效与标准化一体化运行，规范了日常操作，减少了工作随意性，使全局各项工作上下协调、整齐划一，彻底消除了责任不清、相互推诿等现象，杜绝了人浮于事、政令不畅、自由懒散的风气。

据了解，在省局机关2012年率先以零不符合项通过认证后，截至目前，全系统又有30个市、县(区)局通过了标准化认证。

支撑:信息化应用平台为绩效管理减负提速

众所周知，借助现代化信息技术，可以成倍地提高工作效率。绩效管理同样离不开信息技术的支撑。离开先进的信息化技术作支撑，就无法实现管理过程的科学、简易、高效，更无法实现绩效考评结果的客观、真实、可信。

为减少人为因素干扰，提高工作效率和公信度，河北地税在构建绩效管理体系之初，就着手研发配套的信息系统。2012年，河北地税刚刚组建的自主研发团队，与体系构建项目组同步完成了工作任务，绩效管理应用系统上线运行。2013年年初，河北地税利用该系统，较为圆满地完成了2012年度绩效考评工作。

自今年以来，在原系统的基础上，河北地税又研发了集标准化管理、绩效管理和行政办公于一体的协同性办公平台——绩效管理应用平台。该平台以标准化管理体系文件为数据基础，以绩效管理为核心流程，通过程序和规则设置，对信息流程进行约束。每一名干部职工在这个平台开展工作，平台都会自动记录整个工作过程和进展。通过这个平台，有关领导可实时监控，绩效部门可定期提取数据，生成阶段性考核结果。

在信息技术的支撑下，河北地税的绩效管理，实现了全程信息化管理，每项工作自动留痕，工作过程实时监控，考核结果自动生成。所有操作都在计算机上完成，既客观准确，又方便快捷，节省了人力、物力和时间。

成效:整个系统的“正能量”正在被持续激发

激发人的内生动力是“善治”的根本，也是河北地税推行绩效管理的真正目的所在。他们着眼于人向上向善的本性，在“善治”理念的引导下，通过制度设计和环境营造，力求把每个人潜在的“正能量”激发出来。当组织目标与个人价值融合一致后，工作岗位就成了个人放飞梦想、实现价值的平台，能够培养个人的良好习惯，进而全面提高人的素质，提升人的精神境界。

在河北地税，每一名干部职工都有清晰的工作目标和职责，它既是干部职工作出的承诺，又是指导每个人行动的指南。此外，明确的评价标准使每个人都能进行检验衡量。考核结果就像一面镜子,能够清晰地照出每个人的工作情况,提醒排名落后者迎头赶上,鼓励排名靠前者再接再厉。每个管理周期结束后,对考核结果较差人员及时组织提醒谈话和诫勉谈话,争取不让一个人掉队。考核结果还是公务员年度考核、评先创优的重要依据,这更增强了干部职工的荣辱感,有效调动了全员积极性。最关键的是,选配领导干部都采取绩效初选的方式,在符合任职资格条件的人员中,只有绩效考核得分靠前者才能进入初选范围。位子、面子、票子、板子,河北地税在推行绩效管理过程中,逐步建立起"四位一体"的激励和约束机制。在这样的工作机制和文化氛围中,负面、消极的东西逐步没有了市场。

如今,在河北地税系统近距离接触地税人和有关群众,映入眼帘的一幅幅画面,亲耳听到的一个个故事,给人们带来了心灵的悸动和震撼。

市(县)地税局局长说:"过去愁的是琢磨人、带队伍,现在有了更多的精力抓大事、搞创新。"这是市(县)地税"一把手"说得最多的一句话。沧州市地税局去年在面临诸多困难的情况下,通过实施绩效管理,不仅超额完成税费收入任务,而且税收征管、纳税服务等多项创新性工作步入全省前列。在经济增速趋缓、税收基数连年大幅增高的不利情况下,2012 年,全省地税系统超额完成税费任务,今年也按计划进度完成了收入任务。两年来,先后有多项创新性工作得到省委、省政府和国家税务总局的肯定。

纳税人说:"过去到地税局办事环节多、手续多,一点小事要费不少周折,现在简单多了,省了好多时间。"自实行绩效管理以来,地税系统工作效率大幅提升,纠纷投诉率降低了 30%。在秦皇岛市青龙满族自治县地税系统办税服务厅,当问起文印店负责人郭海青来纳税的感受时,他乐呵呵地说:"过去开店领发票挺麻烦,没想到这次只用 10 分钟,就办完了税务登记,领到了发票。我们纳税人对地税机关的办事态度和效率挺满意的,变化太大了!"

基层税务人员说:"过去上班是等领导派活,现在上班前就把一天的工作安排好了。我也养成了凡事定计划、定目标的习惯,生活也变得井井有条了。"基层干部职工的作风如何,直接反映各部门人员的工作水平和精神风貌。廊坊霸州市地税局的一位大厅工作人员说:"每个月我的工作目标都很具体。为了实现这些目标,只有每天按照计划完成工作,才能保证时间进度。不等领导催,我就主动完成了工作任务。现在,我不仅工作上有了主动权,而且还养成了良好习惯,家里人都说我现在办事很讲条理,也勤快了,就像变了个人。"

眼前的事例让人们深切地感到,推行两年的绩效管理改革,已经植根在河北地税系统工作肌理和地税人的思想深处,彰显出了强大的生命力和巨大的"正能量"。全系统干事创业的工作热情得到有效激发,内部动力缺失等一系列长期制约地税事业发展的突出问题得到初步解决,见贤思齐、人心思进的绩效文化正在形成。

展望:从目标共识到自我管理,一条充满希望的道路正在不断延伸

绩效管理是一种包含现代民主法治的"善治",主要通过制度约束的"管"和文化感染的"理",促进团队和个人向上向善,对推动税收工作的科学发展具有十分重要的意义,对适应中国逐步走向"善治"的政治趋势,必将产生深远的影响。

在推行绩效管理的近两年时间里,河北地税总结出了一系列制度改革和机制创新的成果。通过达成目标共识和关爱个人的成长进步,激发全体干部职工的内生动力,建立了活力激发机制;通过明确客观公正的用人标尺,规范选用干部流程,建立了科学的选人用人机制;通过工作流程全方位动态监管,把内部防范和外部监督寓于管理之中,建立了执法风险防控机制;通过实施绩效计划、绩效监控、绩效考核和绩效改进四环节闭环管理,周期性总结提升,建立了螺旋式持续改进机制。这些机制的建立,巩固了绩效改革的成果,使河北地税系统的工作水平有了质的飞跃。

绩效管理的最终目的是自我管理,需要精心培育自强不息的文化价值理念,进一步激发自觉自愿的工作欲望,并逐步内化为自觉行动,养成经常进行工作观察和分析的习惯,最终实现自我管理、自我提升、自我发展。在这个过程中,组织与个人、个人与个人之间逐渐建立互信互助的绩效伙伴关系,在更高层次上形成目标认同、价值认同、思想认同,共同实现组织、团队和个人目标。实现这样的愿景,还有很长的一段路要走,但很显然,河北地税已在路上。

沿着中国东部蜿蜒绵长的海岸线放眼望去,经济发展的浪潮,正由南及北,向渤海湾地区拍岸而来。

发展的浪潮,奔涌向前,势头锐不可当;改革的号角,催人奋进,胜利就在前方。

顺应时代的潮流,坚定改革的方向,携手并进、奋力前行,就一定能到达胜利的彼岸。

参考文献

1. [美]弗雷德里克·泰罗:《科学管理原理》,中国社会科学出版社 1984 年版。
2. [美]亨利·法约尔:《工业管理与一般管理》,周安华等译,中国社会科学出版社 1980 年版。
3. [美]彼得·德鲁克:《管理:任务、责任、实务》,孙耀君译,中国社会科学出版社 1987 年版。
4. [美]彼得·德鲁克:《管理的实践》,毛忠明译,上海译文出版社 1999 年版。
5. [美]亚伯拉罕·马斯洛:《动机和人格》,许金声译,中国人民大学出版社 2007 年版。
6. [美]弗里德里克·赫茨伯格:《工作的激励因素》1959 年版。
7. [美]切斯特·巴纳德:《经理人员的职能》,王永贵译,机械工业出版社 2007 年版。
8. [美]费迪南·佛尼斯:《绩效! 绩效!》,丁惠民,游琇雯译,中国时政经济出版社 2003 年版。
9. [美]亚伯拉罕·马斯洛:《动机和人格》,许金声译,中国人民大学出版社 2007 年版。
10. [美]彼得·德鲁克:《管理的实践》,齐若兰译,机械工业出版社,2009 年 9 月
11. [日]占部都美:《现代管理理论》,蒋道鼎译,新华出版社 1984 年版。
12. 方振邦,葛蕾蕾等:《政府绩效管理》,中国人民大学出版社 2012 年 4 月:Ⅱ。
13. 郭咸纲:《西方管理思想史》,世界图书出版公司 2010 年版。
14. 胡宁生主编:《公共部门绩效评估》,复旦大学出版社 2008 年版。
15. 杜映梅编:《绩效管理》(中国注册人力资源管理师职业资格认证教材),中国发展出版社 2006 年版。
16. 易生俊:《华为实践管理法》第三版,中国工信出版集团、电子工业出版社 2016 年版。
17. 彦涛:《不可不学的管理学 32 定律》,立信会计出版社 2016 年版。
18. [美]罗伯特·卡普兰:《重塑未来绩效》,《商业评论》2012 年 2 月 10 日。

19. [日]天外伺郎:《绩效主义毁了索尼》,《*IT*时代周刊》2012年第15期。

20. 高志立:《绩效管理"河北地税模式"的理论与实践——在全省地税局长培训班上的讲义》,《河北税务》2013年第9期。

21. 田润红等:《绩效管理:"善治"激发干事创业的正能量——河北地税推行绩效管理工作纪实》,《中国税务报》11月27日第二版。

22. 田恒:《中国情境下的管理学研究探索——基于理论发展脉络的视角》,《科技管理研究》2011年第1期。

23. 张双:《绩效管理理论溯源》,《商场现代化》2007年1月。

24. 张亚伟:《政府组织绩效管理的现实困境与途径》,《甘肃社会科学》2009年第6期。

25. 朱丽君:《政府质量管理的基本理论与方法》,《山西大学学报》(哲学社会科学版)2012年7月。

26. 周志忍:《效能建设:绩效管理的福建模式及启示》,《中国行政管理》2008年11期。

27. 张建卫,刘玉新:《绩效管理与员工发展:一种发展心理学视角》,《商业经济与管理》2006年8月。

28. 方志峰:《绩效沟通中存在的误区及应对策略的探讨》,《江汉石油职工大学学报》2007年5月。

29. 人民论坛问卷调查中心:《影响干部干事创业动力的因素有哪些》,《国家治理》周刊,2015年8月。

30. 钱颜文,孙林岩:《论管理理论和管理模式的演进》,《管理工程学报》2005年第2期。

31. 马振洲,佟仁城,崔永军:《全面质量管理理论与方法在绩效考评中的应用》,《科学学研究》2004年6月。

32. 郭京生,袁家海,刘博:《绩效管理制度设计与运作》,中国劳动社会保障出版社2012年版。

33. 荣世敏:《管理理论的发展规律及现代管理理论的发展趋势》,《天津师范大学学报》(社会科学版)2001年第6期。

34. 高小平,盛明科,刘杰:《中国绩效管理的实践与理论》,《中国社会科学》2011年第6期。

35. 朱立言,张强:《美国政府绩效评估的历史演变》,《湘潭大学学报》(哲学社会科学版)2005年1月。

写在后面的话

《标准化绩效管理》既不是一本学术著作，也不是一本经验汇编，应该说是一本包括理念、制度、程序、技术在内的全面系统的现代管理机制改革实践案例。这一案例历时五年、横跨两个部门（2012—2013 年河北省地税局、2014—2016 年河北省财政厅）、纵贯省市县三级，涵盖部门工作的所有岗位、涉及部门全体干部职工。

实施这一改革既有客观环境的外在需要，也有推动工作的主观选择。经济进入新常态，改革进入攻坚期，使财税工作的内外部环境发生了深刻变化。一方面，财税改革发展面临前所未有的新形势、新任务、新挑战，工作头绪多、任务重、难度高，靠传统方式抓管理、抓落实，常常事倍功半；另一方面，干部队伍思想观念、素质能力、工作作风等还有很多不适应之处，再加上评价尺度不清晰、激励手段缺乏、晋升渠道狭窄，以及外部约束越来越严，带队伍面临不小的难度和风险。

这种情势之下，如何激发干部队伍动力和活力，全面及时有效落实中央和省委决策部署，是一个必须面对的现实问题。经过深入调研、学习借鉴、反复研究，根据中央和省委改革部署，从战略上、根本上、机制上系统谋划，从管理理念、模式和方法上进行了整体创新。

在实践中，标准化绩效管理在规范行政管理、激发队伍活力、转变工作作风、提高行政效能等方面取得了良好成效，近几年财税工作在多重困局下交出了亮丽成绩单，得到了方方面面的认可。实践证明，标准化绩效管理为事业发展和干部成长创造一个平台，提供一个舞台，能够最广泛地有机聚合各种积极因素，成为风清气正、干事创业的源头活水。

回顾改革过程，边学习、边实践中有不少收获，边摸索、边改进中有很多体会。

全员参与是标准化绩效管理的实践保证。从体系设计、改革实施、日常执行到优化完善，坚持“全员、全方位、全过程”参与，始终注重密切沟通、有效协商，凝结集体智慧，聚合集体力量。同时,这也是一个统一思想、形成共识的过程,引导每名干部职工明确自己的目标,制定自己的计划,并与组织达成“契约”,主动而为、自觉而为,从“要我做”到“我要做”,向上向善,积极进取,激发内在动力,最终实现自我管理、自我提升、全面发展。

决心、恒心和耐心是改革顺利实施的决定性因素。标准化绩效管理实质上是一次思想观念和传统习惯的改变,涉及工作的方方面面,触及每个人的切身利益,干部的理解和掌握有个过程,至少1—2个周期才能规范运行。这项改革能否顺利推行,不仅取决于完备的制度设计、合理的路径选择,更取决于主要领导的决心、恒心和耐心,既要着眼长远、盯紧目标、锲而不舍,又要兼顾眼前、谨慎稳妥、掌控节奏,还要创造性地解决各种困难和问题、化解各种阻力和压力,才能确保改革落到实处。

客观公正是标准化绩效管理生命的尺度。必须从全局高度出发,搞好顶层设计,借助外部智力,借鉴成功做法,充分运用现代管理理念、技术和方法,准确拿捏关键节点和重要事项分寸,并不断实践调整,做到内容上目标明确、指标科学,方法上民主公平、尺度一致,程序上规范严密、公开透明,结果运用上导向鲜明、激励有效,尽最大可能、最大限度地追求客观公正,才能奠定广大干部职工的信任基石,从而推动改革取得预期效果。

《标准化绩效管理》是包括全体财税干部的实践总结,是包括绩效办在内的所有编写参与者的共同成果,是集体智慧的结晶。我们在编写中力求毫无保留地呈现改革全景和每个细节,希望能为大家提供一些借鉴。科学的管理体系的建立不可能一蹴而就、一劳永逸,需要广泛实践、不断完善,持续改进也正是标准化绩效管理的活力所在,殷切期盼广大读者提出宝贵意见,特别需要改革同行者在实践中帮助我们不断完善。

标准化绩效管理改革课题组组长 [签名]

2017年3月